북방 유라시아
제사 고고학의
현황과 과제

국립전주박물관 편

주류성

'북방 유라시아 제사 고고학의 현황과 과제'를 발간하며

    국립전주박물관은 한반도의 제사와 관련된 고고학 자료에 지속적인 관심을 가져왔습니다. 「복골」과 「미니어쳐 말 1·2」와 같은 『제사유적/유물 자료집』 시리즈를 간행하여, 한국 제사의 고고학 자료를 모두 모아 연구 자료로 활용할 수 있도록 하였습니다.

    우리 박물관이 '제사'라는 주제에 관심을 갖게 된 것은 1990년대 부안 죽막동 유적의 발굴이 계기가 되었습니다. 죽막동 유적에서 나온 동아시아 여러 지역의 다양한 유물은 바닷길을 통한 교역이라는 동아시아의 공통적인 관심사를 이해하는 결정적인 역할을 하였습니다. 이를 통해 고고학에서 구현하기 어려웠던 과거 인간의 정신세계를 알아가는 방법으로 '제사'가 그 수단의 하나가 될 수 있다는 것을 알게 되었습니다.

'북방 유라시아 제사 고고학의 현황과 과제'의 기획은 그간 우리 관이 추진해온 『제사유적/유물 자료집』이 갖는 역사적 의미를 강조하고, 북방 유라시아 속에 한반도 제사 고고학의 위치를 파악하기 위한 것이었습니다.

이 책이 발간되기까지는 약 2년의 시간이 걸렸습니다. 우리 박물관에서는 2016년 '고고학 교실'에서 '북방유리시아 제사유적과 한반도'라는 주제로 연속 강연회를 실시하였습니다. 4개월 동안 9회에 걸친 세계 여러 나라의 제사에 관한 소개는 지역민에 큰 호응을 받았습니다. 그리고 우리나라를 대표하는 제사유적으로서 부안 죽막동 유적이 국가 사적으로 지정 예고되면서 지역민들의 제사 유적에 관심이 고조되었습니다. 그런 분위기 속에서 국립전주박물관에서 진행된 세계 여러 나라의 제사와 풍습을 소개하고 한국의 제사유적과 비교한 강연에 대한 관심은 어찌 보면 당연한 것이었을지 모릅니다.

당시의 발표 자료는 발표자의 노력을 거쳐 이 책의 원고로 다시 작성되었고 전체적으로 재편집하는 과정을 거쳐 이렇게 '북방 유라시아 제사 고고학의 현황과 과제'라는 책으로 새롭게 탄생할 수 있게 되었습니다. 이 책은 1부 북방 초원지역, 2부 환동해 문화권과 연해주, 3부 만주 일대의 제사로 구분하여 유라시아 각지의 제사에 대한 연구 논문 11편을 실었습니다. 국내에서는 접하기 어려운 시베리아, 몽골, 러시아, 중국의 제사와 의례를 주로 다루면서도 한국과의 관계를 염두하며 써간 필자의 논지는 더욱 흥미롭습니다. 또한 고대 제사에서 민간신앙, 기독교 등 종교적 관점에 이르는 다양한 주제를 고고학뿐만 아닌 민속학, 역사학 등 다양한 관점에서 바라보고 해석하는 시도 역시 주목됩니다.

이 책은 유라시아 여러 지역과 비교 연구를 통해 한반도 제사고고학 연구의 활성화에 기여할 것으로 기대됩니다. 그리고 독자로 하여금 당시 고대인의 정신세계를 상상하는 기회를 제공할 것이라 믿습니다.

마지막으로 2016년 고고학 교실의 '북방유리시아 제사유적과 한반도'라는 주제는 당시 국립전주박물관 관장인 유병하와 경희대학교 사학과 교수인 강인욱이 주도적으로 발의한 주제였습니다. 이 책은 부안 죽막동 제사 유적을 지역민에 알리고 전시로 구현하고, 세계 여러 나라의 제사유적과 비교하는 두 고고학자의 노력이 만들어 낸 것입니다. 두 분께 고마운 마음을 전합니다. 더불어 유라시아라는 막연한 지역을 대상으로 강연을 의뢰했음에도 불구하고 본인의 연구를 토대로 강연 대상을 선정하고 원고로 완성한 이 책의 모든 필자에게도 깊은 감사를 드립니다.

2017년 5월

국립전주박물관장 김승희

유라시아 제사 고고학과 한반도

고고학의 목적은 물질문화를 통하여 과거 생활을 복원하고 인간의 본성을 탐구하는 것이다. 즉, 고고학의 궁극적인 목적은 물질문화 자체의 분석을 기반으로 과거 정신문화를 복원하는 데에 있다. 이념 및 종교와 같은 정신문화 체계가 가장 극명하게 드러나는 것은 바로 제사와 의례에 있다. 고고학이 주로 대상으로 하는 무덤도 궁극적으로는 사자를 위한 장송의례의 결과물이라는 점에서 고고학의 주요한 연구대상에는 의례가 반드시 포함되어야 한다. 이러한 고대 제사와 의례에 대한 문제의식은 이미 유라시아 고고학에서는 매우 일반화된 주제이다. 1950년대 유라시아 고고학이 본격적으로 발달된 이래에 그 관심은 주거지 및 고분에 한정되지 않고, 다양한 암각화를 비롯하여 무덤을 둘러싼 일대의 거석기념물에 대한 분석 등이 그 좋은 예다.

다만, 한국에서는 해방 이후 고고학의 연구가 유물의 형식학에 근거한 편년 위주였기 때문에 제사 및 의례에 대한 고고학적 연구는 극히 소외된 주제였다. 고고학이 과거 인간의 정신체계에 구체적으로 접근하는 길은 쉽지 않지만, 그러한 시도조차 하지 못한 것은 한국고고학의 한계라고 할 수 있다. 러시아 및 중앙아시아는 물론 이웃한 중국이나 일본의 경우 독자적인 제사고고학이 발달했다는 점을 감안하면 한국의 상황은 지극히 예외적인 경우다.

이러한 상황에 새로운 전기를 맞이 한 것은 1990년대 죽막동 발굴이었다. 이 발굴은 일본의 오끼노시마와 즉각적인 비교가 가능하여 불모상태인 제사고고학의 기틀을 세우는 결정적인 역할을 했다. 이후 한반도에서는 매납유구, 암각화, 제사 유구 등 제사고고학은 관련 유적의 조사 수가 다소 증가했으나 보고자들마다 서로 다른 해석이 제기되는 상태이며, 전반적인 한국 제사고고학이 본궤도에 올라왔다고 보기는 어려운 상황이다. 이러한 상황 속에서 구제발굴로 지난 10년간 유적의 절대수가 증가하면서 오히려 제사 유적이 가지는 의미는 축소되는 경향마저 보이게 되었다.

이에 필자는 한국 제사고고학 관련 연구 및 해석을 위하여 최근 이슈가 되며 중요성이 강조되는 북방 유라시아 일대의 자료를 소개하고 한국과의 비교가 필요하다는 점을 절감하게 되었다. 이번 총서를 기획하면서 비슷한 뜻을 가진 여러 필자들과 함께 한반도를 포함한 유라시아 일대의 제사고고학 현황을 살펴보고, 나아가서 향후 연구의 방향을 제시하고자 한다.

1. 우리에게 왜 북방 유라시아 제사고고학이 필요한가

유라시아의 지리, 경제적인 의미는 아시아와 유럽을 잇는 광활한 대륙의 전체, 특히 그중에서도 중앙아시아 일대를 지칭한다. 유라시아가 역사와 고고학적 학문에서 논의될 때는 유럽과 아시아의 교류의 중심이라는 개념이 강하다.

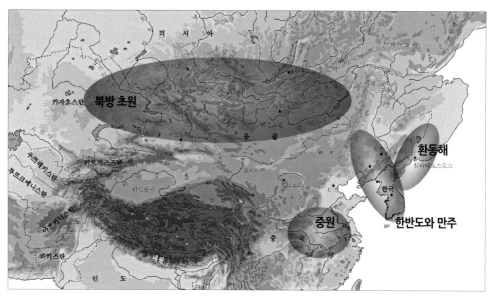

지도 l. 본고의 범위

즉, 초원을 중심으로 하는 중앙부분을 의미한다. 따라서 본 총서에서는 한반도 북방일대의 동북아시아에서 시베리아 초원 및 몽골을 포함하여 중앙유라시아를 잇는 지역을 기본 대상으로 하겠다(지도 1).

　그렇다면 왜 한국에서 북방 유라시아 제사고고학을 살펴보고, 같이 생각해야하는가. 왜 지금 머나먼 북방 지역의 제사고고학이 우리의 연구에 실질적인 도움이 될 수 있는지는 다음과 같은 이유를 들 수 있다.

1) 한국 고대 제사문화의 원형을 북방 유라시아에서 찾을 수 있다.

　유라시아 제사고고학은 한국 고대문화의 원형을 가지고 있다. 게다가 한국과 달리 풍부한 민족지적 자료가 고고학과 결합되어 연구되는 바, 한국 제사고고학의 방법론에도 기여할 수 있다. 우리나라 고대 제사는 일부 문헌에서 기록되어 있는 바도 있지만, 문헌 기록의 특성상 구체적인 제사의 상황은 파악하기

도면 I. I8세기 비트센의 저서 북동 타타르지에 기록된 시베리아 샤먼

도면 2. 현대의 시베리아 샤먼의식(러시아 부리야트 공화국 툰카산의 샤먼축제)

북방 유라시아 제사 고고학의 현황과 과제

어렵다. 게다가 한국은 토착의 종교문화가 지속적으로 이어져 내려 오지 않았다. 삼국시대 불교의 유입 및 중국문화의 번성, 유교의 국가이념 채택 등으로 그 종교의 원형은 많이 왜곡되어 온 것이 사실이다. 한국만의 연구로는 우리 제사의 원형을 탐구하는 데에 많은 한계가 있는 것이 사실이다. 그 좋은 예로 우리의 정신문화 기저에 흐르는 샤머니즘을 들 수 있다. 많은 학자들은 신라의 금관을 비롯하여 한국 고대문화를 관통하는 종교문화는 북방 유라시아의 샤머니즘과 그 맥락을 같이한다는 점에 동의한다. 하지만 한국의 샤머니즘의 원형은 거의 사라진 채, 변형된 모습으로 현대에

도면 3. 현대 몽골에서 재현되는 샤먼의식

잔존해 있다. 반면에 유라시아 초원의 경우 20세기 초반까지 샤먼은 존속했으며, 최근까지도 그들의 전통은 이어지고 있다. 신라의 왕관과 똑같은 모티브의 나무모양 관을 쓴 샤먼이 최근까지 활동하고 있다(도면 3·4). 그런데 그들의 모습은 2천년전 서부 시베리아의 쿨라이문화에서도 찾아볼 수 있다.

또한, 한국인에게는 막연히 마음의 고향으로 간주되는 시베리아의 바이칼 호수는 누구에게나 유명하다. 한반도보다 더 넓은 세계 최대의 담수호인 바이칼의 올혼섬에는 '샤만바위'(샤만카)가 있다(도면 5). 매년 한국에서도 많은 관

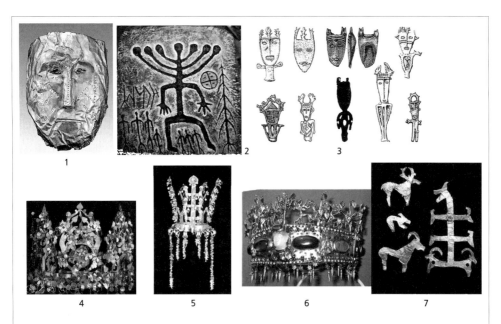

1: 키르기스탄 샴시 출토 샤먼의 금관, 2: 남부 시베리아 하카스의 샤먼 모습 암각화, 3: 서 시베리아 쿨라이 문화의 관을 쓴 샤먼 청동상, 4: 틸리야 테페 금관, 5: 신라금관, 6: 흑해 연안 사르마티아 고분 출토 금관, 8: 러시아 흑해 크라스노다르 출토 금관장식

도면 4. 유라시아와 신라의 금관

광객들이 방문하는 관광명소로 알려져있다. 지금도 현지인들에게는 영기가 센 곳으로 꼽혀서 샤만들의 성소가 되고 있다. 그런데 실제 1950년대에 러시아 고고학자들은 여러 시기 샤만바위 앞에서 발굴을 해서 샤먼으로 추정되는 사람의 무덤을 발굴한 바 있다. 이와 같이 북방 유라시아 일대는 수천 년전의 암각화 및 신석기시대의 무덤발굴을 통해서 그들의 전통이 면면이 이어져 오고 있음이 확인되었다. 한반도 주변을 돌아볼 때에 우리의 고대문화와 직접적인 비교를 할 수 있는 지역에서 이렇게 확실한 민족지적 사례를 보여주는 예는 북방 유라시아지역이 거의 유일하다. 유라시아 전역의 고대 의례 자료는 한국 제사고고 관련 자료를 해석하는 데에 이상적인 민족지 자료로 역할을 할 수 있다.

도면 5. 러시아 바이칼 올혼에 위치한 샤먼바위. 발굴결과 신석기시대부터 제사터로 이용되었음이 밝혀졌다.

2) 제사가 고대 사회에 끼친 영향을 파악할 수 있다.

주변지역과의 비교를 통하여 한반도의 제사 고고학에 대한 거시적인 안목의 수립으로 동아시아적 제사고고학의 이론적인 틀을 세우고, 제사가 고대 사회에 끼친 영향을 파악할 수 있다. K.C.Chang의 저서 "Art, Myth and Ritual(1986)"을 비롯한 많은 연구자들은 동아시아 복합사회 형성의 기본원리를 제사와 의식을 통한 지배권의 수립으로 정의했다. 즉, 메소포타미아와 같은 행정과 관리 위주의 문명형성이 아닌 조상과 현세를 잇는 무당의 왕권확보로 그 특징으로 정의했다. 이는 상나라의 복골 및 홍산문화의 제단 등 다양한 자료로도 재확인되고 있다. 반면에 북방 지역 및 한국과의 비교연구는 부족한 상황이었다. 이번 총서에서 이들을 한 자리에 놓고 논의한다면 한국, 나아가서 동아시아 제사 고고학의 거시적인 이해를 하는 단초를 마련할 것으로 기대한다.

이와 관련하여 내몽골 동남부에서 기원전 3500년경에 존재했던 홍산문화의 흥망은 제사가 어떻게 동아시아 고대국가의 형성에 공헌했는지를 잘 보여준다. 홍산문화는 우리나라에서도 많은 관심을 보이는 주제이다. 일각에서 홍산문화를 한국 역사와 직접 이으려는 시도도 있지만, 남한의 신석기시대와 직접 이을 수 있는 증거는 그리 많지 않다. 대신에 신석기시대 말기에 거대한 적석총과 제단을 쌓았다는 점에서 세계 여러 지역에서 제사가 고도로 발달한 지역들과도 일맥상통한다. 나아가서 제사를 중시하는 한국과 중국의 전통문화의 원형이라는 점에 주목하는 사람들도 있다. 홍산문화는 한국만의 기원지가 아니라 동아시아 고대 제사문화의 원형을 잘 간직하고 있다. 우하량, 동산취 등 홍산문화의 거대한 적석총과 제단은 잘 알려져있지만, 정작 놓치고 있는 부분이 있다. 우하량의 거대한 제단이 만들어지는 시점에 정작 홍산문화의 마을유적은 대부분 소형이라는 점이다. 또한, 홍산문화는 기원전 3천년경에 갑자기 소멸하여 그들의 제단은 버려지게 된다. 홍산문화의 뒤를 이어 등장한 소하연문화(기원전 2700~2500년)에 인구는 대폭 감소하고, 하나의 마을은 집자리가 5개 내외 정도로 극히 소형화되었다. 이러한 급감의 원인은 바로 기후환경 변화에 있었다. 홍산문화 단계에서는 기후가 온화하여 농사를 지으며 사람들이 모여 살았지만, 소하연문화 때에는 농업이 불가능했기 때문에 사람들은 수렵과 채집으로 주요한 경제를 이루었다. 이러한 기후환경의 변화에 가장 큰 타격을 입은 사람들은 홍산문화의 제사장들이었다. 많은 사람들이 모여살 때에는 거대한 적석총과 제단에 사람들이 모여서 의례를 지낼 수 있었다. 하지만 기후환경의 변화로 인구가 줄고 사람들도 뿔뿔이 흩어짐에 따라 홍산문화의 제사장들도 거대한 제단을 버리고 주변지역으로 흩어지면서 홍산문화는 멸망을 했다. 대신에 사방으로 흩어진 홍산문화의 제사장들의 역할로 홍산문화의 제사문화는 이후 이어지는 소하연문화에서도 그 명맥을 유지했다. 홍산문화의 뒤를 이은 소하연문화의 경우 대형 제사유구는 없지만, 대신에 각각의 주거지 안에서 다양한 제사와 관련한 그릇 및 부호들이 출토되었다. 기후환경이 변화하면서 제사가 어떻게 변하는지를 보여주는 좋은 예이다. 사회가 소형화되면서 거대한 제단에서 이루어지는 제사대신에 각 집의 한 구역에서 제사행위가 이루어졌다는 뜻이다.

3) 비교연구를 통하여 한반도 제사고고학 연구의 활성화에 기여

한반도의 다양한 제사 양상을 유라시아의 여러 제사와 비교함으로써 한반도 제사 고고학에 대한 다양한 해석의 기반을 제공할 수 있다. 고고학적 연구는 토기와 같이 토착적인 주민들의 활동을 더욱 증거한다. 그리고 문화의 교류는 위신재와 같은 엘리트계급의 고급 부장유물로만 증명되는 것이 대부분이다. 반면에 신화, 종교, 언어 등은 지역적인 장벽을 넘어서 원거리에서 서로의 교류상을 보여준다. 그 좋은 예로 삼국시대 불교의 전파 및 실크로드를 통한 기독교(네스토리우스교)의 전파를 들 수 있다. 원거리 간의 교류를 효과적으로 보여주

도면 6. 기원전 20세기 알타이 청동기문화의 카라콜문화 석관에 새겨진 샤먼의 모습

는 이유는 사람들은 굳이 형질적인 유사성에 관계없이 사회구조에 따라 특정한 이데올로기에 동화하는 현상을 보여주기 때문이다. 후술하겠지만 유라시아 제사 고고학과 한국의 제사 관련 자료들은 생각외로 많은 점에서 유사점 및 비교해석의 여지를 찾을 수 있다.

그 좋은 예로 울산 반구대 암각화를 들 수 있다. 우리나라를 대표하는 암각화 울주 반구대 암각화에는 고래사냥과 같은 우리만의 독특한 요소도 있다. 하지만 1자형 배와 사람, 춤을 추는 사람들, 활쏘는 사냥꾼, 점박이 표범 등 알타이를 중심으로 하는 초원지역의 암각화와 상당히 유사하다. 울주

도면 7. 카자흐스탄 탐갈리 암각화에 새겨진 청동기시대 초원의 샤먼축제 광경

와 알타이 양 지역의 제작 시기도 대체로 BC 10~5세기이여서 시간적으로도 유사하다. 무엇보다 반구대는 유라시아 전역에 분포하는 초원을 대표하는 선사시대 제사유적인 암각화의 일종이라는 점을 명심해야 한다. 알타이초원, 중앙아시아, 내몽고 등 대부분의 초원에는 바위들에 빽빽히 사슴, 전사 등 다양한 그림을 새긴 암각화를 쉽게 만날 수 있다. 하지만 암각화는 만주와 한반도로 내려오면 거짓말같이 사라지게 된다. 반구대 이외에도 한국도 고인돌에 바위에

그림이 1~2점씩 발견된 적도 있지만, 초원지역과는 비교도 되지 않을 정도로 적다. 그런 점에서 울산을 대표하는 반구대 암각화는 전세계 암각화 연구자들에게는 참으로 미스터리에 둘러싸인 유적이다. 초원지역과 수 천 ㎞ 떨어져 있는 바닷가 울산에서 이런 대형의 암각화가 나올 것이라고는 상상할 수 없었기 때문이다. 반구대 암각화의 왼쪽 윗부분는 조각배가 새겨져 있다. 이 배 주변에는 고래가 아니라 육상동물들이 그려져 있다. 이런 배는 알타이의 칼박타쉬

나 카자흐스탄, 하카시 등에서도 보이는데 배와 사람이 1자형으로 표현되어 마치 태양의 환한 빛과 닮았다. 또 반구대에는 '춤을 추는 사람'이라 불리는, 무릎을 굽히고 두 손을 얼굴쪽으로 올린 사람이 표현되어 있다. 두 발을 굽히는 인물상은 알타이와 남부 시베리아의 스키타이시대(기원전 8~3세기) 암각화에서 공통적으로 새겨진다. 그 외에도 몸통에 점이 박힌 표범, 뿔이 달린 사슴, 화살로 짐승을 사냥하는 사냥꾼 등 많은 그림들은 초원의 암각화와 유사하다.

다른 한편으로 반구대에 새겨진 고래 사냥의 모습은 멀리 스칸디나비아 및 북극권의 암

도면 8. 러시아 추코트카주 페그티멜 암각화의 고래사냥 장면

각화와 일맥상통한다. 아시아권에서 최초의 고래사냥 암각화는 1965년에 북극권인 러시아 추코트카 반도 끝의 페벡시 근처의 페그티멜(Pegtymel)강 유역에서 발견되었다. 이 암각화에는 머리에 버섯모양의 모자를 쓴 사람들과 배를 타고 고래사냥을 하는 장면이 다수 묘사된 대형의 암각화 유적이다. 이 북극해의 암각화에서도 알타이지역의 암각화들과 유사한 요소들이 많이 발견되었다. 울산과 추코트카라는 지리환경으로도 완전 이질적이며, 상호 거리도 상당히 떨어진 시기이지만 비슷한 시기에 고래사냥과 스키타이 계통의 암각화라는 요소가 동시에 등장하는 것은 참 흥미로운 주제가 아닐 수 없다. 현재로서는 초원지역과 고래사냥의 관계를 밝히는 것은 어렵다. 하지만 반구대의 암각화는 비단 한국만의 현상은 아니라는 것에 주목할 필요가 있다. 유라시아와의 비교연구가 없이는 반구대와 같은 한국의 암각화를 연구할 수 없음을 의미한다.

4) 한국고고학의 새로운 방법론적 연구에 기여

한국 선사시대의 연구는 대부분 토기를 중심으로 하는 형식학적인 연구에 매몰되어 있다. 물론, 최근에는 이에 탈피하려는 노력도 많이 진행되고 있지만, 새로운 시도는 자연과학을 이용한 유물의 분석이 대부분이다. 이러한 유물론적인 연구는 고고학의 기본적인 연구방법이기는 하지만, 문제는 한국고고학계는 형식분류 자체에 많은 연구가 집중된 결과 진정 과거 기층문화에 대한 연구를 진행하려는 시도가 거의 없다는 데에 있다. 한국 고고학 대다수의 연구자들은 자신들의 연구방법을 피력하지는 않지만, 기본적인 연구의 목적을 문화의 변천과 범위에 두고 있다. 고고학자의 해석에 편년이 가장 많은 부분을 차지하며 미국, 영국과 같은 극히 일부 나라를 제외한 대부분 지역에서 공통적으로 이루어지는 문화사적 편년이라는 점에서 결코 한국 고고학의 후진성이나 낙후성을 논하는 근거로 하기는 어렵다. 남한에서 어떠한 시대의 전공이건 연령을 막론하고 형식분류, 형식, 편년을 가장 주요한 자신의 연구주제로 삼는 데에는 일치한다. 새로운 해석을 도입하려고 해도 기본적인 편년, 형식의 완성이 전제되지 않는 한 의미없다고 생각하며, 대부분의 연구 및 논쟁이 주로 편년에서 끝나버린다.

한국 고고학의 형식학 또는 양식학은 일본의 연구경향을 직접 받아들인 결과이다. 기실, 서양 내지는 근대 학문을 일본을 통해서 받아들인다는 것은 고고학뿐 아니라 대부분의 학문에서 이루어지는 공통적인 현상이라는 점에서 그리 이상할 것은 아니다. 문제는 형식학을 지나치게 절대시하고 있다는 점이다. 일례로, 저명한 고고학개설인 Colin Renfrew의 [Archaeology](한국에서는 [현대 고고학의 이해]로 번역)을 들어보자. 이 책의 제2판(1996년도)의 경우 전체 600페이지에서 형식학적 방법에 대한 서술은 단 2페이지에 불과하다. 반면에 종교와 제사에 대한 항목은 독립된 항목(제10장)으로 설정되어 40여 페이지에 걸쳐서 서술되어 있다. 한국 고고학이 얼마나 편중된 연구를 하고 있는지 보여주는 예이다.

고고학자는 의식적으로 또는 무의식적으로 좀 더 정확한 실측, 유물의 실견

도면 9. 스키타이의 여사제와 점을 치는 전사가 묘사된 황금 머리장식

을 통한 안목의 확대, 세밀한 속성의 분석 등으로 자세한 유물의 변이, 나아가서 문화의 변동과정을 파악할 것으로 기대한다. 하지만, 형식학의 가장 큰 단점은 고고학자들이 아무리 노력한다고 해도 고대인들의 정신세계로 접근하는 데에는 기본적인 한계가 있다는 데에 있다.

예를 들면, 국립전주박물관의 대표적인 동검 유물로 완주 상림리에서 출토된 동주식 동검이 있다. 이제까지 완주 상림리는 막연하게 중국계 동검의 출토지로만 알려져 왔었다. 상림리 출토의 동검은 1) 실제 사용흔적이 없으며, 지나치게 가벼운 점, 2) 공반유물 및 주변에 특별한 유구가 없다는 점, 3) 별다른 유구없이 한데 묶어서 동검을 매납했다. 이 것은 무덤이 아니라 청동기를 주조하던 장인들의 의례 후에 남겨졌을 가능성이 크다는 점을 의미한다.[1] 동검은 단순한 무기 이상의 의례적 의미를 지니고 있음은 유라시아 고고자료와 문헌을 통해서 다양하게 알려져왔다. 유라시아 초원의 스키타이인들과 중국 북

도면 10. 극동 나나이족 샤먼의 도구들(노보시비르스크 소재 러시아과학원 시베리아분소 고고민족학연구소 박물관)

1) 강인욱, 「완주 상림리 유적으로 본 동아시아 동검문화의 교류와 전개」, 『호남고고학보』 54호, 2016.

방지역의 흉노인들은 낡은 검을 軍神 또는 전사 등으로 상징화하여 숭배했다. 스키타이는 낡은 검을 군신인 Ares로 숭배하며, 흉노는 '徑路'라는 검을 숭배했었다. 이러한 북방 초원지역의 동검숭배는 한국에서도 비슷한 예를 찾아볼 수 있다. 여수 오림동 지석묘의 암각화, 김천 송죽리의 고인돌 앞에 꽂힌 비파형동검 등이 이에 해당된다.

또한, 동검은 군신과 같은 무기와 힘을 상징하는 제의의 대상일 뿐 아니라 자신들만의 제련기술을 유지하며 의례행위를 했었던 청동기 장인집단들에 의해 만들어지기도 했다. 유라시아 초원지역에서는 기원전 20~15세기부터 이러한 청동 장인들의 의례가 알려져 왔다. 기원전 1천년기에 동아시아에서 장인들은 자신만의 제작기법에 대한 노하우를 유지하며 제사와 매납행위를 통하여 자신들의 청동기 주조를 신성시하고 사회적인 위치를 유지했다. 완주 상림리의 동주식 동검도 이러한 맥락에서 해석할 수 있다. 청동기의 주조에는 필연적으로 그들이 생산하는 청동기를 소비하는 수요가 뒤따라야하기 때문에, 자신들의 동검이 필요한 지역으로 원거리로 이동했음을 알 수 있다. 완주 상림리의 동검은 당시 이러한 수요를 따라서 한반도로 넘어온 청동 장인들의 제사에 따른 결과물로 볼 수 있다. 이와 같이, 한국에서도 유라시아 제사 고고학의 맥락에서 볼 수 있는 유적과 유물은 도처에 있다. 유라시아 제사 고고학을 적극적으로 소개하는 것이 한국 고고학에 이바지할 수 있다는 또 다른 예가 된다.

2. 전체 주제의 소개

한반도의 지리적 환경을 볼 때에 그 교류상은 육상에 근거하는 북방지역의 교류와 주로 해상교류에 근거한 남방교류로 나뉜다. 북쪽의 경우 선사시대 이래로 서쪽으로는 중원지역, 북쪽으로는 북방 초원지역, 동북쪽으로는 환동해지역(연해주 일대~강원도), 요령~한반도의 비파형동검문화권 등 4 문화권과 교류해왔다. 남쪽으로는 남서쪽으로는 바다를 두고 중국의 남부, 동남아 등과 교류했으며, 남동쪽으로는 일본열도와 교류해왔다. 이 중에서 이번 책에서는 주로 북방지역과의 교류를 주요한 분석 대상으로 했다. 북방 유라시아를 중심으로 북방 초원지역, 환동해문화권, 만주와 중원지역으로 나누어서 그 상황을 살펴보고자 했다. 이들 글의 주제는 다음과 같다.

- 1부 북방 초원지역

  곽진석 / 시베리아와 한국의 무속의례

  이평래 / 몽골의 오보신앙과 오보제

  이건욱 / 시베리아 원주민들의 죽음에 대한 관념들

  장윤정 / 흉노의 동물매장 의례와 한반도와의 비교

- 2부 환동해 문화권과 연해주

  강인욱 / 고고학으로 본 환동해문화권의 제사유적

  김재윤 / 환동해문화권 선사시대 토우와 생활의례

  홍형우 / 유적과 유물로 본 말갈·발해의 종교와 제사

  강인욱 / 발해와 신라로 전래된 기독교

- 3부 만주 일대의 제사

  홍은경 / 중국 요서지역의 신석기시대 제례

  심재훈 / 상주(商周) 청동기의 발전과 요서 지역에서의 매납

  강인욱 / 한반도 동검문화의 전개와 제사

일련의 글은 국내에서는 쉽게 접하기 어려운 자료이지만, 결코 전체 유라시아 제사 고고학을 살펴보기에는 턱없이 부족하다. 하지만 이 총서는 관심에 비

해 실제 연구가 거의 전무했던 유라시아 제사고고학에 대한 실질적인 접근을 하는 계기가 될 것으로 기대한다.

마지막으로 이 책을 간행하게 되는 데에는 유병하(당시 국립전주박물관, 현 국립경주박물관장)의 발의가 결정적인 역할을 했다. 2015년 가을부터 이 프로젝트를 추진하는 과정에서 물심양면으로 많은 도움을 주었다. 또한 장제근 학예사는 일련의 강의를 준비하는 실무를 도맡아서 많은 노고를 아끼지 않았다. 그리고 김승회 국립전주박물관장, 양성혁 실장은 이 책의 발간을 위해서 물심양면 힘써주셨으며, 김상민 학예사는 이 책의 논문을 취합하고 편집하는 수고를 하셨기에 이에 감사드린다.

또한, 한반도를 중심으로 북방 유라시아 일대의 제사고고학이라는 거창한 주제로 일련의 강의를 준비하며 강연자를 섭외하는 과정에서 필진들의 많은 도움이 있었다. 개인이 할 수 없는 일련의 작업에는 직접 강연을 도맡고 원고를 써주신 많은 선생님들의 노력 덕분이다. 부족하나마 유라시아의 제사 고고학에 대한 최초의 책을 간행할 수 있었던 것은 이 모든 선생님들의 덕분이다. 이 책에 도움을 주신 모든 선생님들께 깊은 감사를 드리고, 25년 전에 부안 죽막동에서 태동한 한국의 제사고고학이 유라시아 각지로 그 외연을 확장하는 계기가 되길 바라며 편집자의 말을 갈음하고자 한다.

2016년 11월 20일에 쓰고
2017년 12월 31일에 덧붙임

강인욱

차 례

'북방 유라시아 제사 고고학의 현황과 과제'를 발간하며 · 3
유라시아 제사 고고학과 한반도 · 7

1부 북방 초원지역

시베리아와 한국의 무속의례 _ 곽진석 ··· 29
1. 한국문화와 시베리아 / 2. 한국 천령의례와 나나이족 천령의례 절차 / 3. 한국 천령의례와 나나이족 천령의례 절차 비교 / 4. 한국 천령의례와 나나이족 천령의례에 나타난 세계관

몽골의 오보신앙과 오보제 _ 이평래 ··· 43
1. 오보의 기원 / 2. 오보신앙의 성립 / 3. 오보신앙의 확산 / 4. 오보신앙의 구조 / 5. 오보신앙의 표현 형식 / 6. 현대 오보제의 실상

시베리아 원주민들의 죽음에 대한 관념들 _ 이건욱 ····························· 65
1. 도입부 - 객사(客死) / 2. 시베리아 원주민들의 죽음 / 3. 글을 마치며

흉노의 동물매장 의례와 한반도와의 비교 _ 장윤정 ·························· 97
1. 머리말 / 2. 우리나라 동물매장 유례 / 3. 우리나라 동물매장 의례의 특징 / 4. 흉노의 동물매장 의례와 한반도와의 비교 / 5. 맺음말

2부 환동해 문화권과 연해주

고고학으로 본 환동해문화권의 제사유적 _ 강인욱 ········· 129

1. 서론 / 2. 환동해선사문화권의 설정 / 3. 시기별 환동해 제사 관련 유물과 유적의 제양상 /

4. 결론 - 환동해 지역 제의문화의 형성배경 및 특징

환동해문화권 선사시대 토우와 생활의례 _ 김재윤 ········· 147

1. 머리말 / 2. 동북아시아의 토우 / 3. 환동해문화권 토우: 극동전신상 토우 / 4. 토우와 움

집 / 5. 선사시대 토우와 민족지 자료의 비교 / 6. 맺음말

유적과 유물로 본 말갈·발해의 종교와 제사 _ 홍형우 ········· 173

1. 머리말 / 2. 유물로 본 말갈·발해의 종교와 제사 / 3. 맺음말

발해와 신라로 전래된 기독교 _ 강인욱 ········· 189

1. 들어가며 - 네스토리우스교의 실크로드 진입 이유 / 2. 동아시아 각국의 네스토리우스교

자료 / 3. 발해와 신라 유물 속의 네스토리우스교 / 4. 마치며: 네스토리우스는 실크로드 위

의 다양한 문화 융합의 산물이다.

3부 만주 일대의 제사

중국 요서지역의 신석기시대 제례 _ 홍은경 ·························· 207

1. 머리말 / 2. 요서지역의 신석기시대 문화와 제례 / 3. 홍산문화의 양상 / 4. 홍산문화의 제
례 / 5. 맺음말

상주 청동기의 발전과 요서 지역에서의 매납 _ 심재훈 ················ 233

1. 하, 상, 주 삼대 역사 / 2. 이리두에서 은허까지 청동기의 발전 / 3. 서주 청동기의 발전과
지역적 층자 / 4. 요서 지역에서 발견된 상주 청동기 / 5. 결론: 이주, 교류, 약탈?

한반도 동검문화의 전개와 제사 _ 강인욱 ·························· 255

1. 서론 / 2. 주요 매납 유적 / 3. 고찰 / 4. 결론

1부 북방 초원지역

시베리아와 한국의 무속의례
몽골의 오보신앙과 오보제
시베리아 원주민들의 죽음에 대한 관념들
흉노의 동물매장 의례와 한반도와의 비교

시베리아와 한국의 무속의례
-한국과 나나이족 천령(遷靈)의례 비교-

곽진석 | 부경대학교

1. 한국문화와 시베리아

우리의 상고대 문화가 시베리아와 맞닿아 있음은 이미 고고학이나 언어학, 그리고 신화학 등에서 밝혀지고 있다. 특히, 우리의 상고대 신화가 시베리아 샤머니즘을 그 기층으로 하고 있다는 점을 고려하면 더욱 그러하다. 일례로 고구려 신화에서 해모수와 주몽, 그리고 유리는 다 같이 지상세계와 하늘을 내왕할 수 있는 능력을 갖고 있다. 이것은 시베리아 샤먼의 '우주여행'과 비교될 만하다. 이처럼 시베리아는 샤머니즘의 공유라는 점에서 우리의 상고대 문화의 고향 또는 원천이라고 할 만하다.

시베리아에 거주하는 만주-퉁구스족 가운데 '만주족'인 나나이족은 아무르

강(흑룡강) 중류의 순가리강과 우수리강 저지대, 아무르강 하류의 평원에 주로 거주한다. 그들이 사용하는 나나이어는 언어적으로 원시한반도어와 밀접히 연관되어 있다. 이것은 인종적으로뿐만 아니라 언어적으로도 나나이족이 상고대 한반도문화와 연관되어 있다는 점을 말해 준다. 따라서 나나이족의 샤머니즘 문화를 살펴 보는 것은 곧 우리의 상고대 문화, 나아가 한국문화의 정체성을 밝히는 길이기도 하다.

시베리아 샤먼의 의례는 대체로 입무(入巫)의례, 치병(治病)의례, 생업(生業)의례, 축신(祝神)의례, 천령(遷靈)의례 등으로 구분된다. 입무의례는 보호령으로부터 샤먼의 소명을 받아들이는 의례이고, 치병의례는 각종 보조령의 도움을 받아 환자를 치료하는 의례이고, 생업의례는 사냥이나 수렵 등 각종 생업에서의 성공을 기원하는 의례이고, 축신의례는 보호령이나 보조령에게 제물을 바치면서 감사하는 의례이고, 천령의례는 죽은 사람의 영혼을 저승으로 인도하는 의례이다.

여기서는 우리의 천령의례인 전라도 '씻김굿'과 나나이족의 천령의례인 '카자 타오리'kaza taori를 비교함으로써 샤머니즘을 매개로 한 한국문화와 시베리아문화의 상관성을 살펴 볼 것이다.

2. 한국 천령의례와 나나이족 천령의례 절차

천령의례는 죽은 사람의 영혼을 저승으로 인도하기 위해 거행하는 굿이다. 제주에서는 '시왕맞이'로, 전라도에서는 '씻김굿'으로, 동해안에서는 '오구굿'/'오귀굿'/'오기굿'으로, 서울과 평안도에서는 '진오귀굿'으로, 평안도에서는 '다리굿'/'수왕굿'으로, 함경도에서는 '망묵이굿'으로 불린다. 굿거리의 구성은 지역에 따라 다르지만 대개 10거리 이상으로 이루어진다. 1991년 순천의 무녀 박

도면 I. 순천 씻김굿 장면[1]

경자에 의해 거행된 씻김굿의 굿거리 구성을 보면 다음과 같다.[2]

1) 한국 천령의례 '씻김굿' 절차

① 보조자들이 무복과 무구, 굿청을 준비한다. 무당과 악사가 굿청에 들어온다.

② 혼맞이굿

객사한 넋을 맞이하는 굿이다. 강변에서 시신이 발견된 죽은 사람의 넋을 신칼의 꽃술로 들어 올린다. 맞이한 넋을 징에 담아 죽은 사람의 집으로 들고 온다.

---

1) 이경엽, 『씻김굿 무가』, 박이정, 2000.
2) 이경엽, 위의 책, pp.105~178.

③ 조왕굿

부엌에 조왕상을 차리고 조왕신에게 부정(不淨)을 아뢰어 그것을 물리고 자 하는 굿이다. 부정을 물리고 우환을 제거하며 재수를 비는 내용으로 이루어진다.

④ 안당

굿하는 장소와 시간, 굿의 목적을 신령에게 고한다. 죽은 사람의 넋을 저승으로 인도할 수 있도록 신령의 강림을 축원한다.

⑤ 조상굿

조상신을 불러내어 가정의 제액초복(除厄招福)을 축원한다.

⑥ 제석굿

제석신을 불러내어 가정의 번창과 자손의 수복(壽福)을 축원한다.

⑦ 넋올리기

죽은 사람의 넋(한지를 오려서 만든 사람 모양의 형상물)을 신칼의 꽃술로 들어올리고, '신광주리'와 죽은 사람의 옷을 들고 가무를 한다.

⑧ 오구굿

오구풀이(바리데기)를 부른 다음 바리데기를 불러내어 죽은 사람의 넋 인도를 축원한다.

⑨ 시설

죽은 사람의 넋이 저승으로 가는 과정에서 만나는 관문을 무사히 통과하기를 축원한다.

⑩ 고풀이

일곱 매듭으로 묶인 긴 무명베를 풀면서 '고풀이' 무가를 노래한다. 이때 매듭은 죽은 사람의 원한을 상징하고, 매듭을 푸는 것은 죽은 사람의 원한 풀이를 상징한다.

⑪ 씻김

죽은 사람의 넋이 저승으로 잘 갈 수 있도록 죽은 사람의 육신을 상징하는 '영대'(靈代)를 씻기면서 무가를 노래한다. **씻김굿의 핵심적인 거리이다.**

⑫ 길닦음

원한이 풀린, 죽은 사람의 넋이 저승으로 가는 '길'을 닦아준다. '길'은 안방에서 마당으로 펼쳐놓은 무명베인데, 이승과 저승을 이어주는 길을 상징한다. 무명베 위로 넋을 담은 넋당석을 좌우로 움직이면서 앞으로 나아간다.

⑬ 거리설양

제물을 접대하면서 굿에 불러내었던 여러 신령을 돌려보낸다. 일종의 배송굿이다.

⑭ <u>굿청을 해체하고, 무복과 무구를 반환한다. 무당과 악사, 보조자는 귀가한다.</u>

씻김굿은 죽은 사람의 영혼을 씻겨 저승으로 보내는 무속의례이다. 이 굿은 호남지역의 가장 대표적인 굿이다. 그래서 이 지역 사람들은 씻김굿을 잘 거행하는 무당을 능력있는 '단골'로 평가하기도 한다.

씻김굿의 절차는 전승되는 지역마다 다르고, 굿거리 명칭도 약간씩 차이가 있다. 거리 구성에서도 어떤 지역은 10거리로 구성되는가 하면, 또 다른 지역에서는 15거리로 구성되기도 한다. 지역이 같더라도 무계(巫系)에 따라 거리가 다르게 구성되기도 한다.[3] 그러나 거리 구성의 차이에도 불구하고 씻김굿은 대체로 제신(諸神)을 청배하는 전반부와 사자(死者)의 넋을 씻겨 저승으로 인도하는 중반부, 그리고 제신을 배송하는 후반부 등으로 구성된다.

---

3) 이경엽, 앞의 책, p.64.

2) 나나이족 천령의례 '카자 타오리' 절차

나나이족의 무속의례인 '카자 타오리'kaza taori는 죽은 사람의 넋을 저승으로 인도하는 천령의례이다.[4] 그 의례의 절차를 보면 다음과 같다.[5]

　㉠ 조자들이 무복과 무구, 굿청을 준비한다. 무당과 악사가 굿청에 들어온다.

　㉡ 해질녘에 샤먼은 그의 보조령(補助靈)을 위해 노래를 부르고 춤을 춘다.

　㉢ 노래와 춤이 끝나면, 샤먼은 얼굴에 여러 문양을 그리고 보조령을 불러낸다.

　㉣ 샤먼은 신령에게 도움을 간청한다.

　㉤ 샤먼은 죽은 사람과 함께 저승세계인 '부니'buni로 떠난다. 이 여행에서 샤먼은 보조령의 도움을 받아 온갖 시련과 고난을 극복한 다음 저승에 도착한다.

　☞ 샤먼은 고난으로 가득 찬 위험한 여행에 대해 말한다. 그는 어떤 위험한 곳에 도착했을 때는 공포심을 드러내고, 그 위험이 사라졌을 때는 안도감을 보여준다. 그는 동행하는 보조령과 보조자에게 지금 서두르고, 또 조심하라고 말할 때, 손을 잡아당기기도 하고 목소리를 떨기도 하며 얼굴을 찡그리기도 한다. 이 위험한 곳에서 그는 경험이 많은 샤먼의 도움이 없어서 죽은 사람들의 영혼을 발견하기도 한다. 그들 가운데 의례에 참석한 사람들의 친척 영혼이 있으면, 그들도 저승으로 데려간다. 많은 위험한 모험 끝에 샤먼은

---

4) Ibid., p.401.

5) Anna-Leena Siikala, *The Rite Technique of the Siberian Shaman*, Helsinki, pp.265~270, 1978.

저승 근처에 도착한다. 사람의 발자국이 보이고 개 짖는 소리가 들리며 집에서는 연기가 피어 오른다. 드디어 그는 죽은 사람들의 거주지인 저승 세계에 발을 디딘다. 죽은 사람들의 영혼은 그를 에워싸고 어디에서 왔는지, 누구를 데려왔는지 묻는다. 그는 이 질문에 대답하지 않고 영혼들을 속이며, 그들에게(혹은 영혼들에게) 살아 있는 친척들의 인사와 함께 소식을 전한다. 그 후 그는 자신이 데려간 영혼과 저승의 거주자에게 작별을 고하고 집으로 돌아온다. 집으로 돌아오는 여행에서 그는 저승으로 가는 여행에서처럼 많은 고난을 극복해야 한다. 위험한 산을 오르내리고, 넓고 물살이 센 강을 건너고 늪을 건너야 한다. 그러나 그는 보조령의 도움을 받아 모든 어려움을 극복하고 집으로 돌아온다.

도면 2. 나나이족 샤먼[6]

ⓑ 샤먼은 죽은 사람을 저승에 남겨두고 이승으로 되돌아온다.

ⓢ 샤먼은 그의 보조령에게 고마움을 표시하기 위해 불속으로 제물을 던진다. 그 후에 그의 보조령을 다시 돌려보낸다.

◎ 굿청을 해체하고, 무복과 무구를 반환한다. 무당과 악사, 보조자는 귀가한다.

죽은 친척에 대한 극단적인 공포가 나나이족 천령의례의 토대를 이룬다. 나나이족은 죽은 사람의 영혼이 눈에 띄지 않은 채 친척과 함께 머문다고 생각한

---

6) Т. Ю. Сем ed., Шаманизм Народов Сибири, Санкт-Петербург, p.404, 2006.

다. 만약 죽은 사람이 충분히 기억되지 않거나 그가 남겨둔 재산이 손상되면, 죽은 사람의 영혼은 질병이나 죽음으로써 가족들에게 복수를 한다. 따라서 죽은 친척이 살아 있는 가족에게 주는 질병이나 죽음을 예방하기 위해 사자(死者)의 눈과 얼굴을 가리기도 하고 사자의 집에 불을 밝히기도 하며 사자의 시신을 보통 다니는 길과 다른 길로 운반하기도 한다. 이 같은 관습은 시베리아 도처에서 찾아볼 수 있다.[7]

나나이족은 사람이 죽은 후 당연한 일로써 추도식을 거행한다. 사자의 영혼이 저승으로 인도되지 않으면 지상에 남아 사람들을 해치는 사악한 정령 '부세이'buseu로 변한다.[8] 친척과 많은 사람이 추도식에서 자신을 추도할 때 사자는 매우 만족한다. 그래서 그들은 사자를 간절하게 추도한다.

3. 한국 천령의례와 나나이족 천령의례 절차 비교

'씻김굿'과 '카자 타오리'의 의례 절차는 모두 〈예비단계→신령 현화(現化)actualization→넋 인도→신령 비현화(非現化)deactualization→종결단계〉로 구성된다. '예비단계'는 무당과 보조자가 굿을 할 준비를 하는 절차이고, '신령 현화'는 신령을 환기하여 그에게 도움을 청하는 절차이고, '넋 인도'는 죽은 사람의 넋을 저승으로 인도하는 절차이고, '신령 비현화'는 제물을 접대한 후 신령을 돌려보내는 절차이며, '종결단계'는 굿을 마감하는 절차이다.

'씻김굿' 절차에서 ①은 '예비단계' 절차에, ②~⑥은 '신령 현화' 절차에, ⑦~

---

7) I. A. Lopatin, *The Cult of the Dead among the Natives of the Amur Basin*, Central Asiatic Studies Ⅵ, Mouton, pp.169~172, 1960.
8) Ibid., pp.211~212.

⑫는 '넋 인도' 절차에, ⑬은 '신령 비현화' 절차에, 마지막으로 ⑭는 '종결단계' 절차에 해당한다. 그리고 '카자 타오리' 절차에서 ㉠은 '예비단계' 절차에, ㉡~㉣은 '신령 현화' 절차에, ㉤과 ㉥은 '넋 인도' 절차에, ㉦은 '신령 비현화' 절차에, 마지막으로 ㉧은 '종결단계' 절차에 해당한다. 이런 절차를 도표화하면 다음과 같다.

표 l.

절차		씻김굿	카자 타오리
예비단계	무당, 보조자 준비	무당, 악사, 보조자의 무복, 무구, 굿청 준비	무당, 악사, 보조자의 무복, 무구, 굿청 준비
신령 현화 (現化)	혼맞이굿	객사한 넋을 맞이하는 굿. 맞아들인 넋을 징에 담아 망자의 집으로 들고 옴	신령의 현화 기원
	조왕굿	부엌의 조왕신에게 부정을 아뢰어 그것을 물리고자 하는 굿. 부정을 물리고 우환을 제거하며 재수를 비는 내용	
	안당	굿하는 시간과 장소를 고하고 여러 신령들이 강림하여 보살펴 주기를 축원	노래와 춤을 통해 신령의 도움 간청
	조상굿	조상신을 불러내어 가정의 제액초복(除厄招福)을 축원	
	제석굿	제석신을 불러내어 가정의 번창과 자손의 수복(壽福)을 축원	
넋 인도	넋올리기	망자의 넋을 신칼의 꽃술로 들어 올리면서 가무	저승으로 망자의 영혼 인도
	오구굿	바리데기신의 내력을 노래한 다음 그 신을 불러내어 망자의 인도를 축원	
	시설	망자가 저승으로 가는 과정에서 만나는 관문을 통과하기를 축원	이승으로 귀환
	고풀이	일곱 매듭으로 묶은 긴 무명베를 풀면서 무가 노래	
	씻김	저승으로 잘 갈 수 있도록 망자를 씻기면서 망자의 천도를 비는 무가 노래	정보 전달

절차		씻김굿	카자 타오리
넋 인도	길닦음	원한을 푼 망자의 저승길을 닦아주는 거리	정보 전달
신령 비현화 (非現化)	거리설양	굿청에 불러내었던 여러 신령과 잡귀를 돌려보내는 거리(제물 접대)	신령에게 제물 접대
의례 종결	의례 마감	굿청 해체, 무복/무구 반환, 무당/악사/보조자 귀가	굿청 해체, 무복 탈의, 샤먼과 보조자 귀가

'씻김굿'과 '카자 타오리'의 의례 절차는 동일하다. 이것은 좁게는 우리의 무속의례와 나나이족의 무속의례의 밀접한 상관성을, 넓게는 한반도 상고대 문화와 시베리아 문화의 친연성을 보여준다. 뿐만 아니라 각 무속의례 절차에 반영된 세계관에서도 공통점을 발견할 수 있다.

4. 한국 천령의례와 나나이족 천령의례에 나타난 세계관

첫째, 두 의례에서 이승과 저승은 확연히 구분되어 있다. 그것도 위험한 산과 강 그리고 늪으로 분리되어 있다. 이승에서 저승으로 가는 것은 목숨을 담보하는 매우 위험한 일이다. 이 같은 이승과 저승에서 이승은 살아 있는 사람이 사는 세계이고, 저승은 죽은 사람이 사는 세계이다. 따라서 사람이 죽으면 그 영혼은 자의든 타의든 그들의 세계인 저승으로 가야 한다. 그렇지 않을 경우 그 영혼은 살아 있는 사람을 해치는 원령(怨靈)이 된다.

이승과 저승은 수평적으로 배치되어 있다. '씻김굿'에서 저승으로 가는 '길'은 안방에서 마당으로 펼쳐져 있다. 저 너머 어느 곳에 저승이 있는 셈이다. 이 점은 '카자 타오리'에서도 나타난다. 산 넘고 물 건너 어느 곳에 저승이 있기 때

문이다. 이럴 경우 수평적인 세계관은 수직적인 세계관보다 이른 시기에 나타
난 세계관이다.[9]

둘째, 샤먼의 '영혼여행'은 위대한 길의 위대한 여행이다. 이것은 시베리아
샤머니즘이 전승해온 대표적인 서사시이다. '씻김굿'과 '카자 타오리' 의례에서
보이는 샤먼의 '영혼여행'은 죽은 사람의 넋을 저승으로 인도하기 위한 위대한
여행이다. 시베리아 샤머니즘에서 '영혼여행'은 샤먼의 핵심적인 권능일 뿐만
아니라 위대한 권능이다. 시베리아 샤머니즘에서 보통의 샤먼이 아닌 '강한 샤
먼'만이 이 권능을 실현할 수 있는 것은 바로 이 때문이다. 이런 경우에 샤먼은
'영혼 인도자', 즉 psychopomp로서의 역할을 다한다.

그런데 샤먼의 '영혼여행'은 영혼관과 밀접한 관련을 맺는다. 왜냐하면 '영혼
여행'은 영혼의 자유라는 영혼관 아래서만 가능하기 때문이다. 일반인은 자기
의지대로 영혼을 자기 육신에서 떠나게 할 수 없다. 다만 죽었을 때 또는 잠을
잘 때나 질병에 걸렸을 때 영혼이 육신을 떠날 수 있다. 물론 영혼이 육신을 영
원히 떠나면 그것은 죽음의 상태이고, 일시적으로 떠나면 그것은 수면, 질병
또는 기절의 상태이다. 여기에 시베리아 샤머니즘의 핵심적인 관념인 영혼의
이중성[10]이 게재된다. 육신에 깃들인 '육신혼'과 육신을 떠날 수 있는 '자유혼'이
그것이다. 전자는 사람이 죽으면 육신과 함께 없어질 영혼이고, 후자는 사람이
죽으면 저승으로 옮겨가 계속 삶을 영위할 영혼이다.

샤먼은 일반인과 달리 '자유혼'을 언제나 임의로 육신을 떠나게 할 수 있다.
그것은 샤먼만이 누리는 초인적인 권능이다. 육신을 떠난 샤먼의 영혼은 이승
이 아닌 '타계'(他界)로 위대한 여행을 떠나는 것이다. 물론 그 여행의 궁극적인

---

9) A. F. Anisimov, "Cosmological Concepts of the Peoples of the North", H. N. Mi-
chael ed., *Studies in Siberian Shamanism*, Univ. of Toronto Press, p.207, 1972.

10) E. Hultkranz, "Shamanism and Soul Ideology", M. Hoppól ed., *Shamanism in Eur-
asia*, Part 1, Guttingen, p.34, 1984.

목적은 죽은 사람의 영혼 인도일 수도 있고, 자신의 보호령이나 보조령을 만나 그를 통한 각종 정보의 획득일 수도 있다. 목적이 어디에 있든 샤먼은 '영혼의 자유'를 누릴 수 있는 위대한 사람이다.

셋째, 두 의례에는 사령(死靈)이나 원혼(冤魂)에 대한 공포심이 반영되어 있다. 죽은 사람에 대한 극단적인 공포가 두 의례의 저류에 깔려 있다. 나나이족의 경우, 죽은 사람에 대한 공포를 예방하기 위해 죽은 사람의 눈이나 얼굴을 가리기도 하고, 죽은 사람의 집에 불을 지르기도 하며 시신을 평상시와 달리 다른 길로 운반하기도 한다. 그리고 추도식 때 죽은 사람을 만족시키기 위해 많은 제물을 바치기도 한다. 이와 함께 원혼에 대한 공포도 있다. 죽은 사람의 영혼이 저승으로 가지 못하면 살아 있는 사람을 해지는 악령으로 변한다고 믿는다.

사령이나 원혼에 대한 공포는 우리의 민속에도 남아 있다. 장례나 제례가 근본적으로 사령에 대한 공포 때문에 치러진다거나, 죽어서도 영혼이 저승으로 가지 못하고 이승을 맴도는 원혼이 살아 있는 사람을 해친다는 속신(俗信)을 믿는 것은 바로 이 때문이다. 따라서 사령 또는 원한에 대한 공포심이 '씻김굿'이나 '카자 타오리'라는 의례를 낳았다고 볼 수 있다.

참고문헌 _____

이경엽, 『씻김굿 무가』, 박이정, 2000.

A. F. Anisimov, "Cosmological Concepts of the Peoples of the North", H. N. Michael ed., *Studies in Siberian Shamanism*, Univ. of Toronto Press, 1972.

E. Hultkranz, "Shamanism and Soul Ideology", M. Hoppól ed., *Shamanism in Eurasia*, Part 1, Guttingen, 1984.

Anna-Leena Siikala, *The Rite Technique of the Siberian Shaman*, Helsinki, 1978.

I. A. Lopatin, *The Cult of the Dead among the Natives of the Amur Basin*, Central Asiatic Studies Ⅵ, Mouton, 1960.

A. A. Пётров и И. Л. Набок ed., *Шаманизм Народов Сибири*, Санкт-Петербург, 2006.

몽골의 오보신앙과 오보제

이평래 | 한국외국어대학교

1. 오보의 기원

오늘날 몽골초원 어디를 가든 푸른 비단천이 펄럭이는 오보(Ovoo)를 볼 수 있다. 오보는 한국의 서낭당이나 돌탑의 기원과 관련하여 일찍부터 우리 학자들이 주목한 몽골의 대표적 민간신앙 대상물이다. 오보의 전형적 형태는 돌 더미 위에 버드나무가 꽂혀 있고, 그 위에 비단천이나 경문(經文)이 쓰인 종이가 걸려 있다. 삼림지대에서는 나무다발을 세워 오보를 대신하고 흙을 쌓고 그 위에 버드나무 가지를 세우는 경우도 있다.

오보는 산 정상, 교차로, 큰 강과 호숫가, 사원주변 등에 위치하고, 그 종류도 독립오보에서 3, 7, 9, 11, 13오보 등 여러 형태가 있다. 이 중에서 가장 보편

도면 I. 몽골국 헨티 아이막 다달 솜의 칭기스 칸 탄생지에 있는 오보(이평래ⓒ)

적인 것은 산정상과 교차로에 위치하는 독립오보다. 지금도 몽골 곳곳에서 이러한 오보를 볼 수 있는데, 몽골인들은 교차로와 고갯마루를 지나다 오보를 보면 말이나 차에서 내려 적절한 예를 표하고 간다. 주요 오보에서는 정기적으로 오보제도 거행된다. 지역 단위의 오보제는 물론, 전국 규모로 치러지는 오보제도 있다. 오보제 때 사람들의 참여는 매우 적극적이다. 이런 점에서 오보신앙은 살아 숨 쉬는 신앙이라 할 수 있다. 그렇다면 현대를 살아가는 오보는 어떻게 발생하고 언제 어떤 과정을 거쳐 신앙대상물로 자리 잡았을까?

연구자들은 오보와 오보신앙을 몽골의 전통신앙의 하나로 설명해 왔다. 일찍이 부랴트(Buryat) 학자 도르지 반자로프(Dorj Bamzarov, 1822~1855)는 오보신앙을 산천숭배와 대지숭배의 일환으로 파악하고 이를 샤머니즘과 관련지어 보았다. 그의 견해는 후학들에게 이어져 오보의 기원에 관한 논의의 표본이

되었다. 이들의 견해에 따르면 오보는 몽골 고유의 신앙대상물이고 오보신앙에
보이는 불교적 요소는 후대에 추가된 것들이다. 이는 오보의 기원에 관한 가장
보편적인 설이지만, 오보와 오보신앙의 형성과 발전 과정에 대한 역사적 이해
가 결여되어 있다. 이 설을 따르는 학자들은 현재 우리가 알고 있는 오보와 오
보신앙이 역사과정에서 형성된 최종 형태라는 점, 따라서 이는 오보와 오보신
앙의 원형과 다를 수도 있다는 점을 간과했다. 그 결과 오보는 처음부터 돌 더
미 신앙대상물이었고 오보신앙에 보이는 전통적 요소를 중시하여 그 기원을 먼
옛날로 끌어올리고 있다.

  그러나 문헌자료를 보면 이와 전혀 다른 점이 확인된다.『몽골비사』등 고중
세기 문헌에는 몽골인들의 신앙생활을 보여주는 많은 기록이 남아 있지만 오보
관련 기록은 전혀 볼 수 없다. 이 점은 18세기 이후 자료에 오보가 특기되고 19
세기 이후 몽골을 여행한 대다수 여행자들이 오보에 대해 언급한 것과 큰 차이
가 있다. 따라서 문헌자료만 놓고 보면『몽골비사』가 편찬된 13세기에는 오보가
존재하지 않았거나 있었다 해도 특기할 정도는 아니었다고 할 수 있다.

  오보라는 단어는 명(明) 초기에 출간된『화이역어(華夷譯語)』에 처음 등장한
다. 본서에 실린 한어(漢語)−몽골어 대역어휘 중에 후(堠)라는 말이 있고 이것
이 오보[斡孛斡]로 풀이되어 있다. 따라서 적어도 이 책이 출간된 14세기 말
~15세기 초에는 오보가 존재했다고 할 수 있지만 이 오보가 신앙대상물이었는
지는 분명치 않다. 이와 관련해 오보의 한자 풀이인 '후'의 의미를 살펴볼 필요
가 있다. 한자 '후'는 이정(里程)을 표시하는 흙더미나 망루다. 이는 후대의 오
보가 주로 돌 더미고 신앙대상물이라는 점과 비교가 된다. 어떻든 문헌자료 속
의 초기 오보는 흙더미고 망루나 이정표 구실을 한 것은 분명하다. 오보의 기원
에 관한 구전자료 또한 이를 확인해 준다.

  옛날 몽골에 두 추장이 있었다. 둘은 목초지를 두고 싸웠다. 둘은 상대방

을 공격하고 재산과 부녀자와 아이들을 약탈했다. 두 집단의 싸움은 수년간 계속되었지만 종국에 한쪽이 패하여 싸움이 끝났다. 패한 측은 살던 곳을 내주고 다른 곳으로 옮겨갔다. 그들은 떠나기 전 금과 은을 땅속에 묻고 그 위에 흙더미를 쌓았다. 훗날 적을 무찌르고 보물을 찾을 때 표시로 삼기 위해서였다. 그들은 이러한 보물더미를 오보라 불렀다.

설화는 오보를 무언가를 표시하기 위한 흙더미로 설명하고 있다. 보물을 묻은 곳에 흙을 쌓은 것은 훗날 식별을 위해서였다. 몽골은 사방을 둘러보아도 낮은 산과 초원뿐이고 현저한 지형지물이 드물다. 이 때문에 금과 은을 묻은 장소에 흙을 쌓아 표시를 했다고 할 수 있다. 이 경우 오보는 어떤 목표물 역할을 하고 있다. 그래서 일부 학자들은 오보가 처음 이런 목적에서 만들어졌다고 보고 있다. 일본학자 고토 토미오(後藤富男)는 『화이역어』와 『노룡색략(盧龍塞略)』(1610)에 나오는 한어 '후'의 몽골어 풀이가 오보인 것에 주목하고, 오보의 원형은 흙더미였으며 그 기능도 경계표 역할을 했다는 의견을 제시했다. 문헌자료에 의거하는 한 17세기 초기까지 오보는 그의 말처럼 흙더미였고 이정표 등의 역할을 했다. 그렇다면 현재의 오보와 오보신앙은 외형과 기능이 변화한 것으로 보아야 한다.

2. 오보신앙의 성립

메르겐 디얀치-인 게겐(Mergen Diyanči-yin Gegen, 1717~1766)이라는 라마가 남긴 저술은 이 문제와 관련해 중요한 사실을 전해준다. 샤머니즘과 민간신앙을 불교 교리체계로 통합시키는데 중요한 역할을 한 메르겐 라마는 『오보제 의례와 경문』과 『오보 축조법』 등 2권의 책을 썼는데, 그의 저작에서 관심을 끄는 것은 돌 오보가 문헌으로 확인되고, 이것이 신앙대상물로 언급되고 있다는 점이다.

『오보 축조법』에서 그는 오보의 각종 장식이 돌 더미 위에 세워진다고 명기함으로써 처음으로 돌 오보의 존재를 확인해 준다. 메르겐 라마는 또한 『오보제의례와 경문』에서 당시 오보신앙이 널리 유포되지도 않았고 그에 관한 어떤 자료도 본 적이 없다는 점을 특기하고 있는데, 이는 곧 그가 이 책을 쓸 무렵 오보신앙이 아직 보편화되지 않은 관습이었음을 말해준다. 그렇다면 오보가 신앙대상물로 기능하기 시작한 것은 17세기 초기 이후일 가능성이 있다. 『노룡색략』(17세기 초기)에 실린 한어−몽골어 어휘집에도 『화이역어』처럼 '후'가 '오보로 풀이되어 있는 것이 이를 증명한다. 그래도 남는 문제는 무슨 이유로 돌 오보가 생겨나고 그것이 신앙대상물이 되었는가 하는 점이다. 이와 관련해 다시 고토 토미오의 견해를 경청할 필요가 있다. 그는 라마교가 샤머니즘을 통합하는 과정에서 지역신의 상징으로 돌 더미를 만든 데서 돌 오보가 출현했거나 라마교의 확산과 함께 티베트의 마니퇴(瑪尼堆)가 들어오고 이를 오보라고 불렀을 가능성을 제기했다.

첫 번째 견해는 지역신의 상징을 굳이 돌 더미로 바꾼데 대한 설명이 없어 수용하기가 어렵다. 두 번째 추론이 받아들이기가 수월하다. 문헌자료를 보면 숭배대상인 돌 오보는 16세기 말 불교 전래 이후에 나타나고, 그 불교의 본고장인 티베트에서도 오보와 유사한 마니퇴가 확인되기 때문이다. 마니퇴는 육자진언(六字眞言)을 새긴 돌을 쌓고, 그 위에 깃발이나 목간(木杆)을 세운 신앙대상물이다. 외형이 몽골의 오보와 유사하고 위치 및 신앙적 기능과 구조도 비슷하다. 따라서 일부 연구자들은 몽골의 오보와 티베트의 마니퇴를 동일한 문화현상으로 인식하고 있다. 이렇게 보면 몽골에 돌 오보가 출현하고 그것이 신앙대상물이 된 것은 티베트불교의 영향일 가능성이 높다.

이에 대해서도 두 가지 추론이 가능하다. 티베트불교 전파 과정에서 불교에

도면 2. 중국 네이멍구자치구 오르도스 소재 칭기스 칸 사당 앞의 오보(이평래ⓒ)

통합된 마니퇴 신앙이 불교의 일부로 전래되었을 수가 있고, 불교 전래 이후 티베트 문화의 영향으로 마니퇴 신앙과 유사한 오보신앙이 자생적으로 발생했을 수가 있다. 그러나 어느 경우든 몽골에 돌 오보가 출현하고, 그것이 신앙대상물이 된 것은 티베트불교 전래와 마니퇴 신앙을 떼놓고 생각하기는 어렵다.

먼저 마니퇴 신앙은 그 속성으로 인해 몽골인에게 쉽게 수용되었을 수 있다. 마니퇴는 불교의 일부 또는 불교와 관련이 있는 신앙물이고 라마교화한 것이지만 민간신앙 대상물이다. 따라서 이 신앙이 불교의 확산에 따라 자연스레 확산되고, 본질이 민간신앙이라는 점에서 일반인에게도 쉽게 수용되었다고 볼 수 있다. 그렇다고 티베트의 마니퇴 신앙이 그대로 몽골에 이식되지는 않았을 것이다. 모든 외래신앙이 그렇듯 마니퇴 신앙도 몽골의 상황에 맞추어 변화되었다고 보는 것이 사리에 맞다. 그 과정에서 몽골의 민간신앙과의 통합이 이루어져 오보신앙이라는 복합신앙으로 정착되었을 가능성이 있다.

이렇게 보면 상술한 메르겐 라마의 말도 수긍이 간다. 오보신앙 자체가 새로운 현상이고 몽골의 전통신앙과의 통합 과정에 있었기 때문에, 이에 관한 문헌은 물론이고 아는 사람도 없었던 것이다. 따라서 그의 두 책은 아직 정돈되지 않은 오보신앙을 라마교 교리에 따라 체계화하기 위한 작업으로 볼 수 있다. 메르겐 라마의 활동 시기는 전통신앙과 티베트불교가 투쟁과 대립을 거듭하다 통합을 모색한 때다. 상술한 두 책 역시 몽골의 전통신앙을 라마교 교리체계로 통합시키려고 한 분위기에서 집필되었다. 불교도 입장에서 보면 오보는 그들의 목적을 이루는데 제격이었다. 오보신앙의 원형인 마니퇴 신앙은 불교의 일부일 뿐 아니라 그 불교에 통합된 민간신앙이고, 그것이 몽골에 들어와 발전된 오보신앙은 몽골의 전통신앙을 포괄한 복합신앙이었다. 이런 점에서 오보신앙은 불교의 대의를 해치지 않고 몽골의 전통신앙을 교리에 따라 체계화시킬 수 있는 적절한 수단이었다.

3. 오보신앙의 확산

상술한 대로 오보신앙은 티베트불교의 전래와 깊은 관련이 있다. 따라서 불교의 확산과 함께 오보신앙이 더욱 번성했다고 할 수 있다. 그러나 19세기 이후 몽골을 여행한 방문자들이 오보를 특기할 정도로 오보의 숫자가 늘어나고 오보신앙이 활성화된 것은 청조(淸朝)의 몽골 정책과 깊은 관련이 있다.

청조는 17세기 초기~18세기 중엽에 몽골인 거주지를 차례로 병합한 뒤 맹기제(盟旗制)라는 새로운 제도를 시행했다. 몽골 고유의 지배질서를 해체하고 몽골 전역을 호쇼[Khoshuu, 旗]라는 행정 군사단위로 재편했는데, 호쇼의 신설과 함께 호쇼의 경계가 정해지고 각 호쇼 주민은 자기 영역을 넘어 이동하는 것이 금지되었다. 흥미로운 점은 맹기제의 확대와 오보의 증설이 밀접한 관련이 있다는 것이다. 청조는 애초에 호쇼를 신설하고 그 범위를 정하면서 오보를 세워 경계로 삼았다. 물론 명백한 지형지물이 있는 곳은 그것을 경계로 삼았다. 청대 지리지에서도 오보 또는 산과 물을 호쇼의 경계로 활용했음이 확인된다.

따라서 호쇼가 증설되면 오보가 늘어났다. 19세기 말~20세기 초기에 몽골을 방문한 여행자들이 대부분 호쇼 오보에 대하여 언급한 것도 이 때문이다. 그러나 오보가 늘어난 이유가 호쇼의 증설 때문만은 아니었다. 사실 호쇼의 증설에 따라 세워진 오보의 1차적인 기능은 경계표 역할이다. 이보다 더 중요한 것은 각 호쇼에 세워진 신앙의 기능을 하는 오보다. 외부 방문자들이 주목한 것도 이런 오보인데, 여행자들은 각 호쇼에는 주민 전체가 숭배하는 오보가 있었음을 보고하고 있다.

위에서 언급했듯이 청조는 호쇼의 경계를 정하고 주민들의 자유로운 왕래를 제한했는데, 이 과정에서 시간이 갈수록 특정 호쇼는 외부와 차단되었지만 호쇼민 사이의 내부 결속력은 강화되었다. 청조가 노린 최종 목표도 이런 상황의 전개였다. 이때 호쇼민의 내부적 결속은 집단 활동을 통해 강화되었는데 오보 신앙이 여기에 중요한 역할을 했다. 몽골 동부 다리강가(Dariganga)에 있는 알탄 오보(Altan ovoo)의 건립과정은 이와 관련해 많은 것을 시사한다. 이곳은 청지배기에 황실 목마장이 있었던 곳인데 다리강가에 목마장이 설립된 후 관민(官民) 전체가 숭배하는 알탄 오보가 건립되었다. 다리강가 주민들이 청 황제에게 목마장 주민들이 숭배할 오보의 건립을 건의하고 황제가 하락하여 오보가 건립되었다. 이것이 오늘날 몽골에서 가장 유명한 알탄 오보다.

청 지배기 이후 건립된 호쇼 오보는 대략 이런 과정을 거쳐 세워졌다. 청조는 새로운 호쇼를 설립하고 호쇼 경계를 획정하면서 오보를 세우고, 이와 함께 호쇼 내에는 주민들이 숭배하는 오보를 건립했다. 이때 호쇼 오보는 다리강가의 사례처럼 청 황제의 승인을 받았을 가능성이 있다. 내몽골 서부 바오터우(包頭)에서 진해지는 구전자료는 이와 관련해 많은 것을 시사한다.

광서제(光緒帝) 이전 바오터우는 올란차부맹(盟)에 속해 있었다. 그 지방에는 원래 우라드 호쇼와 투메드 호쇼가 공동으로 숭배하던 오보가 있었는데 이 오보는 두 호쇼 사이의 경계표 구실을 했다. 후에 두 호쇼 사이에 목초지 개간을 둘러싸고 분쟁이 발생하면서 오보에서 50가자르(1가자르는 약 576m) 떨어진 곳에 또 다른 오보를 건립하고, 이를 우라드 호쇼 주민이 숭배하는 오보로 삼았다.

주목되는 것은 특정 오보가 두 호쇼 사이의 경계표 구실을 하는 한편, 공동의 숭배대상이 되고 있다는 점이다. 오보가 호쇼의 경계 구실을 했다는 것은 전술한 대로 문제가 없지만, 두 호쇼의 주민들이 그 경계 오보를 공동으로 숭배했다는 점이 특이하다. 이런 유형의 오보는 현지조사 자료에서도 가끔 확인되는데, 추측컨대 호쇼의 신설과 함께 범위를 획정하는 과정에서 오보를 세우고 이를 예전의 생활방식을 존중하여 공동으로 숭배하도록 했던 것 같다. 그러나 시간이 지나면서 두 호쇼민 사이에 내부적 결속과 외부적 배타성이 강화되어 각종 분쟁으로 벌어졌는데, 그 분쟁 타개책으로서 새 오보를 건립하고 각각 다른 오보를 숭배했다고 할 수 있다.

이상의 검토를 통해 청 지배기에 오보가 호쇼민의 정체성 확립에 중요한 역할을 했음을 알 수 있다. 이는 역으로 다른 호쇼에 대한 배타성의 확대인데, 바로 이런 이유로 청 황제가 오보 건립에 관여했던 것이다. 그렇다면 호쇼 오보는 청조의 통치를 실현시켜 주는 도구로 기능한 셈이고, 티베트불교 전파 이후에 확립된 오보신앙은 청의 몽골 지배의 강화와 함께 더욱 확산되어 갔다고 할 수 있다.

4. 오보신앙의 구조

오보의 전형적 형태는 돌 더미 위에 버드나무가 세워져 있고, 그 위에 천 조각이나 불교경문이 쓰인 종이가 걸려 있다. 돌이 귀한 지역에서는 흙으로 단을 쌓거나 나무 다발을 세워 오보를 대신하기도 하지만 버드나무는 필수품이다. 버드나무는 일종의 신간(神杆) 역할을 한다. 몽골인들은 예로부터 버드나무를 "몽골 나무"라 하여 신성시했다. 이런 점에서 오보의 버드나무는 오보신앙과 수목숭배의 관련성을 짐작케 해준다.

우리는 고중세기 문헌자료를 통해 이 점을 확인할 수 있다. 기원전 3세기 몽골고원에 최초로 국가를 세운 흉노(匈奴)는 자연생 나무나 버드나무를 세워 제장(祭場)을 만들고 그 주위를 돌면서 천지에 제사를 지냈다는 기록이 있다. 12세기 몽골인들 또한 새로운 칸을 추대하고 잎이 무성한 나무 주위에서 도랑이 패도록 춤을 추었다는 기록이 있다. 이런 사례들은 북방민들이 수목을 숭배대상으로 삼았다는 구체적인 증거인데, 특히 흉노인들의 의례가 제장 주위를 빙빙 돌면서 거행되었다고 한 것은 오보 주위를 도는 오보의례를 연상시킨다. 그래서 일부 학자들은 이를 오보제로 이해하고 오보신앙을 수목숭배의 일환으로 인식했다. 그러나 고중세기 문헌자료에서 신앙적 기능을 하는 오보가 확인되지 않기 때문에, 흉노 관련 기록을 오보신앙의 표현으로 보는 데는 무리가 있다. 오히려 이는 오보신앙의 통합적 성격을 반증해 주는 자료로 볼 수 있다. 즉 오보에 신간을 세우고 그 주위를 돌며 경배하는 것은 흉노 이래 수목숭배 전통이 오보신앙에 통합된 결과일 수 있다는 것이다.

오보의 장식도 우리의 논의와 관련해 많은 것을 시사한다. 오늘날 일반적으로 볼 수 있는 오보의 장식은 신간인 나뭇가지 위에 걸쳐 있는 비단 천과 경문, 불상, 가축 뼈, 말갈기 등이다. 19세기 말~20세기 초기 기록도 이와 비슷하다. 그런데 전술한 메르겐의 책에는 이러한 장식과 함께 갑옷과 투구, 활과 화살,

창과 칼 등 무기류, 가루라(迦樓羅, 인도 설화에 등장하는 불사조) 상(像)이 오보의 장식과 공물로 열거되어 있다. 무기는 오보제 뿐 아니라 지역신 숭배에서 나타나는 보편적인 현상이다. 따라서 오보에 무기를 세우는 관행은 몽골 고유의 신앙전통이라 할 수 있다.

에가미 나미오(江上波夫)의 조사보고는 이에 대해 많은 것을 시사한다. 20세기 초기 내몽골에서 현지조사를 한 그는 실링골맹(盟)의 한 오보에 검, 칼, 창, 도끼, 몽둥이 등 목제 무기류가 꽂혀 있는 것을 목격했다고 한다. 에가미는 이를 실제로 무기를 세웠던 관습의 잔재이고 무기를 군신(軍神)의 상징물로 이해했다. 그렇다면 오보의 장식물로 무기가 등장하는 것은 오보신앙에 통합된 군신숭배의 잔재로 볼 여지가 있다.

또 하나 중요한 오보의 부속물은 목제 조간(鳥杆, 새가 얹어진 목간)이다. 러시아 학자 바실례프스키(Basilevskii)에 따르면 몽골인들은 오보 사방에 목제 호랑이, 사자, 독수리, 용 등 동물 상 세웠다고 한다. 이 중에서 가장 주목을 끄는 것은 독수리 상이다. 오보에 조간을 세우는 관습은 내몽골에서도 확인된다. 에기미와 비슷한 시기에 몽골을 방문한 아키바 타케시(秋葉隆)는 내몽골에서 10자형(十字形) 오보를 조사한 적이 있는데, 그는 오보에 목제 무기와 함께 새가 앉혀져 있는 것을 목격했다고 한다. 아키바는 그 새의 이름을 구체적으로 밝히지 않은 채 이를 한국과 시베리아 일대의 솟대신앙의 일환으로 이해했다. 그의 말이 옳다면 이는 솟대신앙이 오보신앙에 통합된 결과로 볼 수 있다. 오보 사방에 독수리 상이 등장한다는 바실레프스키의 보고도 그럴 가능성을 더해준다. 북아시아 지역 솟대 위의 새는 주로 오리와 백조지만 간혹 독수리가 등장하기 때문에, 오보 위의 독수리 상은 솟대신앙과 오보신앙의 통합의 산물일 가능성이 있다.

오보에 조간을 세우는 관습은 헤이룽장(黑龍江) 주변 몽골족 사이에서도 확인된다. 보·샤오부(波·少布)는 두르베드 호쇼의 일부 씨족들이 오보의 사방에

도면 3. 몽골 초원 위의 오보(이평래ⓒ)

흰색 송골매를 새긴 4개의 조간을 세우고 오보제를 거행했다고 보고하고 있다. 그에 따르면 이 씨족은 칭기스 칸의 동생 조치 카사르의 직계 후손이고 매는 그들의 토템이다. 따라서 이는 토테미즘 유산이 조간으로 구체화되고 이것이 다시 오보신앙에 통합된 경우이다.

이렇게 보면 메르겐 라마가 지적한 가루라 역시 오보신앙에 흡수된 솟대신앙의 변형일 가능성이 있다. 물론 가루라의 고향은 인도다. 따라서 오보에 가루라가 등장하는 것은 불교의 영향이지만, 어느 경우든 가루라는 본래 신앙적 기능을 하던 특정 조류의 대체물로 볼 수 있다. 즉 몽골 전래의 솟대신앙이 오보신앙에 통합되는 과정에서 불교의 개입으로 솟대 위의 새가 가루라로 바뀌었다는 뜻이다.

오보의 기원설화 역시 신앙복합체로서 오보의 특징을 보여준다. 언덕 위에 매장한 샤먼이나 라마의 무덤에서 오보가 생겨났다는 설화는 몽골인들의 매장 관습 및 전통신앙과 밀접한 관련이 있다. 몽골인들은 선사시대부터 죽은 조상을 높은 곳에 매장하고 그를 수호신으로 숭배하는 관습이 있었는데, 우리는 죽은 아버지를 올랑 하드[Ulaaan khad, 紅山]에 묻고 제사를 드림으로써 아버지 정령의 가호를 빌었다는 내몽골에 전해지는 샤먼설화를 통해 이를 확인할 수 있다. 이 설화는 오보의 기원설화와 똑같이 아버지를 높은 곳에 장사 지내고, 그 무덤 주인공이 수호신의 역할을 하는 것으로 되어 있다. 따라서 오보가 특정인의 무덤에서 발생했다는 설화는 예로부터 전해 내려오던 관행, 즉 죽은 이를 높은 장소에 매장하고 그를 수호신으로 숭배하던 관습이 오보의 기원설화로 전이된 경우다.

이 설화에서 수호신으로 등장하는 오보의 신이 어떤 신인가 하는 문제도 오보신앙의 복합성과 관련해 중요하다. 오보의 신은 오보에 거주하면서 사람들이 공물을 바쳐 그의 가호를 비는 대상이다. 이들은 산과 물의 주인 또는 대지와 물의 왕 또는 대지의 정령 등 표현상의 차이가 있을 뿐 모두 지역신이다. 그밖에 일부 지역에서는 오보의 신이 조상 또는 자연의 정령으로 이해되기도 하고 샤먼의 옹고드(Ongod, 샤먼이 교류하는 정령이자 그것을 구현한 神體)를 오보의 신으로 보는 사람이 있다. 따라서 오보의 신은 하나의 특정한 신이라기보다는 비슷한 성격을 가진 수많은 신의 집합체에 가깝다고 할 수 있는데, 이는 복합신앙으로서 오보신앙의 성격과 깊은 관련이 있다.

5. 오보신앙의 표현 형식

오보신앙의 보편적인 형태는 교차로나 고개 위에 있는 오보에 대한 경배다. 몽골인들은 길을 가다 오보와 마주치면 대부분 말이나 차에서 내려 오보에 예

도면 4. 오보에 행로의 안정을 빌며 술을 뿌리는 몽골인(이평래ⓒ)

를 표하고 간다. 대개 돌을 1~2개 주워 오보에 던지고 그 주위를 시계방향으로 돌고 가지만, 술을 뿌리거나 유제품을 투척하고 지폐나 말갈기를 뽑아서 오보 위의 나뭇가지에 매달기도 하고, 술병이나 폐타이어, 장신구 일부를 투척하기 도 한다.

　일상적인 오보신앙의 또 다른 형태는 유목민들이 이동 중에 행하는 약식 오 보제다. 몽골 유목민들은 이동 중 큰 고개를 넘어가다 오보와 만나면 약식 오보 제를 지내고 갔다는 보고가 있다. 이런 유형의 오보제는 라마나 샤먼의 관여 없 이 거행되고 그 과정도 약식으로 행해졌다. 즉 향을 피우고 유제품을 바쳐 신의 가호를 기원하고 음식을 나눠 먹는 것으로 제의는 끝났다. 현재도 이런 유형의 오보제가 행해지는지는 확인하지 못했다. 그러나 몽골인들의 오보에 대한 태도 로 미루어 향불을 피우지 않더라도 이동 중 오보에 음식을 바치고 주변에서 휴

식을 취하고 떠날 거라는 점은 충분히 짐작할 수 있다.

신년 새해 아침에 지내는 오보제 역시 오보신앙의 중요한 표현형식이다. 신년 오보제는 대개 호트 아일(khot ail, 사계절 함께 이동하는 유목민 집단) 별로 거행한다. 먼저 섣달 그믐날 마을사람들은 집에서 멀지 않은 곳에 오보의 일종인 인데르(Inder, 제단)를 세운다. 새로 세우기도 하고 작년에 썼던 것을 단장하기도 하는데, 재료는 돌이나 흙이 사용되지만 지역에 따라 눈과 얼음이나 버드나무 또는 갈대를 사용한다. 어떤 곳에서는 오보를 만들지 않고 인근의 나무 위에 천을 매달아 그것을 제단으로 썼다. 그 위치는 남쪽이 선호되지만 유목민의 천막 사이에 만들어지기도 한다. 제의는 새해 아침 동틀 무렵에 행해진다. 새해 아침 해가 뜨기 전에 마을사람들은 유제품, 술 등 먹을 것과 깔개를 준비하여 오보로 간다. 맨 처음 오보 위에 미리 준비한 불을 피우고 공물을 차리고 향을 피운다. 오보에 불을 붙임으로써 제의가 시작되는데 이때 양의 갈비뼈나 가슴뼈를 태운다. 이어 시계방향에 따라 오보를 돌면서 사방에 경배하고 공물을 대지에 뿌리는 고수레를 하면서 생명과 가축, 고통과 질병, 적절한 비와 풍부한 목초를 달라고 축원하는 것으로 제의가 끝난다. 제의가 끝나면 사람들은 오보 주위에 앉아 어른들께 새해인사를 하고 나이순으로 음식을 맛본 뒤 다시 오보 주위를 돌고 집으로 돌아온다.

이는 19세기 말~20세기 초기 상황을 그린 민족지 자료에 나오는 신년 오보제 관련 기록을 정리한 것이다. 따라서 위의 서술은 일반적인 것이고 세세한 지역적 차이는 무시한 것이다. 필자가 관찰한 울란바토르 주변의 경우 그냥 오보에 가서 경배한다고 할 정도로 위의 조사 자료와 큰 차이가 있었다. 동틀 무렵이면 남녀노소 할 것 없이 오보에 몰려들어 한 해의 복을 비는데, 유제품을 뿌리거나 오보에 공물을 바치는 행위에서 과거의 잔재를 확인할 수 있는 정도다.

오보신앙의 표현형식 중 가장 중요한 것은 씨족 또는 행정단위 별로 거행되는 정기 오보제다. 19세기 말~20세기 초기가 되면 호쇼 뿐 아니라 그 하부 행

도면 5. 도로 변에 있는 오보(이평래ⓒ)

정단위인 솜(Sum)과 박(Bag), 또는 씨족 및 개인 오보가 만들어질 정도로 오보 신앙이 전면적으로 확산된다. 이러한 오보는 물론 숭배의 대상이 된 오보이고 오보제가 거행되었다. 실제로 내몽골에서는 신중국 성립 이전까지 씨족, 호쇼, 사원이 주관하는 오보제가 열렸고 외몽골에서도 20세기 초기까지 각 행정단위, 사원, 국가단위의 오보제가 열렸다. 그러나 내외몽골에 사회주의 정권이 들어 서면서 오보제는 전면 중단되었다. 외몽골에서는 불교와 전통신앙에 대한 대대 적인 탄압이 가해지는 1938년을 전후하여, 내몽골에서는 1950년대부터 각각 오 보제가 중단되었다가 두 지역의 정치·사회상황의 변화와 함께 재개되었다.

6. 현대 오보제의 실상

　몽골인들의 절기 계산방식과 계절의 상황을 두루 고려하여 정리해 보면 대규모 오보제는 대체로 양력 6월~8월에 열린다고 보면 된다. 이 시기는 몽골인들이 말하는 가장 풍요롭고 좋은 계절이다. 우선 목초가 풍부하고 가축이 살찌고 고기와 유제품이 풍부하여 공물을 바치기가 수월하다. 이 무렵이면 또 온화한 날씨가 계속되어 오보제가 먼 곳에서 개최되더라도 쉽게 갈 수 있고 오보제 후에 벌어지는 각종 경기를 치르기도 좋다.

　오보제 일시는 초사흘이 선호되지만 상황에 따라 길일(吉日)이 선택된다. 날짜가 정해지면 먼저 비용을 조달해야 한다. 큰 오보제의 경우 오보의 단장에서 공물 준비, 참가자들이 먹을 음식과 주재자의 수고비, 각종 경기 우승자에 줄 상금 등 적지 않은 비용이 소요된다. 비용 조달방법은 지역에 따라 다르게 나타난다. 1990년 몽골국 서부의 바얀울기 아이막의 샤르 톨고이 산 정상에 있는 타힐라가 오보제를 조사한 김광언에 따르면 비용은 제의에 참가한 250명이 일정액(60투그릭, 투그릭은 몽골의 화폐단위)을 분담하는 형식으로 조달되었다. 반면에 내몽골의 한 씨족 오보제를 조사한 데이비드 스니스(David Sneath)에 따르면 집집마다 가정 형편에 따라 가축이나 음식을 기부하는 형식으로 비용이 마련되었다. 그러나 대규모 오보제는 큰 회사에서 기부금을 받거나 복권을 판매하는 등 독특한 방법으로 재원을 조달하기도 하고, 아예 특정인이 비용전체를 부담한다는 보고도 있다. 그러나 집단의 정체성 확인이 오보제의 중요한 이념의 하나라는 점에서 제의 참가자들이 각출하는 형식이 가장 보편적이었던 것으로 생각된다. 오보제의 주재자도 지역과 오보제 규모에 따라 다양하게 나타난다. 전통적 견해는 무당이 오보제를 주재하다가 16세기 말 이후 불교가 확산되면서 라마가 그 자리를 대신하게 되었다고 한다.

　오보제는 먼저 오보의 단장에서 시작된다. 보통 오보제 전날 또는 2~3일 전에 오보의 흙과 돌을 정리하거나 버드나무를 교체하고 그 위에 불교 경문과 비단천을 매단다. 일부 지역에서는 곡물이나 돈을 넣은 그릇 또는 무당의 옹고드를 오보의 기단부에 넣기도 하는데, 최근에는 보고된 것이 거의 없다. 제의는 일정한 순서에 따라 이른 새벽부터 거행된다. 일례로 필자가 관찰한 몽골국 수흐바타르 아이막 다리강가 솜에서 거행된 알탄 오보제는 1)공물 차리기 2)음악 연주 3)세테르 의례와 오보의 신 모시기 4)알탄 오보의 제문 봉독 5)군수의 달랄가 6)일반인의 오보 주위 돌기 7)오보 아래에 있는 석인상에 대한 경배의 순서에 따라 아침 06시에서 09시까지 진행되었다. 이 중에서 일곱 번째 과정만 알탄 오보제에 특유한 것이고 나머지는 다른 오보제와 같다. 따라서 격식을 갖춘 오보제는 대체로 상기 순서에 따라 진행된다고 보아도 큰 문제는 없다.

공물은 순수하게 유제품만으로 이루어진 경우 또는 고기가 포함된 경우 등 지역에 따라 차이가 있고 무기, 악기, 거울, 깃발 또는 죽은 말머리를 공물로 바치기도 한다. 또한 밀가루를 개어서 만든 발링(Balin)이라는 일종의 떡을 바치기도 하고, 과거에는 현장에서 가축을 도살하여 바치는 유혈공양(流血供養)이 행해졌다는 보고도 있다. 그러나 지금은 이러한 제의는 찾아볼 수 없고 대신 세테르(Seter) 의례가 행해진다. 세테르는 신성(神聖)에게 봉헌된 가축임을 표시하기 위해 그의 꼬리나 갈기 또는 목에 매다는 오색천을 말하고, 그것을 매다는 의식을 세테르 의례라 한다. 본 의례는 몽골 전통제의에서 행해지던 유혈공양이 불교 수용 이후 이러한 형식으로 대체된 결과다.

이어 행해지는 오보의 신을 모시는 의례는, 이를테면 오보의 주인을 부르는 청신(請神) 의례다. 오보의 주인은 지역신으로 통칭되지만 지역마다 특정한 신과 부처를 주신(主神)으로 모신다. 제문 봉독은 청신에서 오보 찬가에 이르는 오보제의 핵심의례다. 그 내용은 가축과 자손의 번성, 질병과 역병의 퇴치, 온화한 기후와 적절한 비 등 민간신앙 기도문 내용과 크게 다르지 않다. 제문 봉독이 끝나면 복을 부르는 달라가(Dallaga) 의례가 이어진다. 달라가는 "손짓으로 부르다"는 뜻으로 의례는 실제로 그러한 행위에 따라 진행된다. 알탄 오보제에서 보듯 특정인(군수)이 의례의 물품(주로 오색천이 매어져 있는 화살이 사용된다)을 머리 위에 올리고 그것을 시계방향으로 돌리는 식으로 행해진다. 이때 운집한 사람들은 "호라이! 호라이!"라고 외친다. 호라이의 뜻은 분명하지 않지만 이 말을 '모여라'라는 뜻으로 이해하는 사람도 있다. 달라가는 오보제 뿐 아니라 몽골의 거의 모든 민간의례에서 행해지는 보편적인 의례다. 이어 오보의 주위를 세 바퀴 도는 오보 돌기가 행해진다. 이때 사람들은 유제품, 차, 고기, 비단천을 공물로 바치거나 꽃가루, 술, 물을 뿌리면서 신의 보호를 기원한다.

오보에 대한 경배가 끝나면 산 아래의 넓은 초원에서 축연과 나담(Naadam)이 벌어진다. 축연은 말 그대로 유제품과 양고기, 마유주를 먹고 마시고 즐기는 잔치다. 온화한 기후와 풍성한 먹을거리는 그 자체만으로도 유목민에게는 큰 기쁨이고, 실제로 원근에서 모여든 사람들은 산 아래 초원에 천막을 치고 가족이나 친지들끼리 온종일 먹고 마시고 취하는 일종의 난장판을 연출한다. 나담은 남자의 3종 경기인 씨름과 경마와 활쏘기 대회를 말한다. 이는 오보제 뿐 아니고 축일이나 성일(聖日) 또는 다른 종교의례에 뒤이어서도 행해진다. 그리고 그 전통은 이미 고중세기 자료에서도 확인된다. 흉노인들이 하늘에 제사를 지내고 말 경주를 즐겼다는 기록이나 칭기스 칸이 중앙아시아 원정(1219~1225)에서 돌아와 활쏘기대회를 개최했다는 칭기스 비문의 기록이 이를 말해 준다. 이 경우 나담은 오보제의 중요한 구성요소이자 종교의례의 연장으로 볼 수 있다.

참고문헌

김광언, 「고산 지방의 오보 신앙 현장」, 『바람의 고향, 초원의 말발굽』, 서울: 조
　　선일보사, 1993.

발터 하이시히 지음/이평래 옮김, 『몽골의 종교』, 서울: 소나무, 2003.

孫晋泰, 「朝鮮의 累石壇과 蒙古의 鄂博에 就하여」, 『孫晋泰全集』 2, 서울: 乙酉
　　文化社, 1981.

유원수 역주, 『몽골비사』, 서울: 사계절, 2004.

이평래, 「몽골의 차강 사르(신년) 오보제」, 『민속학연구』 10, 2002.

이평래, 「16세기 말 이후 몽골 불교의 확산과 전개」, 『실크로드의 삶과 종교』,
　　서울: 사계절, 2006.

道潤梯步 校注, 『衛拉特法典』, 呼和浩特: 內蒙古人民出版社, 1985.

馬·滿達夫 校注 1998, 『華夷譯語』, 海拉爾: 內蒙古文化出版社, 1998.

馬昌儀, 「敖包與瑪尼堆之象徵比較研究」, 『中國邊政』 121, 1993.

常宝軍, 「蒙古敖包的屬性, 傳說及其形體研究」, 『黑龍江民族總刊』 1991-4, 1991.

波·少布, 『黑龍江蒙古研究』, 哈爾濱: 黑龍江省民族研究所, 1990.

上牧瀨三郎, 『ソロン族の社會』, 東京: 生活社, 1940.

江上波夫, 『ニュラジア古代北方文化』, 東京: 山川出版社, 1948.

東亞考古學會調查團, 『蒙古高原橫斷記』, 東京: 日光書院, 1941.

東亞研究所 譯, 『西北蒙古志』 第2卷 民俗·慣習編, 東京: 龍文書局, 1944.

米內山庸夫, 『蒙古草原』, 東京: 改造社, 1942.

細谷清, 『滿蒙民族傳說』, 東京: 蒼龍閣, 1936.

赤松智城/秋葉隆, 『滿蒙の民族と宗敎』, 東京: 1941.

風戸眞理,『現代モンゴル遊牧民の民族誌』, 京都: 世界思想社, 2009.

後藤富男「モンゴル族におけるオボの崇拜」,『民族學研究』19-3/4, 1956.

Badamkhatan, S., *Mongol Ulsyn Ugsaatny Zьi* 1, Ulaanbaatar: Ulsyn khev-
leliin gazar, 1987.

Badamkhatan, S., *Mongol Ulsyn Ugsaatny Zьi* 2 Ulaanbaatar: Sьkhbaatar,
1996.

Badamkhatan, S., *Mongol Ulsyn Ugsaatny Zьi* 3, Ulaanbaatar: Sьkhbaatar,
1996.

Badam-Oyuu, B., Mongolchuudyn totem shьtleg, Ulaanbaatar: Benbi san,
2016.

Bawden, C.R., "Two Mongol Texts Concerning Obo-Worship", *Oriens Ex-
tremus* 5-1, 1958).

Jukovskaya, N.L., Nььdelchin Mongolchuud, Ulaanbaatar: Soyombo, 2011.

Sampildendev, Kh. 外, Mongol zan ьil, bayar, yoslolyn tovchoon, Ulaan-
baatar: Bembi san, 2006.

Sneath, D., "The Obo Ceremony in Inner Mongolia: Cultural Meaning and
Social Practice", *Altaic Religious beliefs and Practices Proceedings of 33rd
meeting of the Permanent International Altaic Conference BUDAPEST
June 24-29*, 1990.

Yongming, Гuo, "Mongγolčud-un oboγ-a-yi olan tal-a-ača sinǰilekь-ni",
Mongγol-un ǰang ьile-yin sudulul, Qailar: Цbшг Mongγol-un soyol ke-
blel-ьn qoriy-a, 1992.

시베리아 원주민들의 죽음에 대한 관념들

이건욱 | 문화체육관광부

1. 도입부 - 객사(客死)

　시베리아의 도로는 아련하다. 너른 들판이 끝을 보일까 싶다가도, 어느새 침엽수가 빼꼭히 차 있는 산길을 달리기도 한다. 곳곳에 사람들이 신성하게 여기는 곳이 있어서, 차에서 내려 예를 표하기도 한다. 교통사고로 죽은 이들을 기리는 곳도 도로 곳곳에 있다. 사람들은 여기에 일련의 표시를 해두었다. 이를 투바에서는 '투라스가알'이라고 한다. 사고 난 차의 부속품(핸들 등)이나 기둥, 십자가 등에 꽃과 천 등으로 단장을 한 것이다. '주의, 사망사고발생 지점' 같은 기계적인 표지판보다 더 적나라하고 인간적이다.

　이렇게 죽은 사람을 기억한다는 것. 그것은 죽음을 인정할 때나 가능하다.

도면 I. 러시아연방 투바공화국 교통사고 현장에 있는 '투라스가알'(서헌강ⓒ)

죽음은 무엇이고, 산다는 것은 무엇일까? 인간은 늘 죽음을 두려워하고, 실체를 알고 싶어 한다. 인간은 언제나 죽음을 해석하려 했고, 저마다의 인간관과 세계관의 형성을 통해 죽음을 극복하려 했다. 시베리아 원주민들도 자신들만의 죽음과 관련된 문화를 가지고 있다. 죽음 문화를 통해서 이들은 현실의 삶에 의미를 부여했고, 세대 간의 질서를 구축했다. 현대사회는 과학적 사고방식이 세상을 지배하지만, 시베리아 사람들은 아직도 죽음을 신화적으로 생각하고 있다. 죽음에 대해 많은 이야기들의 전승되고 있으며, 나름의 죽음 문화를 형성했다. 이 글에서는 시베리아 사람들의 구비 전승 자료를 토대로 그들의 죽음에 대한 관념을 소개하고자 한다.

2. 시베리아 원주민들의 죽음

1) 죽음의 정의. 끊어지면 죽는 것이다.

투바 인들은 사람에게 '영혼'과 '숨'이 있다고 믿는다. 나쁜 정령이 영혼을 납치해 자기들이 사는 지하세계에 가두어 놓는데, 그러면 병이 나고, 늙고, 죽어가는 것이라고 한다. 숨은 하늘과 연결된 실과 같은 것인데, 영혼이 없으면 점점 삭는다. 그리고 결국 끊어진다. 이렇게 하늘과 연결된 연이 끊어지는 것이 죽음이다.

돌간 사람들도 같은 이야기를 한다. '쿠트'라고 불리는 영혼이 지하계로 납치당하고, 하늘과 연결된 숨이 삭아 끊어지면 죽는다. 그래서 임신한 여자들은 바닥에 끈이 있으면 절대 건너가지 않고, 돌아간다. 혹시나 뱃속에 있는 아기의 숨이 끊어질까 두려워서다.[1]

쇼르 족 사람들은 살아있는 사람이 나쁜 정령인 *아이나*와 그와 같이 다니는 죽은 자의 영혼을 만나게 되면 죽는다고 믿는다. 이들을 만나면 병이 나는데, 죽은 자의 영혼이 자신의 죽음의 원인이었던 병을 산 이에게 넘겨주어 죽게

---

1) В.И. Дьяченко, 「Пердставления долган о душе и смерти. От чего умирают "настоящие люди?(영혼과 죽음에 대한 돌간 인들의 관념들: 사람은 무엇 때문에 죽는가?)」, 『Мифология смерти: структура, функция и семантика погребального обряда народов Сибири; этнографические очерки』, СПб., p.113, 2007.

시베리아 원주민들의 죽음에 대한 관념들   **67**

한다. 또한 이들은 종종 죽음이 주변의 정령들과 관계가 있다고 믿기도 한다. 예를 들면, 어느 마을에서 한 총각이 자살하였다. 그런데 그의 아버지는 그렇게 믿지 않았다. 얼마전 꿈에서 마을에서 성스럽게 여기는 산의 정령들을 만났는데, 정령들이 미리 아들의 죽음을 이야기 해주었다고 한다. 그래서 아버지는 아들이 자살한 것이 아니라 산의 정령들이 데리고 갔다고 여긴다.[2]

길략 사람들은 죽음은 영혼이 삶에서 분리되는 것이라고 믿는다. 영혼은 머리 바로 위 정수리에 살고 있다고 한다. 만약 머리를 깎다가 정수리에 있는 머리털을 깎게 되면 영혼이 잘려서 죽는다고 여기고, 특히 어린아이들 머리를 깎을 때 매우 주의한다. 이들은 화가 난 물과 산의 정령들 또는 샤면의 저주 때문에도 죽는다고 생각한다. 특히 이유 없는 죽음은 결코 없다고 여긴다. "물고기가 그냥 죽은 것 봤어요?", "바다표범이 그냥 죽은 것 봤어요?"라고 말하며 자연적으로 죽는 것은 없다고 여긴다. 그래서 동물이 죽어 있는 것을 보면 절대 손대지 않는다. 나쁜 정령이 산 사람을 꼬이기 위한 술책이라고 여기기 때문이다.[3]

2) 죽음의 원인. 영혼을 납치하는 나쁜 정령들.

죽음은 나쁜 정령들에게 영혼을 빼앗기는 것이라고 했다. 천수를 누리는 것은 여기에 해당되지 않는다. 야쿠트 사람들의 경우 기대 수명인 70세 전에 죽는 것은 나쁜 정령에게 영혼을 빼앗겼기 때문이라고 생각한다. 인간을 병들게 하고, 영혼을 빼앗아 죽음에 이르게 하는 나쁜 정령들은 시베리아 각 민족마다 존재한다. 쇼르 인들의 *아이나*, 돌간 사람들의 *아바아희*, 에벤키 인들의 *헤르구*,

2) Д.В. Арзютов, 「На границе миров.(세상의 경계)」, 『Сибирский сборник 1』, СПб., pp.61~62, 2009.

3) Е.А. Крейнович. 「Рождение и смерть человека по воззрениям гиляков.(길략 인들의 탄생과 죽음에 대한 관념들)」, 『Этнография』, №1-2, pp.101~102, 1930.

닙히 인들의 *밀크* 등이 그렇다. 알타이에는 *에를릭* 이라고 있다. 사람과 가축에게 전염병을 주고, 목숨을 앗아간다. 사람이 죽으면 그의 영혼을 저승으로 데려와 자신의 하인으로 삼기도 한다. 워낙 무서운 존재라 알타이 사람들은 에를릭의 이름을 함부로 지칭하지 않는다. 직접적으로 부르는 것은 신상에 좋지 않다고 여긴다. [4] 부랴트에도 나쁜 정령들이 있다. *아다* 라고 부르는 것은 이마에 눈이 하나 있고, 입에 이빨도 하나 있다. 작은 짐승같이 보이기도 한다. 어린이, 개, 거품 등으로 변신한다. 독한 냄새를 풍기며 어두운 곳에서 산다. 어린이들에게 질병을 안겨 죽게 한다. *다하바리* 라는 정령도 있다. 아주 악랄한 악령이다. 가족이나 남편에게 고통 받다가 죽은 여자, 부인병에 걸려 죽은 여자, 노처녀, 외로운 노파, 평소 악독했던 여자 등이 죽으면 다하바리가 된다. 어린이들의 목숨을 앗아가기도 한다. *무우 슈부운* 이라는 정령은 강간 당해 죽은 처녀가 변한 것이다. 주로 청년들을 유혹하여 두개골을 쪼아 뇌를 마시고 영혼을 뺏어간다. [5]

이 글에서 아바아희를 좀 더 소개하고자 한다. 아바아희는 나쁜 정령의 이름 외에 '악', '악의 기원', '사람에게 피해를 끼치는 모든 나쁜 것들', '나쁜 정령들과 물건들의 총칭', '피의 희생제물을 바쳐야 하는 정령들' 등의 뜻을 가지고 있다.

다른 보통의 영들과 마찬가지로 아바아희의 모습도 보이지 않거나 어렴풋이 보인다. 툰드라의 신기루를 돌간 사람들은 아바아희의 모습이라고 여긴다. 그늘 또한 아바아희와 연관이 있다고 생각한다. 그래서 아이들이 그늘에서 놀고 있으면, 어른들은 "그만 놀아라, 밤이 다가와서 놀라게 할게다." 하며 못 놀게 한다. 악몽도 아바아희의 영향이라고 한다. 악몽을 꾸는 사람이 있으면, 그를 깨워 왼쪽에 침을 세 번 뱉게 한다. 아바아희는 주로 밤에 활동하며, 고함소리

---

4) 이건욱 등, 『알타이 샤머니즘』, 국립민속박물관, p.145, 2006.
5) 이건욱, 『부랴트 샤머니즘』, 국립민속박물관, p.17, 2007.

시베리아 원주민들의 죽음에 대한 관념들

69

나 울음소리 또는 무시무시한 유령의 모습으로 사람들을 놀라게 한다.

왜 아바아희가 눈에 보이지 않는가에 대한 이야기가 있다.

"옛날에 샤먼이 없던 시절 아바아희가 자신을 모습을 드러내고 다녔다. 어
느 날 아바아희는 나무를 베고 있는 사람을 만났다. "내 너를 잡아먹으리." 그
러자 그 사람은 "아뇨, 당신이 나 좀 먼저 여기 나무 틈에 쐐기 꽂는 것부터 도
와주쇼. 그리고 날 잡아 먹든가 해요. 어차피 내가 도망갈 수나 있겠소?" 아바
아희가 손을 나무 틈에 집어넣는 순간 사람은 쐐기를 빼고 아바아희의 손을
나무 틈에 압착 시켰다. 그리고 흠씬 때려주었다. 아바아희는 나무에 손이 낀
채로 도망가면서 맹세를 했다. "다음부터 사람들을 잡아먹을 때, 내 모습을
드러내지 않으리라. 나의 모든 아이들에게도 나무 틈에 끼어서 몸부림치지
않도록 이 사실을 유언으로 남길테다." 이 후로 아바아희의 모습을 볼 수 가
없었다."[6]

아바아희의 최대 천적은 샤먼들이다. 각종 굿을 하면서 아바아희를 못 오게
하고, 납치된 영혼을 데려오기도 하기 때문이다. 아바아희가 접근하지 못하게
'네 개의 눈이 달린 개'를 키우기도 한다. 눈 위에 반점이 있어 마치 눈이 네 개
인 것처럼 보이는 개다. 이 개들은 눈이 밝아서 밤에 은근슬쩍 찾아오는 아바아
희를 먼저 감지하여 짖어대며 쫓아낸다. 집에 곰 발바닥이 있으면, 이를 천막
에 걸어놓기도 한다. 아기들에게 오는 것을 막기 위해 남자 아기의 요람 오른편
에 나무로 만든 칼과 창을 왼편에 활 등을 놓는다. 여자아기의 요람에는 칼 모
형만 놓는다. 심지어 러시아정교회의 세례를 받은 돌간 사람들은 기독교식 이

---

6) А.А. Попов, 「Религия долган(돌간 인들의 종교)」, Архив МАЭ. Ф.14. Оп.1. №
156. Л.163.

름을 지어 주어 아바아희의 접
근을 막기도 한다. 여자아이들
에게는 개들을 부르는 이름을
주기도 한다.[7]

러시아의 지배 이후 러시아
에서 온 천연두, 독감 등 각종
질병은 러시아의 아바아희 때
문에 생겼기 때문에 돌간의 샤
먼들은 치료를 할 수가 없다고
한다. 특히 천연두가 치료하기
힘든데, 이럴 때는 '도우미 정
령이 많은(약이 많은)' 러시아
의사에게 가야 고칠 수 있다고
믿는다.[8] 그렇다고 무턱대고
러시아 의사들을 찾아가는 것
은 아니다. 왜냐하면 만약 러
시아 의사들의 방식이 효과가

도면 2. 부랴트 족 샤먼의 의례 모습(이건욱ⓒ)

없을 경우, 화가 난 돌간의 아바아희들이 환자에게 복수를 할지도 모르기 때문
이다. 모든 러시아의 아바아희들 중 천연두는 가장 큰 두려움과 위엄을 보여준
다. 천연두는 한 명 또는 세 명의 러시아인 자매들로 묘사된다. 그들을 부를 때
는 정중하게 '마마', '마튜슈키'(엄마들)이라고 부른다.[9]

7) А.А. Попов, 「Семейная жизнь у долган(돌간 인들의 가정생활)」, 『Советская
   этнография』, №4, p.56, 1946..

8) А.А. Попов, op. cit. Л.165.

9) А.А. Попов, Ibid., Л.167.

납치된 영혼을 구하는 것이야말로 샤먼의 주요 기능 중 하나이다. 샤먼은 저 승 세계로 가서 영혼을 다시 데려오면서 대신 동물이나 다른 신성한 것을 제물 로 바친다. 만약 나쁜 정령이 사람에게 들어와 병을 일으켰다면, 샤먼은 이를 쫓아내는 의례를 진행한다. 샤먼의 지시에 따라 환자의 친척들은 정령 형상을 만들어 샤먼의 의례를 통해 병을 이 형상에 옮겨 담는다. 악한 정령으로부터 보 호하기 위해 다양한 액막이와 부적들이 사용되기도 한다. 아무르 강 주변 민족 은 동물이나 사람 모습을 한 정령 형상을 나무로 만들어 사람을 보호하게 한다. 조상 정령들이 사는 곳으로 망자의 영혼을 보내는 의례는 오직 강력한 샤먼만 이 수행할 수 있다. 왜냐하면 이 샤먼은 저승으로 가는 도중에 만나는 수많은 위험으로부터 자신을 보호해 줄 수호 정령을 가지고 있기 때문이다.[10]

3) 시베리아 원주민들의 영혼관

영혼이 없어지면 죽는다고 했다. 시베리아의 영혼관은 기독교적인 사고방식 으로는 이해하기 어렵다. 심지어 사람은 영혼이 없어도 살 수는 있다고도 한 다. 저승에는 '영혼만' 없는 죽은 사람들이 이승에서와 똑 같은 삶을 산다고 말 하기조차 한다. 시베리아 인들에게 영혼이란 육체와 분리된 정신적인 그 무엇 이다. 여기에 삶의 본질, 생명 그 자체라는 개념을 입힌 것이다. 러시아 학자 파블린스카야는 영혼은 숨과 피, 활력, 인지력 등이 모두 합쳐진 것이라고 한 다.[11] 이러한 영혼을 에벤키 인들은 '*오미*', 부랴트 인들은 '*술데*', 알타이에 사 는 원주민들은 '*쑤르*', '*수스*', '*츌라*', 돌간 인들을 위시한 투르크계 인들은 '*쿠 트*' 등으로 지칭한다. 에벤키 인들의 오미는 보통 머리, 머리카락, 심장, 폐 속

---

10) 라리사 파블린스카야, 「시베리아 샤머니즘의 역할, 기능 그리고 현재상황」, 『하늘과 땅을 잇는 사람들, 샤먼』, 국립민속박물관, p.297, 2011.
11) 위의 책, p.297.

에 산다고 여긴다. 대부분 심장 속에 살지만 몸 밖에 주로 살며 그림자가 바로 오미라고 생각하는 지역도 있다.[12]

투바 인들은 사람에게 세 개의 삶의 본질이 있다고 말한다. 삶의 힘으로서의 혼(soul, *술데*), 분신으로서의 혼(spirit, *수네진*), 이성(*쿠트*)을 가지고 있다고 믿는다. 분신으로서의 영혼은 살아있는 혼과 죽은 혼, 중요한 혼과 그렇지 않은 혼, 검은 혼과 하얀 혼 등으로 나눌 수 있다고 한다. 검은 혼은 묘지 근처에 살며, 하얀 혼은 이미 죽은 친척의 모습을 띠고 있다고 한다. 어린이는 하나의 영혼만 가지고 있다고 한다. 13세까지는 완성된 인간으로 여기지 않기 때문이다. 투바 인들은 심지어 어른과 아이의 피가 다르다고 생각한다. 어린이의 피는 묽고, 나이가 들어가면 진해진다고 한다.[13] 불교도가 많은 남부 투바 인들은 영혼을 착한 영혼, 중간 영혼, 나쁜 영혼으로 구분하기도 한다.[14]

또한 투바 인은 죽은 자의 영혼은 눈에 보이지 않는다고 한다. 오직 샤먼, 라마승, 아주 나이든 노인들과 개들만이 볼 수 있다고 한다. 일반 사람들이 죽은 자의 영혼을 보려면, *찻−다슈*라는 돌을 이용해야 볼 수 있다. 이 돌은 투명하고, 푸른 빛 또는 흰 빛을 띠기도 한다. 때때로 수정(水晶)이 이런 역할을 할 때도 있다. 찻−다슈는 영혼을 보는 도구이기도 하지만, 주로 기우제 등 날씨를 변화시키는 데 사용한다. 이 돌을 전문적으로 다루는 사람을 '*찻치*'라고 한다.[15]

12) Л.Я. Штенберг, 『Гиляки(길략)』, М., p.75, 1905.

13) В.А. Кисел 『Поездка за красной солю. погребальные обряды Тувы 18−начало 1 в.(18세기~19세기 초 투바 장례풍습)』, СПб., p.13, 2009.

14) В.П. Дьяконова, 『Погребальный обряд тувинцев как историко-этнографический источник(역사−민속학 자료로서 투바 인들의 장례풍습)』, Л., p.88, 1975.

15) М.Б. Кенин-Лобсан, 『Мифы тувинских шаманов(투바 샤먼들의 신화들)』, Кызыл, p.110, 2002.

도면 3. 나나이 족 샤먼이 그린 천상계에 있다는 출생나무. 곧 태어날 영혼들이 옹골옹골 열려 있다 (출처: 러시아연방 민족지학 박물관).

길략 인들에게는 영혼이 두 개 있다. 하나는 큰 영혼인데 사람보다 크다. 작은 영혼은 큰 영혼의 머리 위에 산다. 사람이 죽으면 작은 영혼이 큰 영혼이 된다. 작은 영혼은 달걀처럼 생겼다고 한다.

야쿠트 인들에게는 세 개의 영혼이 있다. 죽으면 한 영혼은 천상의 신격에게로 가고, 다른 영혼은 무덤에, 또 다른 영혼은 공기 중에 분해된다고 한다.

알타이에서는 영혼은 코를 통해 나갔다 오곤 하는데 코 밑에 석탄 조각을 놓으면 그것을 치우기 전까지 잠에서 못 깬다고 한다. 사냥꾼이 타이가에서 병이

도면 4. 우데게이 족 샤먼의 외투 뒷면에 그려진 그림. 맨 위에 수탉은 사람의 영혼을 의미한다 (출처: 러시아연방 민족지학 박물관).

날 때가 있는데, 그것은 타이가에서 잠을 자다가 코로 빠져나간 영혼이 숲의 정령에게 납치를 당해서 그렇다고 한다. 이때는 지체 없이 집으로 돌아와 샤먼에게 가서 영혼을 찾아달라고 해야 한다.[16]

필자가 시베리아 어디를 가나 듣는 이야기는 사람이 놀라면 영혼도 몸에서 빠져 나간다는 것이다. 아마 시베리아 사람들에게 영혼이라는 개념은 우리의 '얼'이나 '넋'과 같은 것으로 추정할 수 있다.

각 민족마다 영혼관이 있는데, 여기서 투르크계 민족들의 영혼인 쿠트에 대해 소개하겠다.

쿠트는 몸체가 없어 보이지 않는다. 돌간 인들은 사람과 순록은 모두 쿠트와 숨을 모두 가지고 있다고 믿는다. 어떤 사람들은 개도 쿠트와 숨을 가지고 있다고 하지만, 대개의 경우 동물들은 숨만 가지고 있다고 생각한다. 지하계에서 쿠트를 납치했을 경우, 샤먼들이 물오리 털로 쿠트를 감싸서 다시 지상으로 데려온다. 아주 옛날에는 샤먼들이 환자의 쿠트를 지하계에서 살아있는 순록 안에 넣어서 데려왔다고 한다.

"옛날에 어떤 사람이 있었는데, 그의 아이들은 태어나면 곧바로 죽었다. 이 사람은 샤먼을 불러 굿을 요청했다. 샤먼은 "원래 아이들에게 쿠트를 보내주는 선한 신격인 *아의의* 에게 당신 아이들에게 주는 쿠트가 담긴 둥지가 있었다. 그런데 나쁜 정령인 *아바아희* 가 둥지에 구멍을 내고, 당신 아이들에게 갈 쿠트를 다 빨아먹었다. 그래서 아이들이 태어나자마자 죽는 것이다. 이 공수가 있은 후, 샤먼은 아이가 태어나자마자 아이의 쿠트를 잡아 빼서, 이것을 야생 순록에게 넣었다. 그리고 경고하기를, 아이가 자라서 사냥을 할 때, 절대 야생 순록을 잡지 말라고 했다. 사냥을 하면 죽기 때문이라고 했다. 이 아이는 커서 절대 사냥을 하지 않고, 어부가 되었다고 한다.[17]

---

16) 이건욱 등, 앞의 책, p.149, 2006.

쿠트는 새의 모습을 하고 몸을 빠져나와 날아다니기도 한다고 믿는다. 그래서 새를 함부로 쏘는 것을 금한다. 영혼을 쏘는 것이기 때문이다. 아울러 고기나 생선을 걸어놓는 말뚝 같은 것도 끝을 뾰족하게 다듬지 않는다. 쿠트가 찔릴 수도 있기 때문이다. 쿠트의 모습이 새라는 것은 아이들의 묘지에 새의 형상을 깎아 막대기나 십자가 얹어 세운다는 것을 보면 알 수 있다. 새로 태어난 아이의 얼굴이 이미 고인이 된 그의 어떤 친척의 얼굴과 닮았다면, 고인의 쿠트가 천상에서 다시 내려왔다고 생각한다. 그래서 이름도 고인의 이름으로 지어 준다.[18]

쿠트는 잠잘 때 몸에서 나와 여기저기 다니기도 한다. 꿈은 쿠트가 여행하면서 본 것이다. 크게 놀라는 경우에도 쿠트가 몸에서 빠져나간다. 이러다가 병이 나고 죽을 수도 있다. 근처에 나쁜 기운이 있으면 쿠트는 이를 감지하고 작은 새가 되어 피할 곳을 찾아다닌다. 그러나 십중팔구 나쁜 정령에게 잡혀 지하계로 끌려간다.[19]

4) 죽음의 탄생

죽음은 어떻게 생겨났을까? 죽음의 기원에 대해서도 다양한 이야기가 전해져 내려온다.

아무르강 유역에 사는 네기달 인들은 죽음의 기원을 다음과 같이 전한다.

---

17) В.И. Дьяченко, op. cit, pp.111~112.

18) В.И. Дьяченко, Ibid., p.112.

19) В.Н. Васильев, 「Изображения долгано-якутских духов как атрибуты шаманства(돌간-야쿠트 정령들에 대한 무구들의 형상들)」, 『Живая страница』, pp.112~113, 1909.

부가(세상을 창조한 신격)는 땅을 만들고, 동물을 만들고, 물고기와 새를 만들고 사람, 즉 남자와 여자를 만들었다. 부가는 일을 다 마치고는 개에게 자신의 창조물들을 지키게 하고 사람들에게 숨을 불어 넣어주기 전에 잠시 자리를 떠났다. 부가가 없자 암반(지하세계의 나쁜 정령)이 개에게 와 말했다. "자. 봐라. 내가 이 사람들에게 숨을 불어넣어주마. 부가가 이 사람들에게 숨을 불어넣어준다는데, 그렇게 되면 사람들은 죽지도 않을 것이고, 그렇다 보면 이 땅에 온통 사람들로 꽉 찰 거야. 물고기와 짐승들이 남아나지 않을 걸. 나는 이 사람들에게 늙으면 죽는 그런 숨을 넣어 줄거야. 죽더라도 다시 다른 모습으로 태어날 수가 있지." 그리고 암반은 개에게 털가죽을 선물하기로 약속했다.(이때까지 개는 털이 없었다.) 결국 개는 암반이 사람들에게 숨을 불어넣어주는 것을 허락했다. 나중에 이 사실을 알게 된 부가는 크게 노하여 개에게 말하기를 "이제부터 너는 사람의 말을 이해하지 못 할 것이다. 사람의 똥이나 먹고 살 것이다....."[20]

에벤키 인들도 비슷한 사례를 가지고 있다. 영혼을 만들어 개에게 망을 보게 했더니 개가 사탄에게 가죽을 받는 조건으로 팔아버렸고, 이후 죽음이 생겼다는 것이다.[21] 남 시베리아의 투르크계 사람들은 천상의 신격 *윌겡*이 땅, 풀, 나무, 동물들을 창조한 후에 진흙으로 남자와 여자를 만들었고, 숨을 불어 준 다음 겉에는 털을 덮었다. 그리고 털 없이 만든 개로 하여금 이 사람들을 지키게 하였다. *윌겡*이 없는 틈을 타 악마가 개에게 모피외투를 입혀 줄테니 사람을 달라고 했고, 악마는 사람 몸에 침을 잔뜩 발라놓았다. *윌겡*은 더럽혀진 사람

---

20) Л.Р. Павлинская, 「Мифы народов Сибири о происхождении смерти.(죽음의 기원에 대한 시베리아 신화)」, 『Мифология Смерти』, СПб., pp.9~10, 2007.

21) Г.М. Василевич, 『Материалы по эвенкийскому(тунгусскому) фольклору(에벤키(퉁구스) 구비전승 자료들)』, Л., p.30, 1936.

의 몸을 뒤집어 털이 안으로 들어가게 했는데, 이렇게 죽음이 시작되었다고 한다.[22)]

한티 인들은 아주 오랜 옛날에 사람들은 죽더라도 다시 살아났다고 한다. 어느 날 어떤 사람이 죽었다. 개가 최고 신격 *토룸*에게 가서 어떻게 해야 다시 사람을 다시 살릴 수 있냐고 물었다. 신은 죽은 사람 다리에 돌을 머리에 나무 조각을 놓으라고 했다. 개가 그 말을 듣고 가는 중에 악마를 만났다. 악마는 신이 가르쳐준 반대로 놓으라고 했고, 개가 이 말을 듣고 그대로 했더니 그 다음부터 사람은 한번 죽으면 다시 살아나는 일이 없어졌다고 한다. 화가 난 신은 개에게 "모피외투나 입어. 그리고 주인이 문 앞에 던져 주는거나 먹고 살아라!" 하고 저주를 퍼부었다고 한다.[23)]

죽음 때문에 개가 된 경우도 있다. 케트 인들 이야기이다. 태초에 사람들이 죽자, 산 사람들이 슬퍼했다. 이를 불쌍히 여긴 천상계의 신격이자 만물의 창조주 *에시*가 아들을 보내 죽지 않는 방법을 가르쳐 주라고 했다. 15미터 높이의 단을 쌓고 거기에 시신을 올리면, 7일 후에 다시 살아난다는 것이었다. 그러나 아들은 15미터 깊이로 땅을 파 거기에 시신을 넣으면 다시 살아날 것이라고 거짓으로 방법을 알려주고 그로부터 사람들은 정말로 죽게 되었다. 화가 난 *에시*는 아들을 개로 만들었다.[24)]

알타이의 최고 신격 쿠다이는 까마귀에게 사람의 몸에 영원한 생명을 넣어 주라고 시켰다. 그런데 까마귀가 날아가면서 한 눈을 파는 바람에 그만 입에 물

---

22) А.В. Анохин, 「Метериалы по шаманству у алтайцев(알타이 샤머니즘 자료들)」, Л., pp.9~13, 1924.

23) 『Мифы, предания, сказки хантов и манси(한티와 만시의 신화, 전설, 이야기들)』, М., p.301, 1990.

24) Е.А. Алексеенко, 『Мифы, предания, сказки кетов(케트의 신화, 전설, 이야기들)』, М., p.74, 2001.

고 있던 영원한 생명을 소나무에 떨어뜨렸다.(그래서 소나무는 항상 푸른 것이다.) 이 틈을 타서 지하세계의 에를릭이 사람의 육신을 지키던 개를 매수해 늙고, 병들고, 죽을 수 밖에 없는 생명을 주었다고 한다.[25]

코략 인들도 죽음의 기원에 대해 말한다. 창조주가 자작나무 토막으로 사람을 만들고 단단한 돌로 심장을 만들었다. 그런데 나쁜 정령이 단단한 돌심장을 무른 점토 심장으로 바꿨다. 그러면서 "콜록대며 아프고, 열이 나며 아프거라. 죽음도 있을 것이고, 결혼도 있을 것이다. 고통 속에 아이도 태어날 것이다."라고 주문을 걸었다고 한다.[26] 이렇게 죽음은 생겨났다고 한다.

5) 저승세계

자연의 소리에 항상 귀를 기울이는 시베리아 인들은 죽음의 냄새도 자연을 통해 맡는다.

딱히 눈에 보이는 것은 없는데, 어디선가 큰 소리가 나거나 또는 새 소리가 계속 들리면 죽음이 닥칠 징조라고 투바 인들은 여긴다.[27] 여기에 여우가 사람을 빤히 쳐다보면서 울거나, 매가 유난히 낮게 날거나, 까마귀가 유르타 위에 있거나, 부엉이가 개 소리를 내거나, 파란색 개처럼 흔치 않은 색을 한 동물을 만나거나, 송아지가 쌍둥이로 태어나거나, 말이 등자를 씹는다거나, 개와 양이 유르타를 뛰어 넘거나, 늑대와 여우가 목동들의 캠프로 다가오거나, 사람이 돌풍 속에 휘말리거나, 바람에 나무가 부러지거나 하는 등 좀처럼 보기 드문 일들이 벌어지면, 삶을 위협하고 죽음에 이르게 하는 불길한 징조다.[28] 또한 꿈에서

25) 이건욱 등, 앞의 책, p.132, 2006.

26) И.С. Вдовин, 「Природа и человек в религиозных представлениях чукчей(축취 인들의 종교 관념 속 자연과 인간)」, 『Природа и человек в религиозных представлениях народов Сибири и Севера』, Л., pp.256~257, 1976.

27) М.Б. Кенин-Лобсан, op.cit, p.76, pp.457~460.

괴물들이 사는 세상을 보거나, '검은 사람'들이 사는 세상을 보면 이른바 '검은 꿈'이라 하여 이것도 불길하다. 죽음이 문턱에 와 있는 것이다. 설사 꿈에서 저승을 다녀왔더라도 식구들에게 말하면 안된다. 털어놓는 순간 곧 죽는다고 한다.[29] 일찌감치 러시아정교회를 받아들인 쇼르 인들은 꿈에 사제, 이콘(聖畵), 교회를 보면 죽음의 예지몽이라고 여긴다.[30]

에벤키 인들은 사람이 죽으면 친척들과 이별을 하라고 3박 동안 집에 시신을 놔둔다. 영혼은 모두의 이야기를 듣고, 친척들이 제대로 장례를 준비하는지 따라 다닌다. 친척들이 너무 크게 울면 안 되는데, 그러면 영혼이 눈물로 다 젖어서 저승길 가기가 불편하다고 한다.[31]

저승의 위치는 시베리아 인들의 세계관과 관련이 있다. 그들의 세계관은 일반적으로 천상계-지상계-지하계의 세 층위로 나누어져 있다. 이 중 저승세계는 대개의 경우 지하계에 있다.

저승세계가 지하에 있더라도 세부적인 위치는 민족마다 조금씩 다르다. 에니세이 에벤키 인들은 북쪽에, 바르구진 에벤키 인들은 서쪽에, 만콥스크 에벤키 인들은 북서쪽에 있다고 한다.[32] 아무르 유역의 에벤키 족은 저승은 서쪽에 위치해 있다고 한다. 지하세계도 세 층위로 구성되어 있다고 믿는 아무르 에벤

---

28) В.А. Кисел, op. cit. p.12.

29) С.В. Березницкий, 「Современные представления дальневосточных эвенков о душе и смерти(극동지역 에벤키 인들의 영혼과 죽음에 대한 현대의 관념들)」, 『Сибирский сборник-Погребальный обряд народов Сибири и сопредельных территорий кн. 1』, СПб., pp.100~101, 2009.

30) Д.В. Арзютов, 「На границе миров.(세상의 경계)」, 『Сибирский сборник 1』, СПб., p.55, 2009.

31) С.В. Березницкий, op. cit, p.101.

32) Г.М. Василевич, 『Эвенки. Историко-этнографические очерки 18-начало 20в.(에벤키. 18~20세기 초 역사-민족학적 특징들)』, Л., p.212, 1969.

키 인들은 저승은 지하세계에서도 제일 밑바닥에 있다고 한다.[33]

일림피 강 유역에 사는 에벤키 인들에게 세상은 4층위로 구성되어 있다. 천상-중간-지하-샤먼지하이다. 보통 사람이 죽으면 3층위 지하계인 *헤르구* 로 가지만, 샤먼이 죽으면 헤르구 밑에 있는 샤만 헤르구로 간다고 한다.[34] 리츠코프는 아밤스크, 하탕스크 에벤키인들은 세상을 아홉 개 층으로 구성된 천상, 하나의 층으로 된 지상계, 두 개의 층으로 된 지하계로 나눈다. 지하계에서 지상의 육지와 가까운 곳에 일반인들의 영혼이 그 밑 층에 샤먼 영혼이 살고 있다고 한다.[35]

일련의 퉁구스-만주 민족들은 저승세계를 '*부니*'라고 하며, 울치 인들은 '*불리*', 니브흐 인들은 '*믈리-보*' 또는 '*믈리흐-보(Млых-во)*'라고 한다. 니브흐어에서 '보'는 '마을'을 뜻한다.[36] 나나이 인들은 죽은 자들의 세계를 '*도르킨*'이라고 한다.[37] 죽은 자들의 세계를 *부니, 부키트, 부니키트* 라고 부르는데, 모두 '죽음의 장소'라는 뜻이 있다. 이 용어들 외에도 *돌보르* (밤, 북쪽), *헤르구* (낮

33) А.И. Мазин, 『Традиционные верования и обряды эвенков-орочонов (конец 19-начало 20в.)(19세기 말~20세기 초 에벤키-오로촌 인들의 전통 신앙과 풍습)』, Новосибирск, p.14, 1984.

34) И.М. Суслов, 「Материалы по шаманству у эвенков бассейна реки Енисей(에니세이강 유역 에벤키의 샤머니즘에 대한 자료들)」, Архив МАЭ РАН. Ф. 1, оп. 1. № 58, p.6, 1935.

35) К.М. Рычков, 『Енисейские тунгусы//Землеведение(에니세이 퉁구스 인들)』 М., Кн. 1-2, p.83, 1922.

36) М.М. Хасанова, 「Путь души в мир мертых по предствлениям народов амура(아무르 주변 민족들의 관념 속 저승세계로 가는 영혼의 길)」, 『Мифология смерти: структура, функция и семантика погребального обряда народов Сибири; этнографические очерки』, СПб., p.135, 2007.

37) Н.Б. Киле, 「Лексика, связанная с религиозными представлениями нанайцев(나나이족의 종교적 관념 관련 어휘론)」, 『Природа и человек в религиозных представлениях народов сибири и север』, Л., p.190, 1976.

도면 5. 저승이 있는 지하세계가 그려진 쇼르 족 샤먼의 북(소장: 러시아연방 표트르대제 인류학·민족지학 박물관)

은), *헤르기스키*(낮게), *춘게덱*(가운데, 배꼽)도 사용한다.[38] 저승세계로 가는 입구도 있는데, 보통 동굴이나 땅에 난 큰 구멍 또는 호수나 저수지 등에서 볼 수 있는 소용돌이라고 생각한다.

　　투바 인들은 세 층위의 세계 중 천상계와 지하계를 '영원한 세상'이라고 부르

---

38) Н.В. Ермолова, 「Картина мира мертвых в эвенкийской вселенной(에벤키 세계관 속 저승세계)」, 『Сибирский сборник 1』, СПб., p.104, 2009.

도면 6. 에벤키 족 샤먼이 저승으로 가는 의례를 할 때 입는 흉갑(소장: 러시아연방 표트르대제 인류학·민족지학박물관)

며 죽은 자의 영혼은 바로 여기서 존재를 이어 간다고 한다. 천상계에는 시조(始祖), 영웅, 전 사자, 생전에 가치 있는 일을 한 사람들의 영혼 이 살고, 지하계에는 '허약한 사람들의 영혼'이 산다고 한다.[39] 불교의 영향을 많이 받은 남부 지역 투바 인들은 지하계의 저승세계에는 생전 착했던 사람과 나빴던 사람들의 영혼이 따로 지낸다고 여긴다. 이들 영혼들은 저승세계에서 잠시 머물다가, 생전 행동에 따라 다시금 '환생' 을 한다고 믿는다.[40]

위에서 숨이라는 실과 같은 것이 천상계와 연결이 되어 있다고 했다. 여기서 파생된 돌간 인들의 다음과 같은 이야기도 있다.

"한 여인이 죽자마자 눈앞에 두 개의 길이 나타났다. 하나는 하늘로 향한 밝은 길이었고, 다른 하나는 지하로 가는 어두운 길이었다. 생 전에 자신의 온기로 다른 사람들을 따뜻하게 해주었던 그녀는 자식이 없었기 때문에 어두 운 길로 가려고 했다.(돌간 인들은 자식 없는 여인은 죄 많은 사람이라고 여겼다.) 그러자 하

39) Г.Н. Потанин, 『Очерки Северо-западной Монголии(북-서 몽골의 특징들』, СПб., Вып.4, p.134, p.225, 1883.
40) В.А. Кисел, op.cit, p.10.

늘에서 목소리가 들렸다. "이해 할 수 없구나, 착한이여, 머리 위를 처다 보거라!" 하늘을 보자 밝고도 밝은 하늘이 활짝 열려 있었고, 햇볕을 따라 세 개의 밝은 끝이 내려와 있었다. "너의 착한 행동이 끈으로 변해 하늘이 신격과 연결이 되었도다. 보아라, 너의 착한 마음이 무엇으로 변했는지." 그녀는 형형색색의 많은 실들이 내려오는 것을 보았다. 이렇게 그녀는 천상의 신격 *아의의* 의 나라로 가게 되었다.ᆞ⁴¹⁾

저승세계는 모든 것이 반대이다. 예를 들어, 셀쿱 인들은 지하계에 있는 저승세계에도 해와 달이 있다고 믿는다. 그런데 산 사람들이 사는 지상계와는 정반대로 뜨고 진다. 즉 지상계가 낮이면, 저승세계는 밤이다. 또한 저승세계에서의 해와 달의 빛은 희미하게 또는 녹색이다. 그래서 지상의 해의 그림자, 달의 그림자라고 표현하기도 한다. 또한 저승세계의 망자들은 사냥도 하고, 물고기도 잡는다. 기르고 있는 순록도 많다. 누구도 배가 곯지 않고 산다. 저승세계에서는 이승에서 부서지고 헌 것을 사용한다. 그래서 북부 셀쿱 인들은 지금도 장례식 때 망자의 옷과 천들을 찢거나 풀어서, 물건들은 구멍을 내거나 부러뜨려서 무덤에 함께 넣어준다.⁴²⁾

니브흐 인들도 비슷하다. 저승세계도 여기 현실세계처럼 사람들이 살고, 집도 있고, 물고기도 잡고, 개도 기른다고 한다. 대신 모든 것이 우리가 사는 세상과 반대인데, 이승이 겨울이면, 저승은 여름이고 여기서 망가진 물건들은 저쪽에서는 좋은 물건이라는 식이다.⁴³⁾

41) А.А. Попов(1946), op.cit, p.62.

42) О.Б. Степанова, 「Мир мертвых и погребальный обряд Селькупов(셀쿱 인들의 저승세계와 장례 풍습)」, 『Мифология смерти.』, СПб., p.182, 2007.

43) Ч.М.Таксами, 「Представления нивхов о вселенной мире мертвых(저승세계에 대한 니브흐 인들의 관념들)」, 『Мифология смерти.』, СПб., p.167, 2007.

돌간 인들도 저승세계에 대해 거의 같은 이야기를 한다. 저승은 전반적으로 어두우며, 태양은 빛이 약하고, 달은 반쪽이다. 이승이 낮이면, 저승은 밤이고, 이 세상이 여름이면, 저 세상은 겨울인 것이다. 지하계에서 망자는 새로운 삶을 지속하게 된다. 그런데 이때 쿠트는 천상계로 떠난 상태다. 쿠트 없는 육체만 지하계로 간다. 짐승에게 잡혀 죽은 사람은 육체의 일부가 없는 그대로 살게 된다.[44]

저승은 이승과 모든 것이 반대라는 것은 다음과 같은 이야기들을 통해 명확해진다. 1983년 러시아 민속학자 하사노바가 채록한 네기달 인들의 이야기이다.

"한 사람이 살았다. 고아였다. 그에게는 개가 한 마리 있었다. 그들은 배가 고팠다. 어느 날 개가 사라졌다 배가 불러 돌아왔다. 개는 곰팡이가 핀 훈제한 물고기 묶음을 가져왔다. 주인은 개를 따라가 보기로 했다. 개는 한참 가더니 어떤 구멍으로 기어 들어갔다. 주인도 따라 들어갔다. 처음에는 어두웠지만 좀 가다보니 밝고 너른 공간이 나타났다. 보니까 저기에 사람들이 있고, 모닥불을 피우고 말뚝에 생선을 달아 훈제하고 있었다. 개가 덥썩 물고기를 무는 것을 보았다. 주인도 생선을 매단 말뚝을 통째로 들고 혁띠에 개와 이것을 묶고 왔던 길로 돌아 나왔다. 밖에 나와서 보니 멀쩡하던 물고기에 곰팡이가 피어 있었다."[45]

니브흐 인들에게도 남자와 개가 저승 갔다 온 이야기가 전한다.

---

44) В.И. Дьяченко, op. cit, p.125.

45) М.М. Хасанова, 『Мифы и сказки негидальцев. Исследования по тунгусоведению(네길달족의 신화와 설화들. 퉁구스학 연구)』, Осака, p.29, 2003.

"개랑 살고 있는 가난한 총각이 있었다. 어느 날부터인가 개가 아침에 나갔다 밤에 돌아오는데, 한번은 뭘 먹었는지 배가 땡땡한 데다, 싱싱한 물고기도 물고 왔다. 물고기를 보니 송어였다. 어허 지금 송어철도 아닌데, 어디서 이렇게 싱싱한 것을 가져왔다지? 총각은 개에게 목줄을 채워 따라가 보았다. 한참을 가다보니 어두워졌고, 좀 더 가니 갑자기 낮처럼 밝아졌다. 아무르 강도 보이고, 작은 산들도 보이는 곳을 지나 한 마을에 다다랐다. 니브흐 인들이 사는 곳과 똑같은 집들이었고, 똑같은 사람들이 물고기를 잡아왔다. 여인들은 갓 잡은 물고기를 손 보고 있었다. 개가 그 옆에 가서 물고기를 먹기 시작했는데, 여인들은 아무도 이를 알아채지 못했다. 총각은 한 여인의 뒤로 가서 슬쩍 옷 속에 손을 넣어 가슴을 만졌다. 가슴은 굉장히 차가웠다. 그녀는 소리를 지르며 자빠졌고, 사람들이 달려왔지만 총각을 보지 못하는 것 같았다. 다시 집으로 돌아온 총각은 저승을 다녀왔다는 생각에 샤먼을 찾아가서 상담을 하고, 굿을 했다. 샤먼은 총각이 갔다 온 곳이 저승이 맞고, 여자의 가슴이 차가웠다는 것은 죽은 사람이기 때문이라고 알려주었다. 또한 그녀는 지금 몸져누웠는데, 저승세계의 샤먼이 병의 원인은 이승에서 온 사람의 손을 탔기 때문이라고 하면서 총각을 죽이기 위해 보조정령들을 보냈다고 했다. 그래도 일찍 총각이 샤먼을 찾아와 상담도 하고, 굿도 하여 죽음을 모면했다."

는 이야기이다.[46]

돌간 인들은 저승에 걸어서 간다고 한다. 때로는 순록을 같이 매장하기도 하는데, 이럴 경우 순록을 타고 간다. 저승은 걸어서 꼬박 3년이 걸린다. 저승에 도착하면 친척들을 찾아 거기서 살게 된다. 저승에 와서는 젊었을 때 모습으로

---

46) Ч.М.Таксами, op.cit, p.166.

살게 된다. 홀아비나 과부, 두 번 혼인한 사람의 경우 첫 번째 배우자와 살게 된다. 두 번째 부인의 경우는 외가 친척들과 산다. 첫 번째 혼인은 천상의 신격 아이의의가 내려준 배우자와 사는 것이다. 두 번째 결혼은 하늘의 뜻이 아니라 자신의 욕망에 의해서 한 것이라 저승에서 같이 살지 못하는 것이다.

지하에 있는 저승에 살다가 결국 모기나 등에가 되어 지상으로 가는 구멍으로 나가 사람과 가축의 피를 빨아 먹게 된다. 그리고 가을이 오면 흔적도 없이 사라진다고 한다.[47]

다음은 돌간 인의 저승 여행기이다.

"옛날에 어떤 사람이 있었다. 야생 순록을 사냥하던 중에 땅에 구멍이 나 있는 것을 보고 유심히 보다가 딛고 있는 흙이 무너지면서 구멍에 빠졌다. 한 참을 떨어지다가 어떤 땅에 떨어졌는데, 그곳에는 색이 바랜 태양과 반달이 떠 있는 곳이었다. 떨어지면서 한쪽 다리와 팔이 부러졌다. 아픔에 몸부림 치고 있는데, 쥐가 한 마리 다가왔다. 그는 불쾌감에 "아직 난 죽지 않았는데, 쥐가 와서 나를 갉아먹으려 하네!"라며 쥐를 잡아 앞다리와 뒷다리 하나씩 뽑아버렸다. 그러자 쥐가 좀 떨어진 곳에 가서 어떤 풀을 뜯어 먹고 있는데, 곧바로 뽑힌 다리에 새로운 다리가 나는 것을 보았다. "뭐 이런 황당한 일이 있나!" 이 사람도 그 풀을 뜯어 먹어보았더니, 금세 부러진 팔다리가 나았다. 기운을 차린 그는 일어나 걷기 시작했다. 그가 본 이 땅은 매우 아름다웠다. 호수와 풀들이 보기 좋았다. 호숫가에서 집들이 있는 것을 보았다. 집 주변에는 순록들이 무리지어 있었다. 다가가서 하얀 순록 한 마리를 잡고 말하기를 "얘야. 태양의 땅에서 살고 있는 불행한 나는 이렇게 무거운 것을 실을 기회가 있었지."라며 쓰다듬은 다음 올라탔다. 그러나 올라타자마자 순록의 등이 부

---

47) В.И. Дьяченко, op. cit, pp.125~126.

러졌다. 이 남자는 크게 놀라며 "이 무슨 잔인한 일이냐. 어떻게 내가 이렇게 착한 사람들의 순록을 죽였지?"라고 소리쳤다. 그리고 더 길을 가다 이번에는 검은색 순록을 보았다. 남자는 이 순록이 마음에 들었다. 순록을 잡아 쓰다듬은 다음 올라탔는데, 곧바로 죽어버렸다. "아 이게 무슨 일이냐. 내가 보듬어 주는 것으로 죽게 되다니." 남자는 집들이 있는 곳으로 걸어갔다.

한 집 앞에서 "안녕하세요!"하고 소리쳤다. 그러나 마치 그를 인지 못한 듯 대답이 없었다. 한 여자를 발견하고, 손을 붙잡고 "안녕하세요!"라고 말했다. 그런데 여자는 "아야, 아야 손 아파!"하고 소리쳤다. 사람들은 집에 모여 살이 없지만 살아 있는 물고기를 먹고 있었다. 남자는 그들 옆에 가서 같이 생선을 먹었지만, 아무도 그에게 신경 쓰지 않았다. 저녁이 되자 남자는 한 여자에게 마음이 갔고, 그녀와 자고 싶었다. 슬그머니 그녀의 이불 속으로 들어가서 끌어안았다. 그러자 그녀는 심한 고통을 느끼며 악을 쓰기 시작했다. "뭐 이런 경우가 다 있담." 남자는 이렇게 말하고 그녀의 손에서 반지를 빼 자기 손가락에 끼었다. 그녀의 절규와 신음으로 집 안의 누구도 잠을 잘 수가 없었다. 불가에서 모두 밤을 보냈다. 아침이 되자마자 집 주인이 샤먼을 불렀다. 눈처럼 하얀 머리를 한 나이 든 샤먼이 금세 찾아왔다. 그는 의례를 하면서 연신 우리의 주인공을 잡으려고 노력했지만 실패했고 그냥 돌아갔다. 두 번째 샤먼이 왔다. 아까 온 샤먼보다는 젊었다. 하지만 그도 할 수 있는 것이 없었다. "젊은 샤먼이 또 있지. 그를 부르자." 사람들이 말하며 다음날 아침 제일 좋은 순록을 보내 그들 태워 왔다. 젊은 샤먼은 정말 빨리 왔다. 그는 집에 들어오자 남자를 발견했다. 그리고 의례를 하면서 입으로 남자를 잡았다. 그리고 물었다. "왜 여기 왔느냐?"남자는 사죄를 하고 울면서 "내가 오고 싶어서 온 것이 아니에요. 땅 구멍에 빠진 거예요. 만약 선물을 받았더라면, 돌아갈 수도 있었어요. 나는 하얀 순록, 검은 순록, 알록달록한 순록 한 마리가 필요합니다."라고 말했다. 집에 있던 사람들이 샤먼에게 "그가 요구한데로 줄테니 얼른 가라해요."라고 했다. 샤먼은 남자를 윽박지르며 말하기를 "당신이 결정해라. 만약 여기 남는다면 내가 너를 가만두지 않을 것이고, 떠난다면 올라가도록 해주겠다."이에 남자는 "집으로 보내주세요. 그런데 저 여자의 반지를 제가 끼고 있어요."라고 말하자, 사람들이 "그냥 가져요. 가져."라며 반지도 가져 갈 수 있게 했다. 남자는 자기가 원하는 데로 세 마리의 순록도 받았다. 그는 "와. 내게 순록과 반지가 있구만."하고 생각했다. 샤먼은 그를 등에 태우고 위로 날았다. 구멍을 찾아 그를 넣으며 둘이 함께 "수~수~수~"세 번 소리쳤다. 그리고 남자는 정신을 잃었다. 정신이 들고 남자가 주위를 보니 순록과 반지는 없고, 진흙으로 만든 세 개의 순록 조각만이 있었다. 그리고 그 사이에 삼년의 세월이 흐른 것을 알게 되었다."

저승에 가서 이승의 삶의 그대로 잇는다는 관념만 존재하지 않는다. 불교와 기독교의 영향을 받은 지역은 아무래도 윤회와 천당, 지옥에 대한 관념이 있다. 투바 일부 지역의 경우 사람이 죽고 나면 9개월 후에 다시 태어난다고 믿는다. 죽는 순간 영혼이 누군가의 자궁으로 들어가는데, 임신 기간인 9개월 이후에 다시 태어난다는 것이다. 또한 이것도 투바 일부 지역의 경우인데, 생전에 좋은 일은 한 사람은 '악 곡테에르'라는 천국으로, 나쁜 일을 많이 한 사람은 지옥인 '아자 요란'으로 간다고 한다.[48] 기독교를 받아들인 돌간 인들은 죽으면 천당이나 지옥에 간다고 믿는다. 현대 에벤키 인들은 늙어서 죽은 사람의 영혼은 '일반적인'저승에 간다고 믿는다. 익사하거나 타죽은 사람들의 영혼은 이 재난의 주인정령들이 지배하는 저승으로 간다. 에벤키의 최고 신격인 *세베키* 는 천상의 땅에 자살자의 영혼을 받지 않는다. 이 영혼들은 지하세계에 살게 된다. 일찌감치 기독교화 된 아문스크 에벤키인들은 사람이 죽으면 *세베키 이수스 흐*

---

48) 이건욱 등, 『중앙아시아의 유목민 투바인의 삶과 문화』, 국립민속박물관, p.238, 2005.

리스토스(세베키 예수 그리스도)가 생전에 어떤 사람이었는지 재판을 연다고 믿는다. 재판에 따라 착한 영혼은 순록이 많은 천국으로, 나쁜 영혼은 호된 시련을 겪은 다음에 황무지로 보낸다. 여기는 *사탄 헤르구* 가 다스린다. 에벤키인들은 기독교의 영향으로 천상계에는 죄 없는 사람이 간다고 여긴다.[49]

3. 글을 마치며

　신화적 사고가 지배적인 사회의 사람들에게 죽음은 오히려 친밀한 상대이다. 신화가 살아있는 사회에서는 삶과 죽음은 분리되는 법 없이 항상 전체적인 생각한다. 삶의 현실이 있는 곳에 죽음의 현실이 있으며, 그 둘은 변증법적으로 서로 연결되어 있다.[50]

　시베리아 원주민들의 죽음관과 저승세계관을 통해 태초에는 영원한 생명이 있다가 그것이 생명과 죽음으로 분리되는 우주와 인간의 창조 신화는 나름의 의미가 있음을 알 수 있다. 바로 삶과 죽음은 존재론적으로 하나이고, 삶과 죽음으로 인해 하늘의 신격(천상계)-이 땅의 재질들로 만든 인간(지상계)-지하의 신격과 또 다른 세계(지하계)라는 시베리아 원주민들의 세계관이 완성되기 때문이다. 즉 삶과 죽음은 서로 다른 것이 아니라 서로가 있어야만 인간의 존재는 완성되고, 그 가치를 가지는 것이다. 저승의 삶은 이승의 삶과 대비되어 논의될 수 있으며, 이승의 삶 또한 전생의 삶으로부터 연장이라는 가치에 의해 전개된다고 할 수 있다. 결국 인간의 삶은 곧 전승(전세)과 이승(현세) 그리고 저승(내세)으로 구조화된 이른바 삼생(三生)적 구도로 이해되는 것이다. 이승은

---

49) С.В. Березницкий, op. cit, p.101.
50) 나카자와 신이치, 김옥희 역, 『예술인류학』, 동아시아, p.89, 2009.

x

현실세계이며 저승은 죽은 후의 사후세계이고 전승은 태어나기 전의 세계로서 이들은 각기 독립되어져 있는 것이 아니라 서로 얽혀 있으면서 연속선상에 놓여 있다는 것이다.[51]

반드시 죽는 것임에도 죽음이 멀게 느껴지는 것은 늘 새삼스럽다. '친숙한 낯섦'이랄까? 변치 않는 이 진실은 어째서 쉽게 체감되지 않는지. 아마 죽은 후에 다시 태어나든, 또 다른 세상에서 삶을 지속하든 뭔가 또 다른 무언가가 있으리라는, 늘 낙관적인 인간의 천성과 관련된 것일까? 아니면 무기물에서 유기물로 다시 무기물로 변환되는 그 소멸의 진리를 인간의 무의식은 당연하다고 느끼기 때문일까? 내가 죽음을 향해 가고 있고, 반드시 죽는다는 사실을 인정하면, 내가 보는 세상의 옷차림이 바뀐다.

---

51) 양종승, 「샤머니즘의 본질과 내세관 그리고 샤먼 유산들」, 『하늘과 땅을 잇는 사람들, 샤먼』, 국립민속박물관, p.307, 2011.

참고문헌

나카자와 신이치, 김옥희 역, 『예술인류학』, 동아시아, 2009.

라리사 파블린스카야, 「시베리아 샤머니즘의 역할, 기능 그리고 현재상황」, 『하늘과 땅을 잇는 사람들, 샤먼』, 국립민속박물관, 2011.

양종승, 「샤머니즘의 본질과 내세관 그리고 샤먼 유산들」, 『하늘과 땅을 잇는 사람들, 샤먼』, 국립민속박물관, 2011.

이건욱, 『부랴트 샤머니즘』, 국립민속박물관, 2007.

이건욱 등, 『알타이 샤머니즘』, 국립민속박물관, 2006.

이건욱 등, 『중앙아시아의 유목민 투바인의 삶과 문화』, 국립민속박물관, 2005.

이건욱, 「시베리아 민족들의 동물에 대한 관념과 상징」, 『샤머니즘의 사상—샤머니즘 사상 연구회 학술총서 1』, 2013.

『Мифы, предания, сказки хантов и манси(한티와 만시의 신화, 전설, 이야기들)』, М., 1990.

Алексеенко Е.А., 『Мифы, предания, сказки кетов(케트의 신화, 전설, 이야기들)』, М., 2001.

Анохин А.В., 『Метериалы по шаманству у алтайцев(알타이 샤머니즘 자료들)』, Л., 1924.

Арзютов Д.В., 「На границе миров.(세상의 경계)」, 『Сибирский сборник 1』, СПб., 2009.

Березницкий С.В., 「Современные представления дальневосточных эвенков о душе и смерти(극동지역 에벤키 인들의 영혼과 죽음에 대한 현대의 관념들)」, 『Сибирский сборник—Погребальный обряд народов Сибири и сопредельных территорий кн. 1』, СПб., 2009.

Василевич Г.М., 『Материалы по эвенкийскому(тунгусскому)

фольклору(에벤키(퉁구스) 구비전승 자료들)』, Л., 1936.

Василевич Г.М., 『Эвенки. Историко-этнографические очерки 18-начало 20в.(에벤키. 18~20세기 초 역사-민족학적 특징들)』, Л., 1969.

Васильев В.Н., 「Изображения долгано-якутских духов как атрибуты шаманства(돌간-야쿠트 정령들에 대한 무구들의 형상들)」, 『Живая страница』, 1909.

Вдовин И.С., 「Природа и человек в религиозных представлениях чукчей(축취인들의 종교 관념 속 자연과 인간)」, 『Природа и человек в религиозных представлениях народов Сибири и Севера』, Л., 1976.

ДьяконоваВ.П., 『Погребальный обряд тувинцев как историко-этнографический источник(역사-민속학 자료로서 투바 인들의 장례풍습)』, Л., 1975.

Дьяченко В.И., 「Пердставления долган о душе и смерти. От чего умирают "настоящие люди?(영혼과 죽음에 대한 돌간 인들의 관념들: 사람은 무엇 때문에 죽는가?)」, 『Мифология смерти: структура, функция и семантика погребального обряда народов Сибири; этнографические очерки』, СПб., 2007.

Ермолова Н.В., 「Картина мира мертвых в эвенкийской вселенной(에벤키 세계관 속 저승세계)」, 『Сибирский сборник 1』, СПб., 2009.

Кенин-Лобсан М.Б., 『Мифы тувинских шаманов(투바 샤먼들의 신화들)』, Кызыл, 2002.

Киле Н.Б., 「Лексика, связанная с религиозными представлениями нанайцев(나나이족의 종교적 관념 관련 어휘론)」, 『Природа и человек в религиозных предствлениях народов сибири и север』, Л., 1976.

Кисел В.А., 『Поездка за красной солю. погребальные обряды Тувы

18-начало 1 в.(18세기~19세기 초 투바 장례풍습)』, СПб., 2009.

Крейнович Е.А., 「Рождение и смерть человека по воззрениям гиляков.(길략 인들의 탄생과 죽음에 대한 관념들)」『Этнография』, №1-2. 1930.

Мазин А.И., 『Традиционные верования и обряды эвенков-орочонов (конец 19-начало 20в.)(19세기 말~20세기 초 에벤키-오로촌 인들의 전통 신앙과 풍습)』, Новосибирск, 1984.

Павлинская Л.Р., 「Мифы народов Сибири о происхождении смерти.(죽음의 기원에 대한 시베리아 신화)」『Мифология Смерти』, СПб., 2007.

Попов А.А., 「Религия долган(돌간 인들의 종교)」, Архив МАЭ. Ф.14. Оп.1. №156. Л.163.

Попов А.А., 「Семейная жизнь у долган(돌간 인들의 가정생활)」, 『Советская этнография』, 1946.

Потанин Г.Н., 『Очерки Северо-западной Монголии(북-서 몽골의 특징들』, СПб., Вып.4, 1883.

Рычков К.М., 『Енисейские тунгусы//Землеведение(에니세이 퉁구스 인들)』 М., 1922.

Степанова О.Б., 「Мир мертвых и погребальный обряд Селькупов(셀쿱 인들의 저승세계와 장례 풍습)」『Мифология смерти.』, СПб., 2007.

Суслов И.М., 「Материалы по шаманству у эвенков бассейна реки Енисей(에니세이강 유역 에벤키의 샤머니즘에 대한 자료들)」, Архив МАЭ РАН. Ф. 1, оп. 1. № 58. 1935.

Таксами Ч.М., 「Представления нивхов о вселенной мире мертвых(저승세계에 대한 니브흐 인들의 관념들)」『Мифология смерти.』, СПб., 2007.

Хасанова М.М., 「Путь души в мир мертвых по предствлениям народов амура(아무르 주변 민족들의 관념 속 저승세계로 가는 영혼의 길)」,

『Мифология смерти: структура, функция и семантика погребального обряда народов Сибири; этнографические очерки』, СПб., 2007.

Хасанова М.М., 『Мифы и сказки негидальцев. Исследования по тунгусоведению(네길달족의 신화와 설화들. 퉁구스학 연구)』, Осака, 2003.

Штенберг Л.Я., 『Гиляки(길략)』, М., 1905.

흉노의 동물매장 의례와 한반도와의 비교

장윤정 | 경남대학교

1. 머리말

우리나라 무덤에서 출토되고 있는 여러 가지 고고자료 중 하나가 동물 뼈이며 이에 대해서는 순장, 제사목적, 희생, 공헌, 供犧 등으로 해석하고 있다. 소와 말 등 동물을 무덤에 매장하는 풍습은 범세계적으로 확인되고 있으나 간혹 유목민의 습속으로 이해되는 경향이 있다. 그 예로 우리나라에서는 유구에서 출토된 동물 뼈의 존재로 북방의 선비, 부여, 삼연 등과의 관계를 규정하는 데 활용되기도 한다.

여기서는 우리나라 삼국시대를 접근하는 데 있어서 매우 중요한 위치를 점하고 있는 북방문화 혹은 유목문화 중 한 요소로 규정할 수 있는 동물매장 의례에 주목하고자 한다. 먼저 우리나라 남부지방 삼국시대 무덤유적과 몽골지역에 분포하는 흉노무덤을 중심으로 동물 뼈가 출토된 유적을 살펴보고자 한다. 이를 바탕으로 우리나라의 동물매장 의례의 특징을 규정하고 몽골지역 내 흉노무덤에서 확인되는 것과 비교 검토할 수 있을 것이다. 이러한 작업을 통하여 동물 매장 의례가 가지고 있는 의미에 대해서도 다시금 생각할 수 있는 계기를 마련하고자 한다.

2. 우리나라 동물매장 유례

여기서는 무덤에서 동물이 출토된 유례를 소개하고자 한다.

1) 김해지역

예안리고분군(金子浩昌·徐姈男 1993)과 대성동고분군(慶星大學校 박물관 2000·대성동고분박물관 2015)이 대표적이다. 이 가운데 대성동 1호분 주곽에서 유물수거 후 보강토를 제거하는 과정에서 남서쪽 보강토 내에 소(牛)의 하악골을 비롯한 소뼈가 파편으로 검출되었다.[1] 그리고 대성동 88호분에서 동남으로 약 26㎝ 떨어진 곳에 수혈 혹은 동물매납갱이 위치한다. 규모는 직경 168㎝, 최대깊이 105㎝로 상부에서 소와 말의 유체들이 다량 확인되었고 내부에서는 소량만 검출되었다. 최소 1개체 이상의 존재가 추정되고 있다. 이 외에도 너구리와 멧돼지가 검출되었는데 무덤 조성 이전의 패총에서 유입되었을 가능성이 제시되고 있다.

---

1) 말의 상골을 비롯한 발뼈가 검출된 것으로 알려져 있었다(李相憲 1993, 이재현 1994).

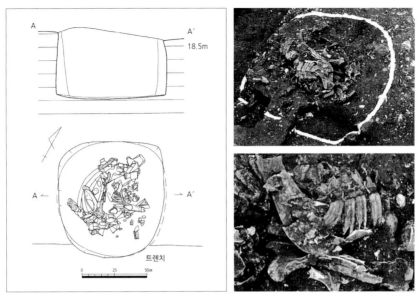

도면 I. 김해 대성동 88호 동물매납갱(대성동박물관 2015)

2) 고령지역

지산동고분군 중 44호분은 3개의 석실과 32개의 석곽이 설치되어 있으며 여기서 동물유체는 닭뼈, 말 이빨 등이 알려져 있다. 말 이빨은 고분 중앙에 마련된 主석실의 북쪽 가까이에서, 그리고 墳頂에서 3m 아래 깔려 있는 基底面 위에 생매장된 듯 아무런 시설을 수반하지 않은 채 발견되었다. 말 이빨은 10점 정도이며 1개체분으로 추정되고 있다. 한편, 닭 뼈는 봉토 내 석실 주변에 배치된 석곽 내 부장토기 속에서 검출되었고 32기의 석곽 중 6기(1호, 6호, 11호, 16호, 25호, 32호)에서 확인되었다(모기철 1979). 재보고 과정에서 17호·18호·19호 석곽 사이에서 말 이빨이 발견되었으나 말 머리 혹은 말 전체가 매장되었는지에 대해서는 알 수 없다고 하였다. 또한 석곽 9호와 22호의 서단벽 쪽에 있던 고배 안에서 생선뼈가, 석곽 21호 동단벽에 접해 있는 고배에서 닭 뼈가 확인되었다(경북대학교박물관 2009).

도면 2. 고령 지산동 44-9호 동물 뼈 출토 상태(경북대학교박물관 2009)

　　최근 발굴조사된 지산동 73호분 묘광 내부 함몰토층 속에서 말 이빨이 출토
되었는데 상·하악골의 윤곽 속에 입을 다문 가지런한 상태여서 한 마리분의
馬頭로 추정되고 있다. 북쪽 순장곽의 유개고배 안에서, 남쪽 순장곽의 개배
안에서 각각 어골이 확인되었다(대동문화재연구원 2012).

도면 3. 고령 지산동 73호분(대동문화재연구원 2012)

3) 경주지역

황남대총 남분(국립중앙박물관 2010) 봉분의 중간보다 조금 더 올라간 지점에서 큰 항아리 4개가 확인되었다. 항아리 속에는 작은 그릇과 짐승 뼈, 물고기 뼈, 조개껍데기 등이 들어 있었고 뼈로 확인된 동물의 종류는 소·말·바다사자·닭·꿩·오리, 거북이 등이다.

황남동 미추왕릉 前地域 C지구 고분군(김택규·이은창 1975) 제1호분의 부속시설로 말 무덤과 煙筒式 구조물 등이 알려져 있다. 그 가운데 말무덤은 제1호분의 호석 東北의 석열 밑에 직경 220㎝의 원형석곽을 호석과 같이 單層 단곽으로 돌렸고 그 안에 말을 매장하였다. 말 골격이 무질서하게 놓여 있었다. 한편 미추왕릉 前地域 D지구 고분군(김택규·이은창 1975)에서는 말 무덤이 2기 확인되었는데 위치상 어느 고분에 속하는지 판단하기 어렵다. 먼저 하나는 제1호분 제1부곽 東北部에 인접하고 제3호분 동남쪽, 제4호분 서북쪽에 위치한다. 긴 쪽 260㎝, 짧은 쪽 210㎝의 크기이다. 고분을 축조한 석재와 같은 사람머리 크기의 川石으로 單層 호석을 돌려 그 구조표시를 하고 그 안에 말을 매장한 것으로 추정되고 있다. 나머지 하나는 상기의 1과 연접해 직경 220㎝의 원형호석을 돌린 구조를 하고 말 이빨이 남아 돌에 붙어 있었다.

마지막으로 황오동 100유적(동국대학교 경주캠퍼스박물관 2008)에서는 2개의 마갱이 발견되었다. 먼저 1호 마갱의 묘광은 평면 타원형으로 규모는 길이 240㎝, 폭 158㎝ 정도이다. 묘광은 깊이 30㎝ 정도의 구덩이를 오목하게 판 후 북쪽에 1마리, 남쪽에 2마리를 각각 매장하였다. 말은 다리를 굽히고 서로 마주보며 포개어졌으며 굴레를 씌우는데 사용하는 環形 십금구가 착장된 상태였다. 보고자는 14호 목곽묘의 말 순장무덤으로 추정하고 있다. 2호 마갱은 1호 마갱과 남서쪽에 연접하고 있다. 묘광은 평면 타원형으로 규모는 길이 227㎝, 폭 170㎝ 정도이다. 묘광은 깊이 30㎝ 정도의 구덩이를 오목하게 판 후 2마리를 매장하였다. 말은 묘광의 장축을 따라 누워있는 형태를 취하고 다리를 굽혀 서로

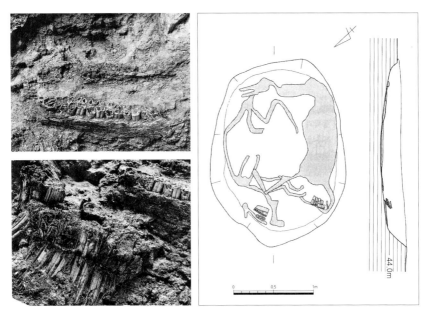

도면 4. 경주 황오동 100유적 I호 마갱(좌), 2호 마갱(우)(동국대학교 경주캠퍼스박물관 2008)

마주보게 포개어진 상태로 노출되었다. 유물은 동반되지 않고 있다. 마갱 1호와 같이 14호 목곽묘의 순장묘로 추정되고 있다.

4) 경산지역

임당동유적(영남문화재연구원 2001) G지구 5호묘와 관계된 주구 1호의 크기는 길이 17m, 너비 200~327cm, 깊이 35cm 정도이며 주곽에서 동쪽으로는 450cm, 북쪽으로는 290cm 정도 떨어져 설치되었다. 내부에서는 대호편, 연질토기편, 말뼈 등이 출토되었다.

6호묘와 관계된 주구 3호는 무덤의 동쪽에서 북서쪽에 걸쳐 설치되었다. 길이 12m, (현)너비 70~215cm, 깊이 50cm 정도이며 주곽에서 동쪽으로는 350cm, 북쪽으로는 290cm 정도 떨어져 설치되었다. 대호편, 연질토기편, 말뼈 등이 출토되었다. 한편 상기의 2기보다는 시기적으로 늦은 주구 2호에서도 말뼈가 확

도면 5. 경산 임당동유적 G지구 5호분·6호분 유구 전경과 l호 주구 및 l호 주구 내 출토 말뼈 노출 상태(영남문화재연구원 2001)

인되고 있다. 또한 G지구 분묘군 가운데 61호묘의 경우, 묘광의 평면은 말각장방형이고 크기는 길이 170㎝, 너비 70㎝, 깊이 20㎝ 정도이다. 말은 북쪽에서 머리, 중앙에서 갈비뼈, 동쪽에서 다리뼈 등 1개체분이 출토되었다. 주위에 위치한 유구와의 관계에서 22호묘의 제사유구로 추정되고 있다.

5) 상주지역

신흥리 라지구 1호분(한국문화재보호재단 외 1998)은 봉토석실분으로 매장주체부는 수혈계횡구식이다. 석실 횡구부 앞에 내부로 함몰된 개석 1매를 제거한 후 원상태로 잔존한 개석에서 약 160㎝까지 교란토를 제거하자 동단벽에서 2m 정도까지의 범위에서 말뼈로 추정되는 동물 뼈가 출토되었다. 턱뼈, 견갑골 등이 남장벽 가까이, 중앙에서 등뼈(?)가 확인된 상태이다. 동물 뼈는 약

20㎝ 두께로 퇴적되어 있고 동물 뼈와 동단벽 사이에는 할석 수매가 노출되었으나 벽체가 함몰된 것인지 관대가 교란된 것인지는 알 수 없다.

6) 나주지역

복암리고분군(전남대학교박물관·나주시 1999) 1호분은 원분의 형태를 띠고 분구 외곽을 따라 원형으로 돌아가는 주구가 설치되어 있다. 주구 내부에서 말 이빨로 추정되는 뼈들이 수습되었다. 2호분은 장방형에 가까운 형태이고 주구는 서, 남, 북벽에만 설치된 'ㄷ'자형으로 동쪽에서는 확인되지 않았다. 북쪽 주구에서 확인된 소뼈의 몸통은 주구방향을 따라 등쪽은 주구 안쪽을 향하고 있다. 목은 꺾어서 머리가 등쪽으로, 네 다리는 가운데로 모여 있다. 그리고 말뼈는 소뼈에서 동쪽으로 4m 정도 떨어져 출토되었다. 말뼈는 주구 길이방향과 직교하게 놓여 있으며 주구의 동쪽 끝부분에서 말 이빨로 추정되는 뼈들이 상당수 출토되었다. 한편 개 뼈는 소뼈에서 남서쪽으로 1.5m 정도 거리를 두고 하악골과 사지골이 확인되었다.

3. 우리나라 동물매장 의례의 특징

1) 기존의 연구 성과

우리나라 유적에서 출토된 동물 뼈에 대한 연구 성과를 살펴보면 다음과 같다. 이재현은 가야 목곽묘의 발생 배경과 구조, 시기별 및 지역적 전개과정, 계통에 관해 살펴보는 과정에서 馬頭殉葬은 흉노와 선비, 부여족 등에서 광범위하게 행해지던 특징적인 習俗 중의 하나로 규정하며 이 시기의 문화가 북방지역과 밀접한 관련이 있다고 추정하였다(이재현 1994).

김건수는 북한지방을 제외한 마골이 출토된 22개소 유적, 즉 패총 및 저습지

10개소, 고분 12개소의 자료를 소개하고 문헌과 벽화고분 등에 나타난 말을 검토하였다. 그 결과 우리나라에서 말은 철기시대에는 제사목적으로, 삼국시대에는 고분을 조영하는데 순장의 목적으로 매납되었다고 하였다(김건수 2002).

김동숙은 5~6세기대 영남지방 분묘의 제의관련 자료를 8개의 유형으로 나누었는데 동물유체가 확인되는 C유형의 경우, 祭儀에 말이 사용된다는 의미에서 희생을 내포하며 세분해서 말머리만을 잘라 제의에 이용하는 현상은 희생의례, 말 전체를 이용하는 현상은 공헌의례로 생각하였다. 그리고 이 유형은 수혈식석곽묘에서 매우 높은 점유율을 보인다고 하였다(김동숙 2002).

그리고 유병일은 신라 및 가야의 무덤에서 출토된 말뼈자료를 출토위치의 유형분석, 매납 부위 및 형태분석, 매납 장소와 단계로 파악한 후 매납 목적과 의미를 검토하였다. 그 결과 4세기에서 5세기 중엽까지는 지역성을 띠며 제한된 신분의 장송의례에 말이 사용되었던 것에 반해 5세기 후엽부터 6세기 후반까지는 지역적으로나 계층적으로 확대되어 사회전반의 장송의례에 말이 매납된다고 하였다(유병일 2002).

한편, 김낙중은 영산강유역의 영암 자라봉고분 석실 내, 나주 복암리 1·2호분 주구, 3호분 1호 석실 내에서 출토된 1마리분씩의 말뼈에 주목하였다. 그 가운데 복암리 2호분 주구에서 출토된 상황에서 산 제물을 바친 供犧로, 석실 내에서 출토된 것은 목관 위에서 이루어진 장송의례에 사용된 것으로 추정하였다. 그리고 영산강유역과 금강하구의 말 부장은 마구를 동반하지 않는 점이 특이하다고 하였다(김낙중 2010).

이상과 같이 기존의 연구에서 동물 뼈에 대한 해석은 순장, 제사목적, 犧牲, 貢獻, 供犧 등으로 이루어져 있다. 동물의 종류는 대부분 말(馬)이며 우리나라와 북방문화의 관계성을 지적하는 근거로 삼고 있다. 우리나라 토양에서 동물을 비롯한 유기질제가 많이 잔존하지 않는 실정을 감안한다면 선학들의 연구성과는 제한된 자료를 최대한 활용하고 있는 것이다. 이러한 연구 성과를 바탕

으로 우리나라 남부지방 삼국시대 무덤에서 출토된 동물 뼈의 특징을 파악하고
자 한다. 이것은 흉노의 동물매장 의례와 우리나라의 것을 비교 검토할 수 있는
기초가 될 것이며 또한 북방문화 혹은 유목문화의 하나로 규정되고 있는 동물
매장 의례가 우리나라에서 어떠한 형태로 정착하였는지를 확인할 수 있는 계기
가 될 것이다(장윤정 2013).

2) 우리나라 동물매장 의례의 특징

(1) 동물의 종류[2]

유적에서 출토된 사례 수치로 살펴보면 말(馬)→ 닭→ 소, 개·오리 등의 순
으로 출토빈도가 높다. 또한 말(馬) 혹은 소(牛)의 조합은 김해, 경주, 나주 등
의 지역에서 확인되며 동물의 종류가 다양한 지역은 경주이다. 동물 중에서도
가장 많은 개체가 검출된 말의 출토상황에 근거하여 크게 두 가지로 나눌 수 있
다. 1개체분의 부장과 부위별 부장으로 구분되며[3] 前者의 사례는 김해, 경주,
나주 등의 지역에서 알려져 있고 後者는 동물이 부장된 대부분의 유적에서 확
인되고 있다. 머리뼈가 주류를 이루고 그 외 등뼈, 다리뼈, 꼬리뼈 등이 있다
(장윤정 2013).

한편, 나주 복암리 2호분 주구에서 출토된 개 뼈에 주목하면 우리나라 삼국
시대 이전단계, 즉 초기철기시대에도 개의 존재가 확인되고 있다. 경상남도 사
천군에 위치한 늑도유적 C지구에서는 26기 이상의 매장인골과 함께 28기 이상
의 埋葬犬이 출토되었다[4](표 1).

---

2) 여기에 소개한 유적 외에도 경산 임당동고분군·조영동고분군, 대구 욱수동고분군, 경
   주 안계리고분군, 영암 자라봉고분, 무안 고절리고분군 등이 알려져 있다(김건수
   2002).
3) 필자가 직접 확인한 자료가 아니므로 각 유적에 대한 보고자의 의견에 충실하였다.

표 1. 늑도유적 출토 개 뼈(동아대학교박물관 2005)

埋葬犬	출토위치	출토상황
5호 犬 (2개체분)	B區 N2W2-a	7호 인골에 근접해서 매장되어 있지만 출토 높이가 다르기 때문에 인골보다 빨리 매장되었을 가능성도 생각할 수 있다. 거의 전신골격으로 頭位를 남동쪽에 두고 허리는 강하게 굽혀 前肢는 가볍게, 後肢는 강하게 굽힌 상태이다.
6호 犬	N2W2-c-3	12호 인골의 왼쪽 어깨에서 북서쪽으로 약 30cm정도 떨어져 매장되어 있다. 매장자세는 頭位를 북쪽에 두고 오른쪽을 위로 한 상태이며 등을 강하게 굽혀 둥근 형태를 나타내며 머리를 가슴 쪽으로 굽혔다.
8호 犬	B區 N2W2-A	출토위치상으로 1호·2호 인골과의 동반 관계를 추정할 수 있다.

참고로 사천 늑도유적 패총 출토 뼈 중 99점이 보고되었는데 대부분이 사슴 뼈로 알려져 있다. 그리고 토광묘와 옹관묘에서도 동물 뼈가 확인되는데 인골과 함께 부장되는 양상을 보인다(부산대학교박물관 2004, 이지은 2016). 그 가운데 IC지구 5호 옹관묘의 경우, 9개월 정도의 유아 인골과 함께 동물 뼈, 즉 전신에 가까운 골격이 확인된 사슴을 비롯하여 참돔, 꿩, 큰곰, 멧돼지, 고라니 등이 확인되고 있다(金子浩昌·徐姈男 2004).

(2) 동물 매장위치

동물의 매장위치는 세부적으로 (1)매장주체부를 포함한 묘광내부, (2)무덤과 무덤사이 혹은 주변, (3)하나의 묘광 이외에 새로운 유구를 조성한 것-부속시설, (4)봉토, (5)호석, (6)주구 등으로 나눌 수 있다. 이러한 기준으로 우리나라 유적별 동물 부장위치를 나타내면 〈표 2〉와 같다(표 2, 장윤정 2013 수정).

---

4) 주거지에서 출토된 토기에 근거하여 하한연대를 기원전 2세기에서 기원후 1세기로 추정하고 있다(동아대학교박물관 2005).

표 2. 우리나라 유적별 동물 매장위치

지역	유적	매장위치					
		묘광 내부	유구 주변	부속시설	봉토	호석	주구
김해	예안리	34호분	3예[5]				
	대성동	1호분		88호수혈			
부산	복천동			4호분 수혈유구	69호분[6]		
울산	중산리					IA-58호	IA-51호 ● IB-2호
함안	도항리	5호분					
합천	반계제				가A호분		
고령	지산동	9예 ●[7]	44호분 1예[8]				
		73호분					
경주	황남대총				●		
	미추왕릉 C지구			제1호분			
	미추왕릉 D지구			말무덤 2기			
	황남동 106-3번지	7호묘					
	황오동100유적			1호 마갱 2호 마갱			
경산	임당동 G지구						5호묘 6호묘
	조영EII-2호	주곽, ●[9]					
	조영EII-2호	부곽●					
	조영EII-3호	부곽, ●					
	조영 EIII-2호	주곽					
	조영 EIII-2호	부곽, ●					
	조영 EIII-3호	부곽●					
	조영 EIII-4호	부곽●					

지역	유적	매장위치					
		묘광 내부	유구 주변	부속시설	봉토	호석	주구
상주	신흥리 라지구	1호분					
나주	복암리						1호분 2호분
군산	산월리	2호분 3호분					

※ ●는 容器 안에서 확인된 예를 표시하고 있다.

상기의 표를 바탕으로 하면 우리나라 동물 매장위치로 가장 높은 점유율을 나타내는 것은 묘광내부(24예)이다. 묘광내부의 경우, 피장자를 위한 공간으로 여기에서 행해진 동물 매장 역시 피장자에 대한 제의로 이해할 수 있다. 이러한 현상은 특정지역에서만 보이는 것이 아니라 우리나라 全域에 걸쳐 확인되고 있다(장윤정 2013). 또한 삼국시대보다 前段階에 해당되는 사천 늑도유적 IC지구 5호 옹관묘에서는 동물 뼈만으로 옹관 내부가 채워져 있었고 뼈에 고기가 붙어 있는 채로 넣었다면 빈틈없이 가득 넣어진 상태였다고 판단하였다. 그리고 토광묘 7호에서는 인골 척추 및 왼쪽 하지골 상부에 동물 뼈가 다량 뒤덮여 있고, 22호에서는 인골 바로 위에 동물 뼈들이 다량 얹혀 있는 등 인골과 동물 뼈가

---

5) ①1호분 주위, ②32호분, 67호분, 國 6호분 사이, ③44호분, 46호분, 50호분 사이 등에서 말뼈가 확인되었다(金子浩昌·徐姶男 1993).

6) 봉토 내에서 출토된 대호 안에서 대합과 조개가 발견되었다(김동숙 2002).

7) 닭 뼈는 봉토 내 석실 주변에 배치된 석곽 내 부장토기 속에서 검출되었고 32기의 석곽 중 6기(1호, 6호, 11호, 16호, 25호, 32호)에서 확인되었다(모기철 1979). 재보고 과정에서 석곽 9호와 22호의 서단벽 쪽에 있던 고배 안에서 생선뼈가 확인되었다. 또한 석곽 21호 석곽 동단벽에 접해 있는 고배에서 닭 뼈가 확인되었다(경북대학교박물관 2009).

8) 재보고 과정에서는 17호·18호·19호 석곽 사이에서 말 이빨이 발견되었으나 말 머리 혹은 말 전체가 매장되었는지 알 수 없다고 하였다(경북대학교박물관 2009).

9) 순장자 주변, 고배와 단경호, 삼이부호에서 확인되었다(김은영 2017).

같은 공간에서 검출되고 있는 사례가 알려져 있다(부산대학교박물관 2004).

한편, 피장자와는 별도의 새로운 유구, 즉 부속시설을 조성하여 동물매장을 위한 독립된 공간이 확보된 유례가 많이 알려진 지역은 경주이다. 또 다른 의미에서의 부속시설로 간주할 수 있는 것이 주구이다. 주구는 전자의 부속시설과 같이 오롯이 동물매장만을 위한 시설은 아니지만 피장자와 공간이 구분되고 있는 점에서는 상통한다고 할 수 있다. 주구에서 동물매장이 확인되는 지역은 울산, 임당, 나주 등이다(장윤정 2013).

4. 흉노의 동물매장 의례와 한반도와의 비교

흉노는 고대 유라시아 유목제국의 명칭이다. 기원전 2세기 초 흉노의 영토는 남쪽으로 만리장성, 북쪽으로 바이칼 호, 동쪽으로 한반도 북부, 서쪽으로는 서역지역에까지 이르렀다. 그 후 남북으로 갈라져 남흉노는 한(漢)에 복속되었고 현재의 몽골지역에서 활동하던 북흉노는 선비와 한(漢)의 도움을 받은 남흉노와의 끊임없는 전쟁으로 인해 기원후 1세기 말에 멸망하게 된다(에렉젠 2009). 흉노에 대한 고고학적 조사는 몽골 공화국의 경내와 자바이칼 남부지역이 중심을 이루고 있으며, 이들 지역에서 확인된 흉노무덤은 대략 기원전 1세기 중반에서 기원후 1세기에 집중되고 있다(강인욱 2010). 여기서는 몽골지역에 분포하는 흉노무덤을 중심으로 동물매장의례에 대해 살펴보고 한반도와의 것과 비교·검토하고자 한다.

1) 몽골지역 흉노무덤 출토 동물의 종류와 매장위치

몽골지역에서는 70여 개의 흉노무덤군에서 약 4천 기의 무덤이 발견되었다(국립중앙박물관編 2008). 유적 분포도를 살펴보면 조사된 흉노무덤은 서쪽부

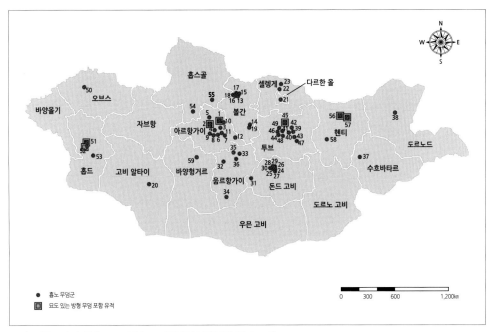

도면 6. 몽골지역 내 흉노무덤 분포도(국립중앙박물관 編 2008)

터 오브스아이막지역, 홉드아이막지역, 아르항가이아이막지
역, 욥르항가이아이막지역, 헨티아이막지역, 도르노드아이막지역, 수흐바타르
아이막지역 등 몽골지역에 폭넓게 위치하고 있다. 이 가운데 발굴조사는 약
400여기 정도가 진행되었으며 동물 뼈도 확인되고 있다. 몽골에서는 동물의 머
리와 다리 등을 무덤에 매장하는 것을 '허일거(khoilgo)'라 하며 사람이 죽은 후
다른 세계에 가서 산다는 믿음에서 유래되었다. 주로 동물의 머리 혹은 다리 등
특정부위를 순서대로 올려놓은 것으로 규정하고 있다. 또한 무덤에서 출토된
동물 뼈 중 등뼈나 골반 뼈 등의 한두 점에 대해서는 사후세계에 갈 때 먹도록
준비한 음식으로 해석하기도 한다(에렉젠 2009). 즉 동물의 뼈 부위와 출토상태
에 따라 의례용과 식용으로 구분하고 있지만 실제 발굴조사를 통해 알려진 자
료는 대부분 도굴을 당하거나 무덤 전체가 발굴되지 않아 어려움이 있다(장윤

정 2012).

　　동물자료가 공표된 유적 전체를 나열하기에는 지면상의 어려움이 있기 때문에 여기서는 우리나라 국립중앙박물관에서 발굴한 아르항가이아이막지역의 호드긴 톨고이유적, 투브아이막지역의 모린 톨고이유적, 헨티아이막지역의 도르릭 나르스유적 등을 중심으로 동물의 종류와 출토위치를 살펴보고자 한다(국립중앙박물관編 2008). 먼저 호드긴 톨고이유적은 북쪽과 동쪽은 높은 산으로 둘러싸여 있고 남쪽은 완만한 경사의 넓은 평원이 있으며 무덤은 북쪽에서 남쪽으로 분포하고 있다. 현재 1987년의 2기, 2001년의 4기 무덤에 대한 자료가 알려져 있다. 총 6기 모두에서 동물 뼈가 출토되었으며 말뼈는 1기(01-1호)에서 발견되었다. 또한 87-2호와 01-2호 등에서는 출토 토기 안에 양 뼈가 담겨져 있었다(표 3).

표 3. 호드긴 톨고이유적에서 확인된 동물의 종류와 매장위치

유적(발굴무덤 수)	유구		매장위치		비고
호드긴 톨고이 (16)	87-1호	고리형	매장주체부	소 아래턱뼈, 머리뼈가 없는 양 1개체	
	87-2호	고리형	표토	동물뼈	
			목관바깥	양뼈(토기 안)	
			묘광과 판석사이	양과 소의 아래턱뼈	
	01-1호	고리형	묘광내부(서북쪽)	동물뼈	1C
			묘광내부(서쪽)	양 갈비뼈, 말뼈	
	01-2호	말각장방형	곽과 관사이(부장공간)	양뼈(토기 안)	기원전 2C
	01-3호	말각장방형	표토	동물뼈	
			묘광내부	소 등뼈	
	01-4호	말각장방형	묘광내부	양뼈	
			묘광과 관사이 (부장공간)	양뼈	

도면 7. 호드긴 톨고이유적(국립중앙박물관編 2008)

다음의 투브아이막지역 모린 톨고이유적의 흉노무덤 발굴조사는 1975년 몽골·소련 역사문화조사단에 의해 처음 실시, 1983년에 무덤 2기가 발굴되었다. 1989년 몽골 과학아카데미연구소에 의해 4기, 2000년 한국–몽골 공동조사단이 1기, 2001년 몽골 국립역사박물관에서 2기를 각각 발굴하였다(표 4).

이 가운데 00–1호 무덤은 지표 아래 0.7m 아래에서 인골과 소 아래턱뼈, 말 엉덩이뼈 등이 발견되었다. 묘광 북쪽은 도굴에 의해 많이 교란된 상태였는데

표 4. 모린 톨고이유적에서 확인된 동물의 종류와 매장위치

유적(발굴무덤 수)	유구		매장위치		비고
모린 톨고이 (11)	89–1호	고리형	묘광내부(북쪽)	뿔 달린 양 머리뼈, 목뼈	男
	89–2호	고리형	묘광내부	동물뼈	
			묘광내부(북쪽)	소 턱뼈 갈비뼈, 다리뼈, 뿔 양뼈, 갈비뼈, 다리뼈	
	89–3호	고리형	묘광내부	새 뼈, 양 갈비뼈	女
			목관 동남부	양 복사뼈	
			목관 북쪽 밖	소 턱뼈, 다리뼈	
	89–4호	고리형	묘광내부(북쪽)	소 다리뼈, 이빨, 양뼈	女
	00–1호	방형(남) + 반월형(북)	표토	말 엉덩이뼈, 소 아래턱뼈, 야생 동물뼈	추가장 시
			묘광내부	소뼈	女
			묘광내부(북쪽)	소뼈	
			묘광 밖(남서쪽)	개뼈(1개체)	
			목관북쪽 밖(부장공간)	소 머리를 비롯한 동물뼈	
	01–1호	고리형	묘광내부(북쪽)	동물뼈	
	01–2호	고리형	석곽내부(북쪽)	소머리뼈, 동물다리뼈, 양 복사뼈	
			묘광벽 안(순장공간)	소 머리뼈, 염소와 양 머리, 갈비뼈, 다리뼈	

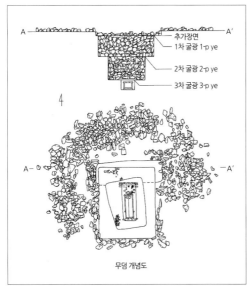

무덤 개념도

도면 8. 모린 톨고이 00-01호(국립중앙박물관 외 2001
·국립중앙박물관編 2008)

이곳에서 소형토기, 백화수피 조각, 인골, 소뼈 등이 출토되었다. 묘광 밖 남서
쪽 모서리에서 1개체의 개 뼈가 온전히 출토되었는데 이는 무덤 주인을 위해
순장된 것으로 추정하고 있다. 01-2호의 경우, 석곽 북단벽에 세운 판석의 묘
광벽을 안으로 오목하게 파서 만든 공간에서 소 머리뼈, 2개의 염소, 2개의 양
머리와 갈비뼈, 다리뼈 등이 발견되었다.

마지막은 헨티아이막지역의 도르릭 나르스유적이다. 이 유적은 2006년부터
한국-몽골 공동조사단에 의해 조사가 이루어졌으며 현재 동물 뼈가 알려진 무
덤은 2호, 3호, 4호 등이다(표 5).

표 5. 도르릭 나르스유적에서 확인된 동물의 종류와 매장위치[10]

유적(발굴무덤 수)	유구	매장위치		비고
도르릭 나르스 (3)	2호	고리형	묘광 내(3번째테 라스) 북쪽	말과 양, 염소 등 20마리이상의 머리뼈, 다리뼈	男
			목관과 목곽사이	양뼈, 말뼈, 말뼈(토기 안)	男
			목곽 내부	말뼈, 소뼈	
	3호	방형	목곽 상부	양뼈, 소뼈, 사슴뼈	男
			목곽 내 부장공간	양뼈	
	4호	방형	목곽 내 부장공간	소뼈, 사슴뼈, 소뼈(동복 안)	女

 이 유적의 경우, 각 유구에서 출토된 동물의 종류 및 수량, 매장방식의 차이
를 피장자의 신분 및 성별의 차이로 해석하고 있다(이준정 외 2011). 예를 들면
말은 당시 수장급 무덤이라고 할 수 있는 2호 무덤에서만 출토되고 양(羊)이 확
인된 3호 무덤과 동일한 방형무덤으로 규모면에서 큰 4호 무덤에서는 보이지
않는 현상을 피장자의 사회적 위치 또는 성별의 차이로 의미를 부여하고 있다.

도면 9. 도로릭 나르스 2호묘(국립중앙박물관 외 2011)

10) 유적에서 출토된 동물 뼈의 종류는 최신 연구성과(이준정 외 2011)를 바탕으로 하였다.

도면 10. 도르릭 나르스 3호묘(국립중앙박물관 외 2011)

　　상기의 세 유적을 포함한 몽골지역 내 흉노무덤에서 출토된 동물의 종류를
살펴보면 다음과 같다(표 6, 장윤정 2012).

표 6. 몽골지역 내 흉노무덤 출토 동물의 종류

아이막지역	양	염소	말	소	토끼	새	개	낙타	곰	미확인
오브스	●	●	●							
홉드	●	●	●	●				●		
고비알타이	●	●		●						
홉스골	●	●								
아르항가이	●		●	●	●					●
볼간	●	●	●	●			●			●
욉르항가이	●	●	●	●		●	●			●
다르한올		●	●	●						●

아이막지역	양	염소	말	소	토끼	새	개	낙타	곰	미확인
투브	●	●	●	●		●	●	●		●
돈드고비	●		●							
헨티	●	●	●	●					●	●
수흐바타르	●		●							

　　아르항가이아이막지역의 호드긴 톨고이유적, 투브아이막지역의 모린 톨고이유적, 헨티아이막지역의 도르릭 나르스유적 등을 비롯한 몽골지역 흉노무덤에서는 양, 염소, 말, 소 등의 동물들이 집중적으로 확인되며 그 외에 새, 개, 토끼, 낙타, 곰 등이 출토되고 있음을 알 수 있다. 생태학적으로 소와 말은 풀을 뜯을 때 줄기의 윗부분을 먹고 羊은 뿌리만 남기고 먹는 특성을 고려하면 소나 말이 먼저 풀을 뜯고 양들을 먹이면 목장을 효율적으로 이용할 수 있다(曹建恩. 2012). 이러한 목축경제와 무덤 매장에 동원된 동물의 종류는 상호 관련성을 배제할 수는 없을 것이다(에렉젠 2009).

　　한편, 매장위치는 무덤 대부분이 도굴 등에 의해 교란되어 원위치를 확정하기 어려우나 발굴 조사 당시 출토상태를 참고하면 묘광내부→ 매장주체부, 부장공간[11]→ 容器 안→ 묘광 벽 안, 지표면 적석 혹은 표토 순으로 정리할 수 있다. 이 가운데 容器 안에서 출토된 동물, 예를 들면 호드긴 톨고이유적에서의 양 뼈, 도르릭 나르스유적에서의 말뼈, 소 뼈 등은 동물 뼈가 토기나 동복 안에서 확인되고 있어 음식물적인 성격으로 규정할 수도 있지만 제의에 사용된 동물이라는 것이 보다 명확할 것이다. 또한 출토된 동물의 식용 가능성도 같이 배

---

11) 주로 피장자의 머리 위에 위치하며 목관 밖, 목관과 목곽 사이, 혹은 묘광 내에서 피장자의 주변이 아닌 토기와 동물을 일괄적으로 부장하는 공간을 의미한다. 묘광 벽 안으로 뚫어 만든 공간을 부장공간 혹은 순장공간이라는 표현을 하는데 여기서는 구분해서 용어를 사용하고 있다.

제할 수는 없을 것이다(장윤정 2012).

2) 흉노의 동물매장 의례와 한반도와의 비교

이제까지 우리나라와 몽골지역의 흉노무덤을 중심으로 동물의 매장양상을 살펴보았다. 먼저 매장된 동물 중 점유율이 가장 높은 것으로 우리나라의 경우 말(馬)이고 몽골지역 내 분포하는 흉노무덤에서는 양(羊), 염소, 소(牛), 말(馬) 등이 2개~4개의 조합을 이루면서 거의 비슷한 비율을 차지하고 있다. 물론 개체 수에 있어서는 양(羊)이 단독적으로 많다(장윤정 2013).

동물의 종류 중 개(犬)에 대해서 잠깐 살펴보면 우리나라의 경우, 초기 철기시대의 무덤인 늑도유적에서 집중적으로, 그리고 삼국시대 무덤의 부속시설인 주구에서 개 뼈가 확인되고 있다. 몽골지역 흉노무덤에서는 투브아이막지역의 모린 톨고이유적을 비롯하여 바룬 하이라한 90-6호, 볼간아이막지역의 보르한 톨고이 제46호, 제50호, 제60호, 제69호, 부리야트 일밍암 제58호, 데르스트 제36호 등이 알려져 있다(윤형원 2003). 이와 함께 옵르항가이아이막지역의 텝씨올 72-7호, 77-4호 등에서도 개 뼈가 출토되었다(국립중앙박물관 編 2008).

중국 기록에 '오환 사람들이 개가 피장자를 하늘세계로 인도한다고 믿어 개를 붉은색 끈으로 매어 데려와 피장자와 함께 매장한다는 내용을 바탕으로 무덤에 순장한 개를 '피장자의 영혼을 인도해 주는 동물로 해석하기도 한다(에렉젠 2009). 이러한 개의 역할은 우리나라에서는 말(馬)과 겹치고 있다. 극히 제한된 자료이지만 우리나라 원삼국시대 무덤에서 확인되는 마형대구, 거마구를 비롯한 마구 등은 당시 기존에 가지고 있던 개의 이미지에서 말에 대한 의식적 변화의 일면을 보여주고 있는 것으로 추정할 수 있다. 이것은 삼국의 건국신화에 말이 등장하고 있는 것과도 결부시킬 수도 있다(장윤정 2013).

동물의 매장위치는 우리나라의 경우 묘광내부가 가장 많고 부속시설, 주구, 유구시설, 봉토와 호석 등의 순이다. 몽골지역의 무덤 대부분이 도굴 등에 의해 교란되어 원위치를 확정하기 어려우나 발굴 조사 당시 출토상태를 참고하면 묘광내부→ 매장주체부, 부장공간→ 容器 안→ 묘광 벽 안, 지표면 적석 혹은 표토 순으로 정리할 수 있다(장윤정 2013).

한편, 출토동물에 있어서 매장비율에 주목하면 몽골지역과 같이 유목경제가 중심인 사회에서는 양(羊), 소(牛), 말(馬) 등의 개체 수는 당시 피장자가 살아생전에 보유(사육)하고 있던 가축의 수에 비례하는 것으로 추정되기도 한다. 이러한 동물의 종류는 각 지역의 지리적 특성을 반영하는 것과 함께 각 동물이 수행할 수 있는 능력에도 관계가 있을 것으로 생각된다(장윤정 2013). 기존의 연구에서는 묘제 형식에 따라 동물의 부장량에 차이가 있는 것에 주목하여 재산과 사회적 지위와 결부시키고 있는 경우도 있다(에렉젠 2009). 귀족계층의 무덤으로 인식되고 있는 묘도가 있는 방형무덤에서 주로 10개체분 정도의 동물 뼈가 확인되는 것을 상기와 같이 해석할 수도 있으나 무덤을 조성할 때 동원된 인력과의 관계도 무시할 수 없을 것이다. 규모가 작은 토광묘나 석관묘를 만들 때보다 대형의 묘도가 있는 방형무덤을 조성할 때보다 많은 인력이 필요할 것이며 그들에게 제공되어야 할 음식량도 상대적으로 많아질 것이다. 이것은 규모가 큰 무덤의 묘광 내에서 몇 차례(다단계)에 걸쳐 동물뼈가 확인되고 있는 것과 무관하지 않을 것이다. 물론 선학들이 지적하고 있듯이 상징적인 의미에서 동물의 머리뼈나 다리뼈가 주로 매장되고 있는 것도 관계가 있을 것이다(장윤정 2013).

그렇다면 유목사회의 이러한 현상이 우리나라에도 그대로 반영될 수 있을까. 흥미로운 것은 우리나라에서 부장된 동물은 말(馬)→ 닭→ 소, 개·오리 등의 순으로 출토빈도가 높다. 이 사실에만 근거하여 닭이나 소보다 말의 사육양이 많았다고 해석할 수 있을지 의문이다(장윤정 2013). 물론 문헌에 기록된 말은 전쟁에서의 기병이나 전쟁의 승패에 따른 조공으로 사용되는 경우가 대부분으로 사육양도 많았을 것이다. 예를 들면 위만조선이 한 무제와 전쟁을 할 때

우거가 말 5천 필과 군량미를 내어줌으로써 화친을 맺으려 했다(김정숙 2002)는 기사에서 말 사육 정도와 재산적 의미도 파악할 수 있다. 이와 같이 동물의 매장양상을 피장자의 재산 혹은 사회적 지위와 결부시키는 것에 대해 우리나라에서는 삼국시대 무덤에서 출토되는 馬具에 적용시킬 수 있을 것이다. 특히 신라 경주지역 적석목곽분이라는 묘제는 목곽의 사용, 적석으로 피복이라는 공통점을 띄고 있지만[12] 그 크기와 부장품의 질과 양에서는 차이가 두드러진다. 그 가운데 말과 관련지을 수 있는 것이 마구인데 적석목곽분에서는 다양한 재질의 마구가 다량으로 확인되고 있어 마구의 재질과 부장양으로 당시 피장자의 사회적 지위가 최고지배자임을 증명하는데 활용되기도 한다. 그리고 의례적인 의미로 사용되는 마구도[13] 확인되기도 한다(장윤정 2013). 그 외 말(馬)은 신화에서 제왕의 출현을 알릴 때 등장하고 있어 신성성을 가지고 있으며 천마총의 말다래, 말모양토기, 말모양 토우 등에서 피장자의 영혼을 싣고 승천한다는 신앙적 상징물로 제작, 매장되었다는 의견도 있다(영남대학교박물관 2002).

5. 맺음말

이제까지 우리나라 삼국시대 사회상을 복원하는 데 있어서 매우 중요한 위치를 점하고 있는 북방문화 혹은 유목문화 중 한 요소로 규정할 수 있는 동물매장 의례에 주목하였다. 먼저 동물뼈가 확인되는 우리나라 남부지방 삼국시대 무덤유적과 몽골지역에 분포하는 흉노무덤을 중심으로 살펴보았다. 여기서 소개한 동물매장 의례에 관한 자료는 방대한 양의 일각에 지나지 않을 것이며 그

---

12) 여러 가지 요소 중 묘제의 용어에 사용된 부분만 언급하고 있다.
13) 황남대총 남분의 경우, 봉토 내에서 마구의 일부가 출토되었다.

리고 이미 공개된 자료도 충분히 활용하지 않았을 수도 있다. 하지만 동물매장이라는 점에서 우리나라와 몽골지역에서 활약한 흉노는 매우 유사한 면을 지니고 있지만 활동 시기와 지역, 공간적 공백에 따른 차이가 크며 당시 사회의 생업경제 및 동물 각각에 대한 의미부여도 다를 수 있다는 것을 확인하였다.

우리나라를 포함한 동아시아 사회에는 동물매장 의례를 비롯한 북방문화 혹은 유목문화가 많이 존재하고 있다. 특히 우리나라 삼국시대 문화는 부여, 선비, 삼연 등과 많은 관련성이 부여되고 있는데 북방의 어느 지역과 어느 시기에 어떠한 형태가 유입되었고 그것이 언제, 어떠한 형태로 재지화 되었는지에 대해서는 구체적인 사례를 바탕으로 검토해야 하기 때문에 앞으로의 과제로 남겨두고자 한다.

강인욱, 「흉노와 동아시아 -흉노학의 정립을 위한 토대구축을 겸하여-」, 『동아
　　시아 고대문화 속의 흉노』 부경대학교·중앙아시아학회 2010년 국제학술
　　대회, 사단법인 중앙아시아학회·부경대학교 인문사회과학연구소, 2010.

金子浩昌·徐姈男, 「禮安里古墳群의 動物遺體」, 『金海禮安里古墳群Ⅱ』, 부산대
　　학교 박물관, 1993.

金子浩昌·徐姈男, 「늑도 IC지구 동물유체」, 『늑도 패총과 분묘군』, 부산대학교
　　박물관, 2004.

김건수, 「우리나라 고대(古代)의 말(馬)」, 『고대의 말 -神性과 實用-』, 영남대학
　　교 박물관, 2002.

김낙중, 「榮山江流域 古墳 出土 馬具 연구」, 『한국상고사학보』 제69호, 한국상
　　고사학회, 2010.

金東淑, 「新羅·伽耶 墳墓의 祭儀遺構와 遺物에 관한 硏究」, 『嶺南考古學報』 30,
　　영남고고학회, 2002.

김정숙, 「문헌 속에 나타난 한국 고대인의 삶과 말(馬)」, 『고대의 말 -神性과 實
　　用-』, 영남대학교 박물관, 2002.

모기철, 「池山洞 44號古墳 出土 動物遺骸에 對한 考察」, 『大伽耶古墳發掘調査報
　　告書』, 고령군, 1979.

에렉젠(Gelegdorj EREGZEN), 『몽골 흉노 무덤 연구』, 서울대학교 대학원 박
　　사학위논문, 2009.

유병일, 「新羅·伽耶의 墳墓에서 출토한 馬骨의 意味」, 『科技考古研究』 제8호,
　　아주대학교박물관, 2002.

윤형원, 「모린 톨고이 흉노 무덤의 성격」, 『제1회 한-몽 학술심포지엄』, 국립중
　　앙박물관, 2003.

이상헌, 『洛東江下流域의 加耶墓制에 관한 연구』, 동의대학교 대학원 석사학위
논문, 1993.

이재현, 『嶺南地域 木槨墓에 대한 연구』, 부산대학교 대학원 석사학위논문, 1994.

이준정·고은별, 「몽골 도르릭 나르스 흉노 무덤 출토 동물유존체」, 『몽골 도르
릭 나르스 흉노무덤(1)』, 국립중앙박물관 외, 2011.

이지은, 「늑도에서 보이는 동물뼈를 이용한 의례양상에 대한 시론」, 『특별전〈국
제무역항 늑도와 하루노쓰지〉연계 학술심포지엄 −늑도와 하루노쓰지를
통해 본 동아시아 교류의 양상』, 국립진주박물관, 2016.

장윤정, 「동물 부장양상을 통해 본 북흉노의 매장습속 −몽골지역을 중심으로」,
『문물연구』 제22호, 동아시아문물연구학술재단, 2012.

장윤정, 「古代 동북아시아 동물 매장행위에 관한 연구 −우리나라와 중국 내몽
고지역을 중심으로」, 『석당논총』 제56집, 동아대학교 석당학술원, 2013.

曹建恩, 『中國 內蒙古 中南部地域 商周時代 考古學 文化 研究』, 전남대학교 대
학원 박사학위논문, 2012.

경북대학교박물관, 『高靈 池山洞44號墳 −大伽耶王陵−』, 2009.

경산시립박물관, 『압독국의 왕'干', 영원불멸을 꿈꾸다』, 2011.

慶星大學校 박물관, 『金海大成洞古墳群Ⅰ』, 2000.

국립중앙박물관, 『황금의 나라 신라의 왕릉 황남대총』, 2010.

국립중앙박물관, 『몽골 도르닉 나르스 흉노무덤(1)』, 2011.

국립중앙박물관 외, 『몽골 모린 톨고이 흉노무덤』, 2001.

국립중앙박물관編, 『몽골 흉노 무덤 자료집성』, 2008.

국립창원문화재연구소, 『咸安道項里古墳群Ⅱ』 학술조사보고 제7집, 1999.

국립창원문화재연구소, 『咸安道項里古墳群Ⅲ』 학술조사보고 제8집, 2000.

군산대학교박물관·군산시·문화재청, 『군산 산월리 유적』, 2004.

김정완 외, 『陜川 磻溪堤古墳群』, 국립진주박물관, 1987.

김택규·이은창, 『황남동고분발굴조사보고』, 영남대학교 박물관, 1975.

대성동고분박물관, 『金海 大成洞古墳群 −85호분∼91호분−』, 2015.

동국대학교 경주캠퍼스 박물관, 『慶州 皇吾洞100遺蹟 Ⅰ』, 2008.

동아대학교 박물관, 『사천 늑도 CI』, 2005.

嶺南大學校 박물관, 『時至의 文化遺蹟 Ⅲ』學術調査報告 제28책, 1999.

嶺南大學校 박물관, 『時至의 文化遺蹟 Ⅵ』학술조사보고 제31책, 1999.

嶺南大學校 박물관, 『慶山 林堂地域 古墳群Ⅵ』, 2002.

영남대학교 박물관, 『고대의 말 −神性과 實用−』, 2002.

영남대학교박물관, 『慶山 林堂地域 古墳群Ⅹ 造永EⅢ−3號墳』, 2013.

영남문화재연구원, 『慶山林堂洞遺蹟Ⅱ −G地區 5·6號墳−』, 2001.

영남문화재연구원, 『慶山林堂洞遺蹟Ⅲ −G地區 墳墓−』, 2001.

釜山大學校 박물관, 『東萊福泉洞古墳群Ⅰ』, 1983.

釜山大學校 박물관, 『金海禮安里古墳群Ⅱ』, 1993.

釜山大學校 박물관, 『勒島 貝塚과 墳墓群』, 2004.

張正男, 『慶州 皇南洞 106−3番地 古墳群 發掘調査報告書』學術研究叢書12, 국
　　　립경주문화재연구소, 1995.

전남대학교박물관·나주시, 『伏岩里古墳群』, 1999.

(재)대동문화재연구원, 『高靈 池山洞 第73∼75號墳』, 2012.

한국문화재보호재단, 『慶山 林堂古墳群(Ⅲ)』학술조사보고 제5책, 1998.

한국문화재보호재단, 『尙州 新興里古墳群(Ⅳ)』, 1998.

2부 환동해 문화권과 연해주

고고학으로 본 환동해문화권의 제사유적

환동해문화권 선사시대 토우와 생활의례

유적과 유물로 본 말갈·발해의 종교와 제사

발해와 신라로 전래된 기독교

고고학으로 본 환동해문화권의 제사유적

강인욱 | 경희대학교

1. 서론

　기존의 한국고고학은 남해안을 사이에 둔 일본지역으로의 신석기시대 빗살
문토기및 청동기시대 농경의 유입, 청동기 및 철기시대 戰國 燕의 팽창에 따른
철기문화의 이입 등 각 시대별로 주요 문화 동인을 한국과 일본, 그리고 중국-
한국이라는 두 축에서 문화의 교류상을 논의해왔다. 하지만 1990년대 이후 주
변지역의 고고학적 연구에 대한 이해가 심화되고, 한국에서도 유적과 유물이
기하급수적으로 증가하면서 남한의 여러 고고학적 문화가 한반도 서북한 지역
과의 교류만으로 성립되지 않았음을 보여주는 자료가 속출하고 있다. 강원도
및 경남 서부 해안을 중심으로 확인되는 청동기시대의 여러 유적들은 이 지역

에 독자적인 문화의 요소가 매우 많으며 그들의 대부분은 한반도 동북한 지역을 따라 비슷한 예를 찾을 수 있음이 확인되고 있다.

2. 환동해선사문화권의 설정

1960년대 이래로 한국에서 고대문화의 형성 및 발전을 설명하는 유일한 틀은 한-중 관계와 한-일 관계에 있었다. 두 교류 관계의 틀은 기본적으로 [중국→한국], [한국→일본]으로의 일방적인 문화전파를 상정할 뿐이지 문화의 상호교류를 통한 문화의 발전이라는 점에 대해서는 대체로 도외시된 경향이 강하다. 그러나 주지하다시피 한국의 선사문화를 논할 때에 빼놓을 수 없는 하나의 축인 동북한-연해주와의 관계에 대해서는 거의 관심을 기울이지 않았다. 물론, 동해안을 따라서 통일신라의 북진이외에는 별다른 역사기록에 남아있는 정치세력이 없다는 이유도 있지만, 연해주에서 북한에 이르는 지역에 대한 연구에 대해 무지했다는 이유도 무시할 수 없다. 기실, 함경도~연해주 지역은 1970년대 이전까지 북한과 연해주의 학자들이 집중적으로 조사한 선사고고학의 중심지였다. 나아가서 일제강점기 때에도 함경북도-연해주 지역은 한반도의 선사고고학을 대표하는 지역이었다(강인욱 2009a).

동북한지역의 고고학 연구는 주로 두만강 유역을 따라 함경북도의 중-소 국경지역을 중심으로 이루어졌다. 기후상 寒帶와 溫帶의 접경이며 두만강하구에는 넓은 하안대지가 발달한 탓에 선사시대부터 잡곡농경과 채집-사냥경제가 공존하는 지역이다. 또한 지리적으로는 동쪽으로 동해에 접하며 서쪽으로 험준한 장백산맥이 만주지역과 경계를 이룬다. 해류로 보면 북쪽으로는 연해주의 시호테-알린산맥지역이 자연적인 경계를 이룬다. 한편 동해를 끼고 적도 근방에서 올라오는 쿠로시오 난류의 지류인 쓰시마 난류와 베링해협에서 리만한류의 지류인 북한한류가 교차한다. 또한 해안선이 덜 발달되었고 수심이 깊어서 남해 및 동해와는 서로 상이한 어족자원 및 해양경제를 발달시켰다. 한반도 선사시대에 발달한 패총의 경우 동해안은 남해안 방면으로는 울산지역까지이며 동북한 지역에서는 함경북도 일대까지만 분포한다. 또한 다른 지역과 달리 연어와 같은 회유성 어류에 대한 어로생활이 매우 발달했다.

한편, 육상의 지리적 환경도 환동해지역의 특성이 보인다. 아무르강 하류에서 연해주에 이르는 지역의 시호테-알린 산맥, 장백산맥 및 낭림산맥과 태백산맥으로 이르는 험준한 산악지형이 고도로 발달했다. 해안선에 가깝게 산악지형이 발달하고 상대적으로 평야지대가 발달되지 않은 탓에 집약적 농경이 발달하는 데에는 한계가 있었다. 극동 원주민 네기달족이나 함경북도의 화전민과 같이 화전농업 및 동계 모피사냥에 의거한 수렵집단이 고도로 발달할 수 있었던 조건을 이루었다. 또한 험준한 자연적인 경계로 서해안, 만주지역의 문화와는 교류가 불편했다. 한반도 서해안 지역은 지속적으로 중국 및 만주지역과 교류를 한 것과는 대비가 된다. 이와같이 한반도 및 만주와는 상이한 지리조건에 근거한 생계경제와 고립적인 환경으로 환동해 지역은 만주·한반도와는 다른 선사시대문화의 형성이 이루어져 왔다. *渤海, 金, 遼* 등의 중세시대를 걸쳐 최근에 이르기까지 주변지역과는 구별되는 문화권을 공유했다.

환동해문화권은 구석기~신석기의 전환기에서 초기 철기시대를 포괄하여 동해를 중심으로 아무르유역~연해주~한반도 동해안지역을 아우른다. 세석인과 원시고토기라고 하는 특징을 가진 전환기 이전의 구석기시대에는 환동해만으로 묶을만한 석기공작은 아직 발견된 바가 없다. 또한 철기시대 이후에 말갈~발해가 등장하는 서기 3~7세기가 되면서 국가단계로 진입하면서 서로 다른 양상으로 문화가 전개된다. 즉, 연해주지역은 고구려와 재지계인 말갈계문화가 확인되는 반면에 한반도 동해안지역은 신라의 영역안에 편입되는 등 문화권으로 묶이지 않는다. 물론, 국가 간의 교류는 충분히 예상되나 이는 문화권의 설정과는 다소 다른 맥락이다.

　이러한 환동해 문화권은 크게 5단계로 그 시기가 세분된다. I 단계는 빙하기 말기에서 신석기시대의 성립단계에 이르는 기원전 10,000~3,500년이다. II단계는 빗살문토기와 즐문돌대문[1]의 확산기로 기원전 3,500~1,500년 사이이다. III 단계는 청동기문화의 확산에서 철기시대로 이어지는 시기로 돌대문토기에 기반한 무문토기가 널리 확산된다. 기원전 15~4세기 단계이다. IV단계는 옥저 세력이 연해주 일대에서 세형동검에 기반하여 널리 확산되는 시기이다. 또한, 읍루, 동예 등 사서에 기재되는 세력들이 등장한다. 기원전 4~서기 3세기 단계이다. V단계는 말갈–발해의 시기로 서기 5~9세기에 해당한다. 각 단계마다 상이한 생계경제, 사회구조, 그리고 지역간 교류에서 다소 차이가 있다. 그리고 그에 따라 다양한 종교적 예술품들이 출토되어서 이 지역 사람들의 제사를 엿볼 수 있다. 물론, 환동해선사문화권은 구체적인 교류의 정도에 따라 시기별로 그 범위가 다소 달라지기 때문에 위의 편년안은 다소 자의적이다. 하지만 분명한 점은, 환동해지역은 다음과 같은 몇가지 요인으로 지형, 기후적으로 주변지역과 구분되는 독특한 권역을 이루었다.

　첫 번째로 시호테–알린산맥에서 백두대간으로 이어지는 산맥으로 서쪽지역과 자연적 경계를 이루며 동쪽으로는 동해에 접경하는 지리적 특성을 들 수 있다. 연해주 북부에서 시작하는 시호테알린 산맥은 남쪽으로 러–중 국경을 따라서 이어지며 나아가서 낭림산맥과 태백산맥으로 이어지는 백두대간을 형성한다. 이 가파른 산악지대의 동쪽에는 짧고 수량이 비교적 적은 하천이 흐르며 사람이 살 수 있는 지역은 극히 한정되었다. 따라서 농경보다는 사냥·채집이 발달할 수 밖에 없었고, 사회의 복합화에도 제약이 있었을 것으로 추정된다.

---

1) 청동기시대의 돌대문과 달리, 신석기시대에 빗살문토기 구연부에 돌대문이 부착된 토기를 말한다.

환동해문화권은 고도를 달리해서 寒帶~溫帶에 걸쳐서 상정된다. 이는 이와 같은 주변지역에서 상대적으로 고립된 지리적 요인과 함께 수직적인 주민집단의 이동이 이루어졌기 때문이다.

두 번째로 지리적인 특성으로 원거리의 문화적 교류 또는 주민의 이주가 가능했다. 동해안의 해안은 극히 일부지역(연해주 표트르 대제만 일대, 두만강하류, 원산만 일대, 울산일대)에서만 해안선이 발달해서 패총과 같은 해양문화가 발달했을 뿐, 나머지 지역은 수심이 깊고 해안선이 발달하지 않아서 패총과 같은 문화가 발달할 수 없었다. 이는 역설적으로 기후의 변화나 인구의 증감에 따른 주민의 이동이 불가피할 경우 그 이동은 점진적이 아니라 거점중심으로 이루어졌을 가능성이 크다.

세 번째로 중국이나 유라시아 초원문화와 같은 주변지역으로의 파급력이 큰 문화와는 상대적으로 멀리 있어서 자신들의 생계를 지속적으로 유지할 수 있었기 때문이다. 松嫩평원, 호룬뻬 평원에서 시작해서 동쪽으로는 퉁구스-만어계통의 민족이 사슴목축과 수렵·채집을 주요 생계경제로 해서 삶을 영위했다. 이들은 역사기록에 확인되는 고구려에 복속된 흑수말갈 또는 더 이전의 읍루·숙신의 후손으로 생각되는데, 최근의 민족들 문화가 과거의 그것과 크게 다르지 않다. 이 점은 바로 이 지역의 생계경제가 상대적으로 안정적이었다는 점을 반증한다.

3. 시기별 환동해 제사 관련 유물과 유적의 제양상

위에서 살펴본 환동해문화권은 비단 생계경제와 물질문화에만 한정되지는 않았을 것이며, 그들만의 독특한 정신체계는 곧 제사와 관련된 유적과 유물로 이어졌다.

1) 신석기시대 : 집 안의 조상신 또는 동아시아 비너스 (도면 1·2)

선사시대 한반도에는 중국이나 일본과 비교했을 때에 유독 인물상과 같은 예술품이 적은 편이다. 초기 철기시대의 잔무늬거울이나 청동기 유물에는 사실적인 그림보다는 태양이나 빛을 표현한 기하학 무늬가 주류를 이루었고, 신석기시대에도 빗살문을 사용했다. 마치 아랍사람들이 신의 모습을 구체적으로 표현하기 보다는 아라베스크라는 독특한 추상적인 문양을 사용한 것처럼 우리 선조들도 구체적인 표현보다는 추상적인 무늬를 선호했었던 것 같다. 신석기시대의 예술세계를 구체적으로 알 수 있는 토제인형은 울산 세죽이나 함경북도 서포항 등에서 발견된 적도 있고, 환동해 지역 간의 유사성에 대해서는 이미 지적된 바가 있다(김재윤 2008). 그리고 추상적인 이미지 뿐 아니라 신석기시대의 여신의 이미지가 극동 지역에서는 아무르 강 유역서 발견된 바가 있다. 러시아의 고고학자인 오클라드니코프는 1960년대에 아무르 강 중류의 콘돈 지역에서 신석기시대 유적을 발굴했다. 이 유적에서는 '아무르망상문'이라고 하는 마치 물고기그물 같은 문양을 동체에 새긴 토기를 비롯해서 다양한 유물이 출토되었다. 그중 단연 주목을 끄는 것은 크기가 15㎝ 정도밖에 안되는 작은 여신상이었다. 진흙을 빚어서 여성의 상반부를 표현했다. 소박한 듯하면서 전체 몸의 특징이 함축적으로 잘 표현되어 있다. 얼굴은 넓적하니 큰 편이고 턱은 작게 오므려서 마무리되었다. 눈은 마치 웃고 있는 듯 서글서글하다. 자그마한 턱 때문인지 광대뼈는 볼록하니 튀어나왔고 코도 나지막

도면 l. 아무르강 유역 콘돈 유적 출토 여신상

하게 표현되었다. 옆으로 쭉 찢어
진 눈매, 낮은 코, 그리고 넓은 이
마에 광대뼈까지 누가 봐도 전형적
인 북방계 몽골 인종이다. 널찍한
이마는 뒤로 경사지게 깎여 마치
모자를 쓴 채 목을 길게 내민 모습
같기도 하고 이마를 납작하게 누른
편두같기도 하다. 이 유물은 기원
전 4000~5000년 전에 발견된 것이
니 극동에서 발견된 가장 오래된
여신상이다(Okladnikov, A. P.
1981).

콘돈 출토 여신상 이외에 극동
지역의 신석기시대에는 여러 조각

도면 2. 보즈네세보문화 출토 인면문 토기

상이 발견되었는데 모두 작고 찢어진 눈에 넓적한 얼굴이 공통점이다. 아마 당
시 사람들이 가장 이상적으로 생각했던 미인형이었을 것이다. 더욱이 놀라운
것은 이런 특징이 지금까지도 동북아시아 전역의 몽골 인종들에게서 공통적으
로 보인다는 점이다. 극동 원주민인 나나이나 울치 족의 여인들에게서 흔히 볼
수 있으며 몽골에서도 보인다(강인욱 2009).

극동의 신석기시대에는 다소 해학적인 모습의 인물들이 새겨진 토기도 발견
된 바 있다. 기원전 3000~2000년경에 아무르 지역에 분포한 후기 신석기시대
인 보즈네세보 문화에서 볼 수 있는 비슷한 형태의 토우가 극동 지역의 곳곳에
서 발견되었다. 물방울 같이 커다란 눈망울에 하트형 이마, 그리고 기다란 목
이 표현되었다. 얼핏 보면 SF영화에 나오는 우주인 같다. 게다가 손은 마치 개
구리 같은 양서류의 물갈퀴를 닮았다. 아마 보즈네세보 문화 토기의 '우주인'은

실제 사람을 표현한 것이라기보다는 개구리나 여러 동물의 특징을 한데 나타낸 일종의 수호신이나 정령같은 것이다.

콘돈 문화에서 발견된 비너스상과 같이 토기에 새겨진 기하학적인 무늬와 얼굴 모습 모두 최근까지 러시아 극동 지역에 거주하는 나나이 족의 전통적인 문양이나 얼굴 형태와 유사하다. 수천 년을 극동지역에서 살아왔던 우리 이웃들의 모습인 것이다. 요즘 같으면 콤플렉스깨나 느낄법한 그 얼굴이야말로 동북아시아의 각지에서 삶을 영위하던 우리들 선조의 모습이다.

이 지역의 또다른 대표적인 인면상으로는 일제 강점기시절에 발굴된 소영자 출토 비녀가 있다. 이 유물은 말각된 방형의 얼굴에 좁고 옆으로 넓게 만들어진 눈, 넓은 코, 지그시 다문 입 등이 그 특징이다. 다음으로 울주 반구대의 암각화에 보이는 역삼각형의 인물상 역시 비슷한 특징을 보인다. 전반적인 얼굴의 윤곽과 비율, 코와 입의 표현등에서 유사성이 보인다. 뼈와 돌이라는 재질의 특성에 따른 차이에도 불구하고 유사성은 매우 크다. 이외에도 소위 '아무르의 비너스'라고 불리는 아무르강 하류 콘돈유적의 여인상을 비롯하여 신석기시대에 토우들이 다수 출토된 바 있다. 대체로 눈이 작고 광대뼈가 도드라지며 코가 낮게 표현되는 공통점이 보인다. 이와같은 환동해지역의 인면상에 보이는 일반적인 특징은 일찍이 오클라드니코프에 의해 지적된 바, 현재 이 지역의 소수민족인 나나이족의 예술품 및 형질적인 특성과 유사하다. 이렇게 수천 년간을 잇는 이 지역의 특징은 요동~송화강 일대의 인면상과 유사한 바도 있지만, 비교적 차이가 심하다. 아마 이러한 특징은 민족학 및 역사언어학에서 분류하던 퉁구스(예맥)과 고아시아계통의 차이로 연관지어볼 수 있다.

2) 신석기에서 현재까지 남아있는 곰 숭배(도면 3)

동북 아시아에서 곰은 영물로 숭배돼왔다. 우리나라 단군신화에도 곰이 주요 인물로 등장하는 것을 보아도 알 수 있다. 그런데 곰은 한국을 비롯한 동아

도면 3. 아무르강 수추섬 출토 곰들

시아의 토착민들이 공통적으로 숭배하는 대상이기도 하다. 연해주의 예벤키, 오로치, 오로첸, 나나이, 니브흐(길략) 등 우리 이웃이 되는 모든 민족들은 공통적으로 곰을 자신들의 조상이라고 간주하고 다양한 곰 축제로 그 신앙을 이어왔다. 곰 축제 중에서 가장 상세한 기록은 혁명의 소용돌이에 휩싸였던 1926~1928년, 사할린으로 파견돼 니브흐 족과 같이 살면서 그들을 조사한 민속학자 E.A. 크레이노비치에 의해 남겨졌다. 니브흐 족은 고아시아족 계통으로 일본의 아이누 족과 이웃해 주로 사할린 지역에 거주했다. 그의 조사에 따르면 니브흐족의 경우 숲에서 어린 곰을 잡아서 조상 모시듯 정성껏 봉양한다. 그리고 한겨울인 2월 약 10일간에 걸쳐 모든 마을주민이 모여서 제사를 지내고 곰을 죽인 후에 부위별로 고기를 분배해서 먹었다. 크레이노비치의 조사는 약 35년 뒤인 1973년 '니브흐 인'이라는 책으로 출판되었다.

곰 축제 의식을 통해 다양한 곰에 관한 이야기가 구전되는데, 여기서 곰은 조상인 동시에 여성 이미지로 등장한다. S.V. 베레즈네츠키의 책 '오로치족의 신화와 신앙'은 다양한 곰 이야기를 전한다. 오로치 족의 곰 신화에는 곰 축제의 기원을 다음과 같이 이야기한다. '누이와 결혼한 오빠는 나중에 누이가 곰으로부터 쌍둥이를 낳았음을 알고, 그 곰을 죽였고 누이와 아이들은 스스로 곰이 되어 숲속으로 사라졌다. 시간이 흐른 후 오빠는 사냥을 나가서 곰을 죽여 고기를 잘라내는 순간 유방을 보고 자신의 누이임을 알았다. 죽으면서 누이는 오로치의 친척이 되는 곰의 축제를 하는 법을 가르쳐 주었고, 이로부터 곰 축제가 시작되었다'.

또한 무사 므그르핀의 이야기도 곰과 여자를 동일시하는 러시아 극동 원주민의 풍습을 잘 보여준다. 므그르핀은 꿈속에서 예쁜 곰이 나타나 자기를 따라오라고 했고 먹을 것을 충분히 주겠으며 내년 여름에 돌려보내주겠다고 했다. 그 해 겨울에 그녀는 그에게 결혼할 것을 권했고 3년이 흘러 그들 사이에 아이가 태어났다. 그 후 므그르핀은 마을에 돌아와서 2년간 옛날처럼 사냥을 하며 살았다. 그러던 중 어느 해 가을, 커다란 암곰이 공격을 해와서 격투 끝에 곰과 무사는 같이 죽었다. 사실은 암곰이 자신의 신랑 므그르핀을 보고 반가워 한 것을 오인해서 결국 서로 죽이게 된 것이라고 한다.

곰의 형상은 비단 신화뿐 아니라 다양한 고고학적 유물로 남아있다. 시베리아와 극동 지역에서 신석기시대 이래로 가장 많이 등장하는 예술품이 곰이니, 한국의 단군신화에 남아있는 곰에 대한 이야기도 여신과 곰에 대한 숭배가 결합되어서 발현된 것이다(곽진석 2010). 그렇다면 왜 곰이 동북아시아의 모든 주민들의 공통적인 숭배대상이 되었을까? 정확한 답은 없지만 옛 사람들이 생을 영위하던 숲에서 가장 크고 힘센 동물이며 그 형체마저 사람과 비슷했기 때문이다. 게다가 곰을 사냥하면 엄청난 고기를 얻어 한 겨울 식량이 부족하던 때에 한 마을 구성원의 든든한 단백질 공급원이 되었을 것이다.

3) 제사유적으로서의 환동해 암각화 유적(도면 4)

시베리아와 동북아시아를 조망하면 암각화 전통은 크게 두 갈래로 나뉜다. 초원 지역의 유목민족이 남긴 암각화와 아무르 강 유역을 중심으로 하는 환동해 지역의 암각화다. 알타이고원, 몽골지역에서는 사슴을 비롯한 여러 짐승과 무기를 든 초원의 무사들을 생동감 있게 새긴 암각화가 제법 있다(강인욱 2009).

환동해 지역에도 초원 지역과는 다른 암각화의 전통이 남아있다. 울산에서 동해를 따라 한참 올라가면 아무르 강(흑룡강)이 나온다. 세계 10대 강 중 하나로 하류로 가면 강폭이 30㎞를 넘는다. 이 강을 따라서 우리 민족의 이웃인 여러 원주민들이 살았고, 그들은 고대부터 암각화를 만들어 자신들의 삶을 우리에게 전해주고 있다.

많은 암각화중에는 사카치-알리안이라고 하는 하바로프스크시 근처의 유적이 제일 유명하다. 아무르 강이 비스듬하게 굽이치는 물목에 분

도면 4. 사카치알리안의 해골마스크

포한 여러 검은색 바윗돌에 동심원과 같은 추상적인 형태, 사슴, 뱀, 그리고 해골처럼 생긴 사람의 얼굴이 곳곳에서 발견된다. 필자가 방문했을 때에는 강물이 많이 차오른 바람에 대부분 암각화가 물에 잠겨 많이 볼 수는 없었다. 옛 조사기록에는 수백 개의 암각화가 빽빽하게 그려졌다고 한다. 여기에 새겨진 사람의 얼굴은 전형적인 극동 원주민의 특징을 고스란히 보여주고 있다. 얼굴에 문신을 한 무당의 모습을 표현한 것이다.

다행히도 사카치-알리안 유적은 암각화를 만든 후예인 나나이 족 마을주민들이 헌신적으로 보호해 잘 보존되고 있었다. 나나이 족은 한민족의 기원을 얘기할 때 빠지지 않고 등장하는 극동지역의 원주민이다. 이 사람들은 아무르 강 유역의 연어를 잡으면서 살아왔는데, 역사기록상 혁철족이라 불렸으며, 발해와 고구려의 기층민이었던 흑수말갈의 후예다. '나나이'족과 비슷한 '울치'족도 있다. 그 뜻은 '사람, 우리'라는 뜻이니 한국말의 '나' '우리'와 같은 어원이라는 주장도 있고, 고구려의 여러 부에 등장하는 '나(那)'라는 이름도 같은 어원이라고 한다. 특히 이들이 연어껍질로 만든 옷은 아주 유명하다. 나나이 족은 옆으로 쭉 찢어진 눈매나 생김새가 한국인과 정말 닮아서 옷만 갈아입으면 서로 분간을 못할 정도이다. 이 사카치-알리안 유적은 나나이 족의 조상들이 수천 년 전부터 성지로 숭상해왔다.

4) 발해~여진시대 샤머니즘과 불교(도면 5)

중국과 러시아의 국경을 이루는 아무르 강은 4400㎞에 이르는, 세계 8대강 중 하나로 극동지역 고대문화의 요람이기도 하다. 검은 용이 기어가는 듯하다고 해서 중국에서는 흑룡강이라고도 한다. 그런데 중국과 러시아의 경계가 되는 우스리스크 섬에는 극동 최대의 여진족 고분이 조사되었고, 거기서 고구려계 또는 발해계로 추정되는 조그만 금동불상이 발견되었다. 이 무덤은 코르사코프 고분군이라고 불리는데, 광활한 우스리스크 섬의 북서쪽 약간 높은 언덕에 1㎞가 넘는 강가를 따라서 분포한다. 1976년부터 16번에 걸쳐서 V.E. 메드베데프 박사에 의해서 7~11세기 여진족의 토광묘 379기가 발굴되었다 (Медведев, В, Е, 1991). 극동에서 발굴된 중세시대 무덤유적 중 가장 대형인 셈이다.

이 불상은 코르사코프유적 중 무덤 112호에서 발견되었는데, 무덤의 주인공은 노년의 여성으로 청동제 허리띠 장식과 목걸이 등 다양한 의례에 쓰이는 유물이 함께 부장되었다. 아마도 이 무덤의 주인공은 당시 여진 사회에서 의례를 담당했던 샤먼이었다. 이 불상은 현재까지 알려진 가장 북쪽에서 발굴된 고구려 계통 불상이다. 이 불상은 6.9㎝의 작은 크기로 얼굴은 갸름하고 온화한 표정이다. 이마 위에는 결발(結髮)이 표현되었다. 몸에는 늘어지는 가사를 걸쳤으며 왼손에는 단지를 들고 있어서 약사여래상으로 추정된다. 발 밑에는 사다리꼴로 대좌가 있고 조그만 돌기가 있어서 원래는 제단같은 데에 꽂았던 것 같다.

도면 5. 아무르강 코르사코프카 출토 고구려계 불상

극동에서는 고구려의 영향을 받아 불교를 믿었던 발해를 제외하고는 모두 샤먼을 신앙한 탓에 불교 관련 유물은 거의 없다. 이 불상이 묻힌 고분은 서기 10세기경으로 주변 지역에서 이 당시 불교를 숭배했던 사람들로는 남쪽의 발해가 유일하다. 게다가 불상의 형식도 고구려계통에 가까운 편이니 발해 지역에서 유입되었을 가능성이 제일 크다. 그런데 정작 무덤의 주인공은 샤먼이었으니, 더 많은 신력을 받기 위해 의례도구로 불상을 쓴 것 같다.

5) 강릉 강문동의 제사유적과 말뼈로 만든 복골(도면 6)

강릉 강문동 저습지 유적은 강릉을 중심으로 동해안 지역에서 약 2천년 전에 살았던 사람들의 유적으로, 강이 합류하는 곳에 고대 사람들이 제사를 지내고 유물을 투기한 일종의 제사유적이다. 그리고 여기에서는 말뼈로 만든 복골이 발견되었다. 말뼈 복골은 내가 아는 한 동북아시아에서는 강릉 강문동 출토가 최초다. 말의 사육과 이용이 가장 활발했던 초원지역의 경우 말을 제사에 사용하기도 하고 무덤의 주변 도랑(주구)에 말머리를 부장하는 등 순장의 풍습은 있지만, 말뼈를 복골로 사용한 예는 없다. 중국에서 복골은 주로 소뼈, 돼지뼈,

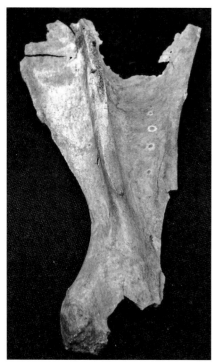

도면 6. 강릉 강문동 출토 말 견갑골 복골

거북이뼈 등이었다. 말뼈로 만든 복골은 은허 2기에서 소량 출토되었다는 주장도 있지만, 실제로는 말뼈 복골은 없다는 것이 일반적인 정설이다. 상나라에는 말을 이용한 전차가 널리 사용되었으며, 은허유적에서 대량의 말뼈가 나왔지만, 정작 말뼈로는 점을 치지 않았다는 뜻이다.

한국이나 일본은 돼지나 사슴뼈가 주류를 이룬다. 신창동에서는 멧돼지와 사슴이, 사천 늑도에서는 사슴만 사용되었다. 남해안지역의 해남 군곡리, 동래 낙민동 김해 봉황대도 사정은 비슷하여 사슴, 노루, 멧돼지가 사용되었다.

말뼈 복골이 이렇게 없는 이유는 말을 주로 사육하는 초원지역에서는 복골을 쓰는 풍습이 없으며, 동아시아에서 복골은 중원과 한반도 등 농경문화에서만 보이기 때문이다. 반면에 초원민족들은 전통적으로 목축동물의 내장을 갈라서 그 형태를 보거나 발굽을 불에 구워서 형태가 변하는 것으로 점을 친다. 현대 몽골인들이 그 좋은 예이다. 부여와 고구려에서는 짐승의 발굽을 가지고 점을 치는데, 이 역시 초원지역의 풍습이다. 강문동의 사람들이 복골의 뼈로 말을 골랐다는 것은 그들이 탈 것으로서의 말이 아니라 소나 돼지와 비슷한 가축을 인식했다는 반증도 된다.

실제로 강문동 제사유적에서는 마구와 관련된 유물들은 전혀 나오지 않았다. 강문동뿐 아니라 강원도 지역의 초기 철기시대 중도식토기가 나오는 유적에서 마구가 나온 적은 없으니, 이 사람들이 말을 실제로 기승용으로 타지 않았음은 분명하다. 그렇다면 강문동의 사람들은 말을 소나 돼지처럼 식용으로 했을 가능성이 농후하다. 그런데 강릉지역은 바닷가이니 말을 키울 수 있는 초지가 거의 없다. 하지만 바로 근처의 대관령을 비롯한 산악지대는 종마장으로 아주 유력한 지역이다. 지금도 그렇지만 이 지역은 드물게 한국에서는 고원목초지로 농사는 불가능한 지역이다. 기원전후한 시기에 한반도 일대에 말이 본격적으로 확산되면서 양질의 말에 대한 수요도 따라서 증가했을 것이다. 강릉 초당동에서 출토된 중국동전 오수전의 예에서 보듯이 중국의 한대에 해당하는 기원전후한 시기에 강릉 일대는 주변지역과 활발히 교류하는 증거가 갑자기 증가한다는 점이다. 강문동의 유리, 안인리의 낙랑계 토기, 초당동의 오수전, 가평 달전리의 고조선계 토광묘 등 초기 철기시대가 되면서 이 지역에 낙랑, 한계유물, 타날문토기, 와질토기, 야요이토기 등이 대량으로 유입되는 양상을 보여준다. 강문동 출토 말뼈 복골에서 우리는 이 지역이 양질의 말을 키워서 주변으로 공급했었던 역할을 했을 가능성도 생각할 수 있다.

4. 결론 - 환동해 지역 제의문화의 형성배경 및 특징

환동해선사문화권이 형성될 수 있었던 요인에는 동해에 연접하였으며 백두대간으로 다른 지역과는 고립된 지리적인 환경을 들 수 있다. 그 특징을 구체적으로 요약하면 다음과 같다.

첫 번째로 상대적인 기후의 안정성에서 찾을 수 있다. 이 경우는 특히 구석기시대~신석기의 전환기인 조기단계와 관계있다. 원시고토기단계로도 불리는 14,000년~10,000년 시기는 시대편년상 중석기 또는 후기구석기로 분류가 된다. 학자에 따라 이 시기를 중석기시대로 부르는 경우도 있지만, 서양의 중석기 개념과는 다른 문화전개이기 때문에 전환기, 또는 원시고토기 단계로 부르는 것이 일반적이다. 학자 간의 용어상의 차이는 있지만, 그 문화에 대한 이해는 모두 같다. 즉, 구석기시대의 석기전통이 이어져 오는 가운데 원시토기가 추가되는 양상이다. 신석기시대로 진입한 이후에도 세형몸돌기술, 석창류, 석촉, 양면 석기 등이 나온다. 다른 지역의 경우 12,000~8,000(B.P.)가 문화적 공백인 점과 다르다. 이러한 연속성은 결국 빙하기가 끝나는 과정이 급격하지 않아서 후기 구석기의 주민들이 지속적으로 같은 문화를 영위할 수 있었던 것으로 해석할 수 있다(강인욱 2009; 김재윤 2017).

두 번째로 중국과는 지리적으로 격리된 탓에 상대적으로 중국의 문화편년에 따른 동아시아 문화의 편년적 흐름에서 자유로울 수 있었다.

세 번째로 강가 하안대지에 평야가 거의 발달하지 않고 험준한 산맥이 가로 막혀있는 지리적 환경에서 문화권 형성의 특징이 보인다. 환동해 선사문화권의 특징은 평야지대가 거의 발달하지 않고 남북으로 험준한 산맥으로 막혀 있다. 이로 인해 만주나 한반도 서부지방과의 종적인 문화교류는 적은 반면에 동해안을 따라서 종적인 교류보다는 횡적인 교류가 발달할 수 밖에 없었다.

이와 같이 환동해지역은 그들만의 독특한 환경과 경제체계를 영위하며 그에 걸맞는 정신문화도 발달했다. 한반도를 둘러싼 북방지역 중에서 가장 연구가 미진한 만큼이나 향후 한반도와의 관련성을 중심으로 주목해야 할 지역이다.

* 본 고는 필자가 기존에 발표한 다음의 두 논문에 수록된 내용을 중심으로 하되, 새롭게 추가된 내용을 보완한 것이다.

강인욱, 「환동해선사문화권의 설정과 분기」, 『동북아 문화연구』 19, pp.429~450, 2009a.

강인욱, 『춤추는 발해인』, 주류성, 2009b.

참고문헌

강인욱, 「환동해선사문화권의 설정과 분기」, 『동북아 문화연구』 19, pp.429~
450, 2009a.

강인욱, 『춤추는 발해인』, 주류성, 2009b.

곽진석, 「시베리아 에벤족의 곰 축제에 대한 연구」, 『동북아 문화연구』 제25집,
pp.79~92, 2010.

김재윤, 「선사시대의 極東 全身像 土偶와 환동해문화권」, 『한국상고사학보』 제
60집, pp.41~72, 2008.

김재윤, 「환동해문화권의 역사적 조망」, 『동북아 문화연구』 제50호, pp.125~
142, 2017.

Okladnikov, A. P., *Ancient art of the Amur region: rock drawings, sculpture,
pottery*, Aurora, Leningrad, 1981.

Медведев, В, Е, Корсаковский могильник: хронология и материалы,
Наука Сибирское Отд-Ние, 1991.

환동해문화권 선사시대 토우와 생활의례

김재윤 | 부산대학교

1. 머리말

환동해문화권은 선사시대부터 역사시대까지 두만강 일대 및 연해주 고고문화와 강원도 일대의 문화가 서로 관련성 혹은 문화적 네트워크를 이루는데, 이를 통틀어서 일컫는 용어이다. 이 문화권은 시대에 따라서 영향을 주고받은 지역에 차이가 있다. 그 형성배경은 시호테 알린 산맥과 태백산맥으로 이어지는 동해(태평양)를 기반으로 한 동일한 생계경제 체계 아래에서 이루어졌다. 이 문화권이 형성된 시점은 6500~6000년 전으로 환동해문화권을 통틀어 가장 광역적인 문화교류가 확인된다. 아무르강 하류, 연해주, 동해안은 토기나 장신구, 무덤전통 등이 공통적으로 나타난다(김재윤 2017). 각 지점의 문화비교가 가장

용이한 유물은 토기로 환동해문화권의 신석기시대를 대표한다.

토기 이외에도 환동해문화권의 선사시대에는 특징적인 형태의 토우가 확인되는데, 토우는 단순한 예술품으로 취급되기도 하지만, 특히 인물형토우는 이 지역의 사람을 그대로 표현하고 있다는 점에서 다각적인 문화해석을 가능케도 하는 또 하나의 표상이다(김재윤 2008).

한편, '문화권'은 고고문화를 좀 더 확대한 개념이다. 생계경제 및 자연환경의 유사성에 기인한 문화교류관계가 심화된 문화를 묶은 단위이다. 문화권의 하부단위로는 문화와 지역으로 설정할 수 있다. 전자는 한국고고학계에서 인식하는 고고문화의 단위이며, 후자는 대체로 여러 문화를 포괄하는 지역권이다. 문화권은 각 연구자들이 속한 학문적 배경과 고고자료의 분석방법과 시공간적 경계에 따라서 차이가 있는 것은 사실이다(김재윤 2014).

본고에서는 동북아시아 토우 가운데서 환동해문화권의 선사시대에 주로 확인되는 극동전신상토우 및 동물형 토우 등을 출토정황 및 민족지 자료 등을 비교해서 그 의미를 추출해 보고자 한다.

2. 동북아시아의 토우

1) 인간형상물의 기원

토우는 후기구석기시대부터 출토되어, 토기보다도 더 오래된 토제로 제작된 최초의 인간 발명품이다. 가장 최초의 예는 우크라이나의 후기 구석기 유적에서 확인된 토제로 제작된 인간형상물 마이친스카야 유적에서 출토된 것(도면 1-2)으로도 알려졌는데, 우크라이나 가가리노 유적의 토제 비너스(도면 1-1)가 이 보다 약간 더 오래되었다고 한다(아브라모바 등 1984). 마이친스카야 유적의 머리와 몸통, 다리 등을 표현하고 있어 사람이라는 것은 알 수 있지만 얼굴표정이나 성별은 알 수 없다(도면 1-2). 이 토우는 인간이 이미 구석기시대에도 토제로 어떤 물건을 만들 수 있었다는 증명의 예로 자주 언급된다.

1: 가가리노, 2: 마이친스카야

도면 I. 우크라이나의 후기구석기시대 토우(아브라모바 등 1984)

그런데 동아시아에도 후기 구석기에 인간형상물이 발굴된 예가 있다. 앙가라 강 주변의 말타 유적의 집에서 마모스 뼈로 제작된 골제 인간형상물(도면 2-3)이 확인되었다. 집 중앙에 수혈을 파고 돌로 벽을 돌린 후 인골을 넣고 그 주변에 인물형 골우와 새(도면 2-4), 물고기 모습의 동물형 골우(도면 2-5)를 함께 묻고 황토로 덮었다(도면 2-2). 이 집터(도면 2-1)는 텐트형 집터(혹은 춤(Цум, chum) 집터)[1](도면 2-6)로 원형 혹은 말각방형으로 대략 16~20㎡이고 구지표를 기준으로 하면 움의 깊이는 대략 50~70㎝이다. 바닥은 다짐이 되어 있었고, 집터의 벽은 석축 시설을 돌렸는데, 큰 뼈를 이용하기도 하였다. 아마도 이런 춤형의 집 상부는 나무로 석축벽에 기둥을 고정하고 가죽으로 덮었을 가능성이 크다(아브라모바 등 1984).

말타 유적 이외에도, 인접한 부랴티 유적에서도 확인되는데 마모스뼈로 제작된 골우가 집터 내에서 출토된 것으로 알려졌다(오클라드니코프 1941). 하지만 잔존상태가 좋은 예는 말타 유적의 것이 가장 대표적이며, 동북아시아에서 가장 오래된 인간형상물이다.

---

1) 움집과는 달리 지상에 설치하는데, 집터 기둥을 세우고 그 위를 가죽으로 덮는 집터이다. 고아시아족의 에벤키 족은 이를 춤(чум, chum)이라고 불렀는데, 주로 반렵반목하는 민족에게서 확인된다. 주로 한~두 가족이 생활하게 되는데, 무리마다 다른 것으로 알려졌다(김재윤·이유진 2010)

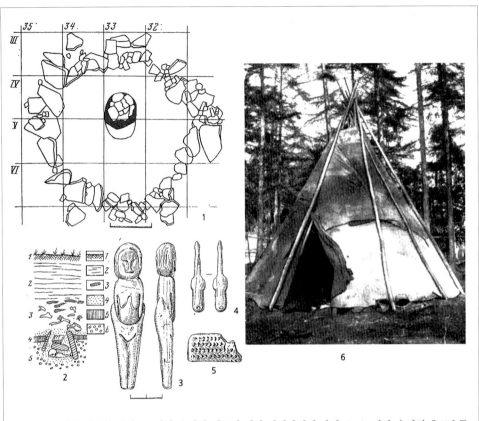

1: 말타 유적의 텐트형 집터, 2: 말타 유적의 테트형 집터 화덕자리의 단면, 3~5: 말타 유적의 출토유물
(1~5 아브라모바 등 1984), 6: 에벤키 족의 집(레프카, 파타포아 1961)

도면 2. 말타유적의 집터와 민족지자료

2) 동북아시아의 토우 특징

동북아시아 신석기시대 토우는 그 재질에 따라서 지역적 차이가 있다. 인물
형 형상물은 석제와 토제로 나눌 수 있으며, 요서지역은 석제가 대부분이고,
요동과 아무르강 하류는 토제가 많다. 한반도 두만강 이하의 동·남해안에서는
토제만이 확인된다. 요서지방 흥륭와 문화부터 확인되는데, 제일 이른 것은 백

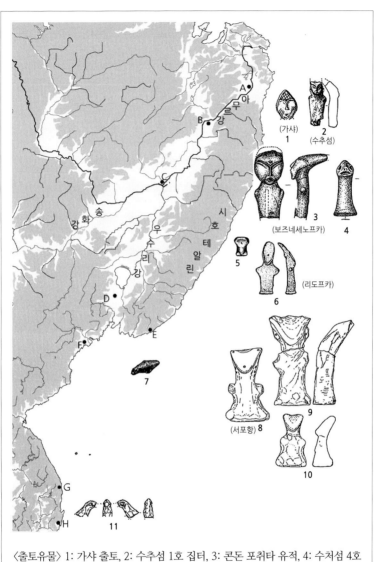

〈출토유물〉 1: 가샤 출토, 2: 수추섬 1호 집터, 3: 콘돈 포취타 유적, 4: 수처섬 4호
집터, 5: 세르게예프카-1, 6: 리도프카-1, 7: 에프스타피-4, 8·9:서포항 청동기시
대 아래층, 10: 서포항 청동기시대 윗 층, 11: 울산 세죽
〈유적〉 A: 수추 , B: 보즈네세노프카, C: 가샤, D: 세르게예프카 1, E: 에피스타
피-4, F: 서포항, G: 오산리, H: 세죽리

도면 3. 관련된 유적(김재윤 2017 재인용)

음장한 유적의 집터에서 석제 전신상인물형 형상물이 출토된다. 요동지방, 송화강 유역에서는 신석기 중기 이후부터 출토 되고, 반신상으로 여성이거나 성별을 구별할 수 없는 것들이 확인되고 있다. 특히 길림 연변, 한반도 두만강 하류와 연해주에는 후기 구석기이후에 출토되지 않는 골제 인물형 형상물이 신석기시대까지 확인되는 점도 지역의 특징으로 보인다(김재윤 2008).

한편, 아무르 하류·연해주 남부·두만강 하류의 서포항 유적에서는 특징적인 토제의 인물형 全身像이 출토되었다(도면 5-7~9). 이 토우는 입상이며, 분명 사람으로 머리와 몸통이 따로 제작되었지만, 성별을 알 수 없고, 머리 정수리가 뾰족하고, 머리와 몸통이 각을 이루고 있다. 도대체 이 토우는 무엇을 의미하는 것일까?

선사시대 다른 동북아시아의 토우는 요서, 요동, 송화강 출토의 인물상 토우 중 전신상은 머리와 몸체가 일직선으로 부착되고 여성, 남성을 구분할 수 있는 것이 대부분이기 때문이다.

서포항 토우와 유사한 토우는 이곳에서만 출토되지 않고 아무르 강 하류, 연해주, 두만강에서 신석기시대부터 청동기시대까지 출토되며 이러한 토우를『극동전신상 토우』라고 명명하였다(김재윤 2008; 도면 4: 도면 5).

3. 환동해문화권 토우: 극동전신상 토우

극동전신상토우는 아무르강 하류의 7000년 전 신석기문화인 말리쉐보문화에서 최초로 등장한다(도면 4; 도면 5-1~2). 이 토우는 동북아시아 신석기시대 最古[2]의 인물상토우이다. 그 이후에 4500년 전부터 시작되는 보즈네세노프카

---

2) 그러나 동물형 토우는 12000년 전 오시포프카 문화부터 확인된다.

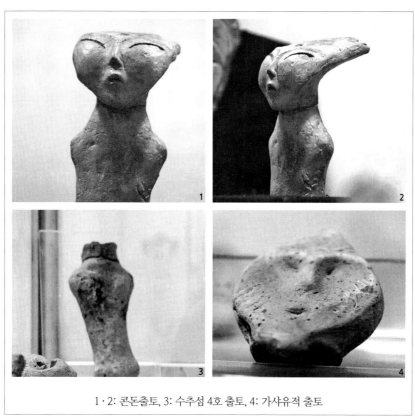

1·2: 콘돈출토, 3: 수추섬 4호 출토, 4: 가샤유적 출토

도면 4. 아무르강 하류의 토우(필자 촬영)

문화에서 눈썹과 코가 더욱 뚜렷해진다(도면 4-1·2; 도면 5-4). 몸체를 수직
으로 관통하는 구멍이 하단에서부터 있는데, 나무를 끼워서 토우를 세우기 위
한 기능과 관련된 것으로 생각된다. 가늘게 표현된 눈, 눈썹과 코가 연결되어
표현된 점 등은 말르이쉐보 문화의 것과 유사하다. 현재의 자료로는 아무르강
하류에서는 신석기시대 이후에는 극동전신상토우가 확인되지 않는다.

그런데 지역차이가 있지만 연해주 및 인접한 두만강에서도 극동전신상토우
가 확인되는데, 신석기시대에서는 확인되지 않으며 1500년 전 청동기시대인 리
도프카 문화(도면 5-5)와 서포항 아래층(도면 5-7·8)과 위층(도면 5-6·9)도면

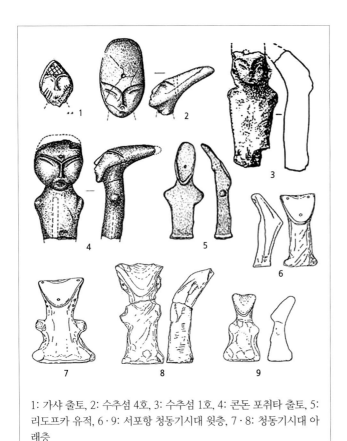

1: 가샤 출토, 2: 수추섬 4호, 3: 수추섬 1호, 4: 콘돈 포취타 출토, 5: 리도프카 유적, 6·9: 서포항 청동기시대 윗층, 7·8: 청동기시대 아래층

도면 5. 환동해문화권의 극동전신상토우(김재윤 2008 재편집)

에서 확인된다. 연해주 리도프카 문화의 토우는 얼굴과 몸통의 형태는 보즈네세노프카문화의 것(도면 4-1·2; 도면 5-4)에서 발전된 양상을 보인다. 머리 정수리가 뾰족하게 표현되어 전체적으로 타원형이고, 눈, 코, 입 등이 상략되었으며, 몸통을 관통하는 구멍 대신 하반신이 편평하게 제작되어 단독으로 세울 수 있게 되었다. 또한 양손을 양쪽으로 뻗고 있는 점도 이전 시대와 차이점이다. 이 토우를 전신상이라고 판단하게 된 이유는 청동기시대의 것이 단독으로 세울 수 있도록 하반신을 마감했기 때문이다(도면 5-5~9). 얼굴 형태가 더욱 간략하게 표현 되었는데 얼굴모양이 사다리꼴 모양 혹은 삼각형을 띠고 있으며 몸통이 안정감 있게 표현되었다.

극동전신상토우 이외에도 동물형 형상물 가운데 물개형 토우도 주목할 필요가 있다. 아무르 강 하류의 수추섬, 연해주의 에피스타피 4, 세죽리 등(도면 6)에서 확인되었다. 물개는 북태평양 연안에서만 서식하는데, 아시아에서는 시베리아 연안으로부터 캄차카반도·베링해(海)·사할린섬·쿠릴열도 등에서만 겨

울에는 홋카이도 및 한
국 동해안에도 나타난
다. 이 물개를 모티브
로 한 토우는 요서·요
동·길림 지방 등 태평
양과 접하지 않은 지역
에서는 확인되지 않고,
아무르, 연해주 등 태
평양 연안의 지역에서
는 확인된다. 물개는
500kg이 넘는 대형 해
양동물로, 19세기 말까

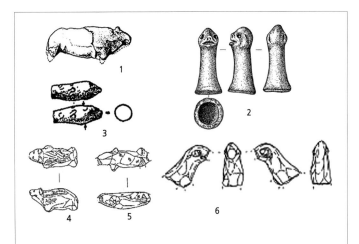

1: 수추섬 24호(사진 2-1), 2: 수추섬 4호(사진 2-2), 3: 에피스타피 4, 4·
5: 오산리C지구, 6: 세죽리

도면 6.환동해문화권의 동물형토우(김재윤 2008 재편집)

지 극동의 나나이족, 울치 족 등에게 중요한 식량한 자원이 되었다. 또한 오산
리 C지구(도면 6-4·5)와 수추섬의 집터에서도 유사한 형태의 토우(도면 6-1)
가 출토되었다. 각각 곰모양토우와 사슴모양토우로 다르게 보고되었지만, 동물
의 모습이 거의 비슷해서 같은 종류로 생각된다. 물개와 마찬가지로 이 지역이
같은 서식환경임을 나타낸다. 한반도 동해안에서 극동인물상토우는 확인되지
않았지만 최근 동해안의 자료로 아무르 강 하류와 연해주의 관련성이 제기되고
있다.

극동전신상토우가 출토되는 아무르강 하류와 연해주, 두만강은 환동해문화
권이며, 이 유물은 동일한 문화권임을 나타낸다. 동북아시아 신석기시대 최고
인물형토우는 말르이쉐보 문화에서 나타나며 이러한 전통 혹은 극동전신상토
우에 대한 아이덴티티는 아무르강 하류에서는 신석기시대 후기까지, 연해주와
두만강 하류에서는 청동기시대 전기까지 전해진다. 또한 동물형토우는 아무르
강 하류가 연해주나 동해안에 비해서 위도가 높은 지역이기는 하지만 바다와

산맥 등 같은 자연환경으로서 어로를 중심으로 한 비슷한 생계경제가 공유되어서 환동해문화권이 형성되었을 것이다.

하지만 한반도 동해안에서는 인물을 묘사한 극동전신상토우가 아직 출토된 예는 없지만 오산리C지구에서 출토되는 동물형토우(도면 6-4·5)는 수추섬의 것(도면 6-1)과 거의 유사하다. 한반도 전체가 다른 동북아시아지역에 비해 토우의 출토양이 적은편이지만 그중에서도 동해안은 토우가 많이 출토되는데, 앞으로 출토될 것을 예상해본다.

4. 토우와 움집

극동전신상토우는 앞서 동질한 문화권의 아이덴티티로 보았지만 이것은 현대 고고학자로서 추적한 내용이다. 선사시대 사람들은 왜 토우를 만들었을까?

필자는 토우가 출토된 양상을 통해서 이를 추출하고자 한다. 토우 중에서도 출토지가 정확하며, 극동전신상 토우나 동물형 토우가 아니라도 일상생활용도와는 관련성이 먼 유물 등이 출토되는 유적도 포함시켰다.

결론부터 이야기 하면 앞에서 살펴본 바이칼 유역의 후기 구석기시대의 말타유적을 보면, 비록 이 유적이 환동해문화권은 아니지만 많은 정보를 제공하고 있다. 인간이나 동물을 형상한 유물은 쉽게 구할 수 있는 재료로 제작되며, 후기구석기시대부터 확인되는데 주로 집 내부에서 확인된다. 그런데 환동해문화권에서 출토양상이 정확한 자료를 살펴보면 집터 내부에서 출토된다는 것을 알 수 있다.

1) 아무르 강 하류

(1) 콘돈-포취타 유적

극동전신상 토우로 보즈네세노프카 문화의 집에서 출토된 유물(도면 4-1·2; 도면 5-4)은 '콘돈 포취타'라고 하는 유적에서 출토되었다. 이 유적은 아무르 강 하류의 신석기시대 유적으로서 콘돈 문화부터 보즈네세노프카 문화까지 존재했던 곳이다. 콘돈 포취타 유적은 움집터가 14기가 발굴되었는데, 그중 극동전신상 토우는 3호 집터에서 확인되었다(도면 7).

3호 움집터는 거의 원형으로 너비는 14×13m, 깊이는 0.8~1m 정도이다. 움집에서는 문이나 화로의 흔적이 확인되지 못했다. 집의 구조를 파악할 수 있는 것은 기둥구멍뿐이다. 기둥구멍은 작은 구멍 지름이 20㎝로 집터 남동 가장자리와 집터의 중앙에서 확인되며, 40㎝이상의 큰 구멍은 집터 바닥에서 확인된다.

움집터의 북쪽과 남쪽 벽가에서 거의 완형으로 복원 가능한 토기가 11개체가 확인되었고 집터 중앙에서는 토기 3개체군이 확인되었다. 극동

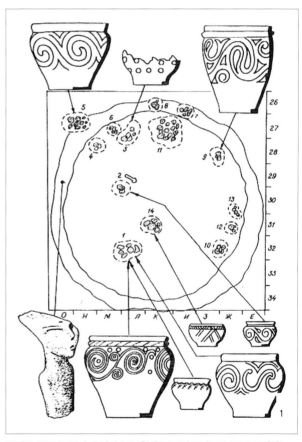

도면 7. 콘돈 포취타 유적의 3호 움집(오클라드니코프 1984 재편집)

전신상토우는 집터의 동쪽 어깨선 부근에서 확인되었는데, 북쪽 토기 완형개체 군과도 약간 떨어진 위치며 집터 내부에서 유물이 가장 적게 확인되는 곳이다. (도면 7). 이 집터는 콘돈 포취타 유적의 다른 집터에 비해서 출토 유물의 수가 매우 적은데 비해서 완형의 토기가 다른 집터에 비해서 월등하게 많이 출토되었으며 주로 벽가에서 확인된다. 마을 전체에서 집터에 노지가 없는 경우는 토우가 출토된 3호 집터 뿐이며, 옆에서 남근석이 확인된다. 여러 정황으로 보아 이 집터는 특수한 성격으로 보고되었다(오클라드니코프 1984). 노지가 없는 집터이며, 토우나 남근석, 완형토기 등은 이곳이 주거를 위한 공간보다는 의례와 관련성이 더 많은 가능성이 크다.

(2) 보즈네세노프카 유적

이 유적에서는 신석기시대와 말갈시대 문화층이 확인되었다. 발굴의 가장 큰 목적은 문화층 확인하는 것이었다. 이를 위해서 유적발굴범위의 중앙에 트렌치를 넣고 단구대를 따라서 길게 발굴하였다(도면 8-1). 말갈문화층과 신석기시대층을 확인하였는데, 신석기시대는 말르이쉐보문화 층과 보즈네세노프카 문화층이 규명되었다. 그중 늦은 시기의 보즈네세노프카 문화층의 집터 바닥에서 타래문양이 시문된 토기 및 반인반수의 토기가 확인되었다.

토우는 아니지만 붉은색 안료를 발라 마연한 적색마연토기로서 문양이 반인반수의 문양이 새겨진 토기가 발견된 유적이다. 문양을 그은 후, 시문구로 그 내부를 찍는 수법은 아무르 강 신석기 후기의 다른 토기문양을 시문하는 수법과 같다. 이 토기에 그려진 문양은 얼굴은 인간이며, 몸은 손가락이나 발가락 개수, 꼬리 등으로 보아서 동물로 여겨진다(도면 8-2; 3).

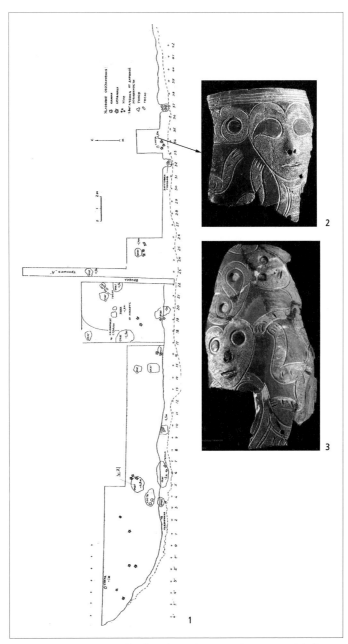

도면 8. 보즈네세노프카 유적과 출토된 토기(오클라드니코프 1972 재편집)

2) 연해주

(1) 세르게예프카-1 유적

움집터는 장방형에 가까운데 평면적은 68㎡이고 깊이는 140㎝에 달하는 곳도 있다. 움집터 내부에는 돌로 만들어진 화덕자리가 있고, 기둥구멍은 집터 가장자리를 따라서 확인되었다. 토우는 화덕자리의 바로 옆에서 구덩이에서 확인되었다. 이 구덩이의 직경은 34㎝, 깊이는 17㎝이며, 구덩이의 중간 깊이부터 입구까지 돌을 구덩이 벽을 따라서 돌렸는데, 한쪽 면은 돌을 돌리지 못했다. 그 내부에서 높이 4.9㎝ 가량의 토우가 확인되었다(도면 9). 이 유적에서는 머리가 결실된 토우의 몸통만 확인되었지만 성별이 표현되지 않은 토우이다. 유적은 루드나야 문화에 속하는데, 네스테로프카 강에서 인접한 곳의 약간 설상(舌狀)구릉 위에 위치하는 유적인데 구릉 위에서 움집터 1동만 확인되었다.

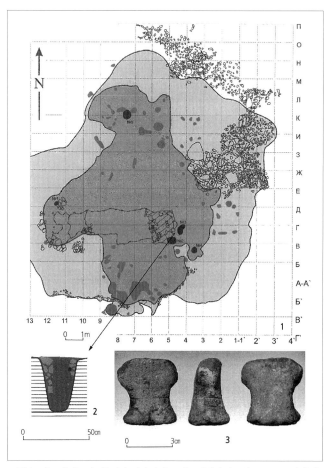

도면 9. 세르게예프카 I 유적의 집터와 출토된 토우(바타르세프 2005 재편집)

(2) 쉐클라에보-7 유적

쉐클라에보-7 유적은 극동전신상 토우가 확인되지는 않았지만, 구릉 위에 단독으로 움집터 1동만 존재하며 석제 형상물과 그림이 그려진 방추차, 토기 등 많은 유물이 출토되었다. 이 유적은 아르세네프카 강 주변의 단독 구릉 위에서 확인되었는데, 연해주 신석기시대 보이스만 문화부터 루드나야 문화, 자이사노프카 문화까지 존재하였다. 세 시기에 걸쳐서 집터 3동이 한 곳에서 확인

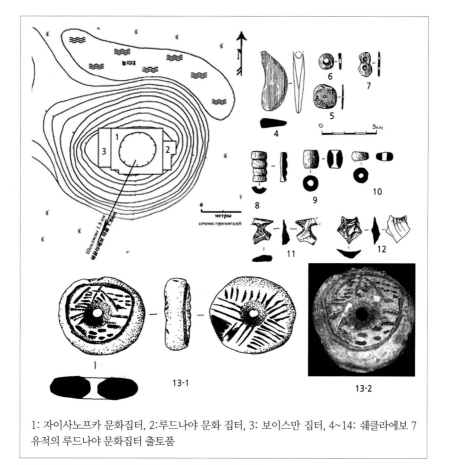

1: 자이사노프카 문화집터, 2:루드나야 문화 집터, 3: 보이스만 집터, 4~14: 쉐클라에보 7 유적의 루드나야 문화집터 출토품

도면 10. 쉐클라에보-7 유적과 출토품(클류예프 외 2003)

되었다. 긴 기간 유적이 확인되었다는 점은 그 만큼 입지가 주는 이점이 많았다고 해석된다. 앞서 그림이 그려진 방추차 및 석제 우상물 등은 루드나야 문화의 움집터에서 출토되었다(도면 10).

가장 상층 움집터는 자이사노프카 문화의 타원형 집터로 깊이는 10~20㎝가량 잔존하며, 중앙에 방형 노지가 설치되었다. 두 번째 층 움집터의 평면적은 거의 남아 있지 않고 약간의 어깨선만 남아 있었지만 이곳에서 루드나야 문화와 관련된 많은 형상물이 확인되었다. 가장 아래층에는 보이스만 움집터로 토기 등이 확인되었다.

움집터 내에서는 개체수가 800여 점 이상 확인되었고, 복원 가능한 제품을 포함하면 13000여 점 이상 확인되었다. 석제 장신구, 골제 장신구 및 여우 머리와 유사한 석제 형상물(도면 10-12) 등이 출토되었다. 그림이 그려진 방추차가 확인되었는데, 움집터가 위치한 입지를 그대로 묘사(도면 10-13-1·13-2)하고 있다.

유적은 둥글게 솟은 언덕위에 위치하며(도면 10-1), 주변은 소택지인데 방추차의 그림도 그대로 표현되어 있다. 이들은 모두 루드나야 문화의 움집터에서 출토되었지만 상층의 움집터로 인해서 집터에 관한 정보는 거의 입수되지 못했다.

유적이 긴 기간 동안 이용되었으며 주변에 다른 움집터 없이 1동만이 확인되며, 아주 많은 양의 유물이 확인되며, 유적에서 확인되는 동물형 석제형상물과 토제 형상물, 유적이 그려진 방추차 등은 이 움집터가 특별한 용도였음을 시사한다.

(3) 노보셀리쉐-4 유적

사람 얼굴만 형상화된 토제품(도면 11-2)이 확인된 유적이다. 이 유적은 한카호에서 19㎞ 떨어진 곳으로, 계곡의 길게 뻗은 구릉의 정상부에 위치한다. 모

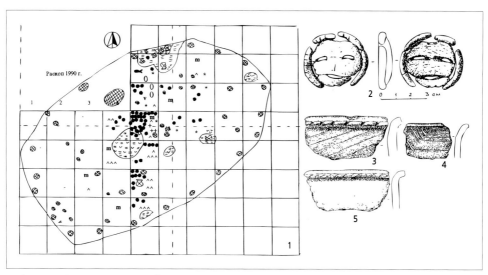

도면 II. 노보셀리쉐-4 유적 집터와 출토유물(클류예프 2000)

두 4기 움집터가 발굴되었는데, 초기철기시대 1기, 청동기시대 1기, 신석기시대 후기 2기이다. 신석기시대 집터 중 1기는 파괴가 심하며, 다른 1기는 장방형으로, 중앙에 무시설식 노지가 설치되어 있으며 집터 벽 가장자리로 기둥구멍이 확인되었다(도면 11-1). 기둥자리에서 거의 바닥과 가까운 곳에서 사람의 얼굴모양 토제품이 확인되었다. 또한 자이사노프카 문화의 한카호 유형 토기 이외에도 여러 가지 식물자료와 등과 석도가 확인되었다. 기장(*Panicum milia-ceum*), 헤즐넛(*Corylus sp.*), 도토리(*Qurcus sp.*), 황백(*Phellodendron amurensis*) 등이 확인되었다. 특히 기장과 일부 식물은 재배된 것으로 알려졌다(클류예프 2000).

재배된 곡물, 석도 등이 확인됨과 동시에 기둥구멍 바닥에서 인물형 토우가 확인되는 점은 비슷한 신석기시대 인접한 다른 마을 유적에서 찾아보기 힘든 예이다.

3) 선사시대 움집과 생활의례

신석기시대 토우를 반출하는 움집터는 대략 3가지 정황으로 구분된다. 마을 내의 움집터에서 특별한 성격의 유물이 출토되는 경우, 움집터가 마을을 이루지 않고 독립구릉 위에 1동만 위치하는 경우, 움집터가 아닌 공간에서 특별한 유물이 출토되는 경우가 있다.

움집터에서 특별한 성격의 유물이 출토되는 경우는 아무르 강 하류에서는 보즈네세노프카 유적과 연해주에서는 세르게예프카-1, 세클라에보-7 유적, 노보셀리쉐-4 유적이다. 움집터에서 노지와 기둥구멍 등 일반적인 수혈 움집터의 정확한 특징이 보이는 공간에서 일반적이지 않은 유물이 출토되었다. 세르게예프카-1 유적도 움집터 내부의 화덕자리 옆의 구멍에서 돌을 돌린 공간 안에서 토우가 확인되었다. 세클라에보-7 유적의 움집터에서 동물상 토우의 다리가 확인되었다. 뿐만 아니라 집터가 입지한 특징을 그대로 표현한 방추차도 일상 생활(도면 11)과 관련된 것은 아니다. 한편 세클라에보-7 유적, 세르게예프카-1 유적과 같은 입지이며 같은 시기의 토기가 출토되는 노보트로이츠코예-2 유적도 발굴되었는데, 토우는 확인되지 못했다. 노보셀리쉐-4 유적은 드문 경우이지만, 곡물 및 석도, 기둥구멍 자리에서 토우가 출토되었다. 아무르 강 하류의 보즈네세노프카 유적 움집터에서 반인반수의 적색마연토기가 깨어져서 출토되는 점은 집터 내에서 의례행위로 볼 수 있다.

이들 움집터 가운데, 세클라에보-7유적, 세르게예프카-1 유적, 노보트로이츠코예-2 유적은 움집토가 마을을 이루지 않고 1동만 확인되는 경우이다. 이들 유적은 모두 같은 문화이며, 비슷한 시간대에 위치한 유적이라는 점이 흥미롭다. 독립구릉에 움집터 1기만 존재하는데, 특히 세클라에보-7 유적에서 출토된 그림이 그려진 방추차(도면 10-13-1·13-2)는 생활에 필요한 필수품이라기 보다는 의식적인 유물로 생각되며, 움집터가 위치한 공간이 특별함을 보여준다.

한편, 콘돈-포취타 유적에서 토우와 함께 완형 토기가 대량 확인된 구덩이가 있다(도면 7). 이는 움집터로 보고되었으나, 화덕자리가 없는 점은 집이라는 개념보다는 의례가 중심이 된 공간일 가능성도 충분하다.

상기한 고고학적 사실은 시간변화를 보인다. 앞서 설명한 말타 유적의 예를 보아도 후기 구석기시대부터 집터 내에 토우와 같은 특정 성격의 유물을 묻어서 의식행위를 행하는 것은 보편적인 개념일 수도 있다. 그런데 이러한 의식은 신석기시대에도 이어지는데, 앞서 설명한 움집터 내부에서 의례유물이 확인되는 경우가 이를 증명한다. 세르게예프카-7, 세클라에보-7, 노보트로이츠코예-2 유적은 6500년 전부터 6000년 전까지 존재한 루드나야 문화의 세르게예프카 유형, 노보셀리쉐-4 유적과 보즈네세노프카 문화 등은 5000~3800년 전에 속하는 자이사노프카 문화 단계이다. 움집 내부에 토우와 같은 특수한 성격의 유물이 확인되는 현상은 환동해문화권의 신석기시대 문화에서 긴 기간 동안 영위되었다.

그런데 특별한 입지에 위치한 움집 1동 안에 특별한 유물을 남겨 놓는 행위는 6500~6000년 전 연해주의 신석기시대에 마을단위가 아닌 구릉 위에 단독 집터를 설치하고 토기 이외에 특별한 유물을 넣어 두었는데, 그 시대의 특별한 의례행위로 보여진다.

5. 선사시대 토우와 민족지 자료의 비교

필자는 움집터에서 특별한 성격의 유물이 출토되는 것을 일종의 '의례행위'로 보았는데, 그 이유를 민족지 자료에서 그 실마리를 찾고자 한다.

아무르 강 하류는 동북아시아에서 토우가 출토되는 곳 중에서 제일 위도가 높다. 겨울에는 아주 혹독한 자연환경이지만 사계가 뚜렷하고, 겨울을 제외한

다른 계절에는 식량획득이 용이한 곳이다. 세석인과 함께 동아시아에서 가장 연대가 가장 올라가는 고토기가 출토된다. 아무르강 하류의 오시포프카 문화는 토기의 등장으로 보아서 정착적인 생활을 할 수 있게 되었다고 볼 수 있다. 토우도 토기와 마찬가지로 정착생활을 하게 됨으로 주거공간과 가족에 대한 보호의식이 생기게 되면서 등장하게 되었다. 정착생활이 동북아시아에서 가장 이른 시점에 일어난 곳에서 토우도 확인되었다.

토우는 동북지방의 다른 여러 지역에서도 확인되는데, 요서지역 흥륭와 문화의 백음장한 유적에서는 움집의 화덕자리아래에서 출토된 바가 있다. 또한 환동해문화권의 콘돈 포취타 유적, 쉐클라에보-7 유적, 세르게예프카-1 유적에서도 움집 출토 예가 많음을 볼 때 집과 관련된 의례와 관련이 있었을 것인데 이를 민족지 자료와 대비해 보고자 한다.

극동의 신석기시대가 정주생활을 하게 된 가장 큰 원인은 어로와 관련되어 있음은 이미 잘 알려진 바이며 어로 생활을 주생업으로 하고 있는 고아시아족을 참고하고자 한다.

현재 아무르 강 하류에는 아직도 우랄 알타이 어족의 민족으로서 고아시아족이 살고 있다. 현재 러시아 행정구역상 사하공화국, 추코트 주, 캄챠트카 주, 하바로브스크 주 등에 분포하고 있고, 아메리카 대륙의 알래스카까지 분포한다. 그들은 사용하는 언어에 따라 14개 어족[3]으로 나눠지고 각 어족에서 갈라

---

3) 퉁구-만주어족(Тунгусо-Маньчжуры, Tungus- Mahchuria), 니브흐어족(Нивхская, Nivkh), 아인어족(Айнская, Ainu), 튜르스크어족(Тюркская, Turkic), 유카기르어족(Юкагирская, Ukagir), 추코트-캄챠트카어족(Чукотско-Камчатская, Chukot-Kamchata), 에스키모스코-알룻트어족(Эскимосско-алеутская, Eskimo-Aleut), 아타파스카코-예르스크어족(Атапаскако-Эяская, Ahtna-Eyak), 트리니스카야 어족(Тлиниская, Tlingit), 하이다어족(Хайда, Haida), 침시안어 족(Цимшиан, Tsimshian), 바카쉬스크-크바키튜어 족(Вакашская-Квакитютль, Kwakiutlan), 바카쉬스카야-눗카어족(Вакашская-Нутка, Nootkan), 세리쉬꼬어족(Сэлишская, Salishan)

져 나온 원주민들은 다시 54개의 종족으로 나누어진다. 그중 극동 자연 자원이 풍부한 극동과 시베리아에는 17개의 소수민족이 살고 있다. 1989년 통계에 의하면 전체 이들은 100,000명 정도인 것으로 확인되었다. 이들 중 60,000명 정도는 극동 지역에 살고 있는데 이주민들은 14개 어족 중 알타이어족(퉁구-만주어족), 축치-캄챠트카 어족, 에스키모-알룟어족과 두개의 고립어(니히브어와 유카리어)족이 해당된다. 이들은 전통적으로 '고아시아족'이라는 개념으로 통칭되기도 한다.

여러 민족을 구분하는 가장 기본적인 개념은 그들의 생업과 관련되어 표현되는 문화형태이다(김재윤·이유진 2010). 생업은 자연환경의 조건과 가장 밀접하게 관련이 되어 있으며 환동해문화권과 관련된 극동은 툰드라, 삼림지대, 스텝과 삼림의 중간지대 등 다양한 자연환경과 관련해서 여러 민족의 생업형태가 다양하다.[4]

이 민족들은 19세기 후반 러시아인들에게 동화되기 전까지 수렵채집생활을 하던 사람들로, 의식주 생활습관이 오랜 기간 지속되었다는 점은 고고학자료의 해석에서 참고로 할 수 있는 부분이다. 아무르강 하류의 토우는 아무르강 하류에 현존하고 있는 나나이족과 니기달 족 등의 여러 민족이 제사를 지낼 때 사용하는 나무로 만들어진 인형(도면 12)이 있는데, 얇은 동체부와 머리표현 등이 신석기시대의 출토의 것과 유사하다는 연구가 있다(오클라드니코프, 메드베제프 1980).

나나이족은 어업을 주로 하는 민족으로 반렵반목을 하는 민족과는 달리 정

---

4) 해양동물을 사냥하는 북극 사냥-알룟트족, 축치족과 코랴 툰드라 지대의 순록유목을 하는 (축치 족과 코랴 족, 추반치 족, 에반 족)과 타이가 지역의 사슴유목과 사냥이 혼합된 형태(에벤 족, 에벤키 족), 해안가와 큰 강가의 어업(이텔멘 족, 연해주 코랴 족, 나나이족)등으로 구분된다. 이들 중에서 대다수를 차지하는 것은 사냥과 툰드라지역의 사슴유목이다.

주생활을 한다. 집과 가족 부엌의 불씨를 보호하는 의미로 각 가정에 목제로 만든 목우를 세워놓았다. 그 모습도 사진과 같이 다양한데, 머리모양이 길쭉한 것도 있고, 그냥 둥글게 표현된 것도 있으며, 머리에 장식을 쓴 것도 있다. 대체로 다리는 표현되지만 손은 간략하게 표현되어 있고 공통적으로 얼굴표정은 없다. 주로

도면 I2. 나나이족 나무인형(필자 촬영)

집 안에 세워놓기도 하며, 마을 어귀에 세워놓기도 한다(도면 12).

극동전신상토우도 움집내에서 확인된다는 점에서 볼 때 민족지자료와 같은 의미로 사용 되었을 것이다(大貫靜夫 1998; 김재윤 2008).

6. 맺음말

인물형상물은 후기 구석기시대부터 토제나 골제로 제작된다. 특히 동북아시아에서는 골제로 제작된 비너스 상이 움집 내부에서 출토되어 일찍부터 생활의 례와 관련성이 크다. 이러한 의미는 환동해문화권 신석기시대와 청동기시대에도 소재가 바뀌어 제작되어 그대로 이어진다. 그러나 그 인물형 토우는 무성이

며, 몸통에 머리가 각을 이루어 부착되는 모습인데, 아무르강 하류, 연해주, 두만강 유역 등에서만 확인되는데 일종의 아이덴티티를 표현한다고 볼 수 있다.

현대처럼 모든 일상을 사진이나 글로 남기는 행위가 없던 시대에 극동전신상토우와 동물형토우는 환동해문화권을 살았던 고대인 스스로의 모습이며, 자신의 아이덴티티 혹은 생업을 말없이 표현하는 자료로 파악된다.

참고문헌

김재윤, 「선사시대의 極東 全身像 土偶와 환동해문화권」, 『한국상고사학보』 60, 한국상고사학회, 2008.

김재윤, 『접경의 아이덴티티: 동해와 신석기문화』, 서경문화사, 2017.

김재윤, 「지역 간 교류에 대한 방법론적 제시」, 『한국고고학의 신지평』 제38회한국고고학대회발표요지, 한국고고학회, 2014.

김재윤·이유진 「민족지자료로 본 극동 원주민의 생활상−생업자료를 중심으로−」, 『부산대학교 고고학과 창립20주년 기념 논문집』, 부산대학교 고고학과, 2010.

今村佳子, 「中國新石器時代の偶像」, 『中國考古學』 第2号, 2002.

大貫靜夫, 『東北アジアの考古學』, 同成社, 1998.

Абрамова З.А., Аникович М.В., Бразер Н.О., Борисковский П.И., Любин В.П., Праслов Н.Д., Рогачев А.Н. 1984, *Палеоит СССР, Москва*: НАУКА (아브라모바 등, 『소련의 구석기시대』, 1984)

Батаршев С.В., *Руднинская археологическая культура в Приморье.* −198с. (바타르쉐프, 『연해주의 루드나야 고고문화연구』, 블라디보스톡, 러시아과학아카데미 역사고고학민족학연구소, 2005)

Окладников А.П. Отчет о раскопках древнего поселения у села Вознесеновского на Амуре, 1966 г., *Материалы по археологии Сибири и Дальнего Востока.* −Новосибирск, 1972− Ч. 2. −С. 3−25. (오클라드니코프, 「1966년 아무르강 보즈네세노프카 마을의 고대 유적 발굴 보고서」, 『시베리아와 극동의 고고자료』, 1972)

Окладников А.П. Медведев В.Е., Раскопки в Сакачи Аляне, *АО 1980.* 1981−С. 201~203(오클라드니코프, 메드베제프, 「사카치 알리안 발굴」,

『1980년도 고고디스커버리』, 1981)

Окладников А.П. 1941, Палеолитические жилище в Бурети, КСИМК, 1-10(오클라드니코프, 1941, 「부레티의 구석기시대 주거지」, 『소련 과학 아카데미 물질문화연구소 간보』)

Окладников А.П. 1984, Керамика древнего поселения КОНДОН (приамурье)(오클라드니코프, 1984, 『콘돈 마을 유적의 토기(아무르지역)』)

Клюев Н.А. 2000, Миниаюрная маска-личина эпохипозднего неолита из Приморья, *Маска сквозь призму псхлогии и культурологии* : Материалы Дальневосток. науч-практ. конф., 23-24 марта 2000г. -Владивосток, 2000-(클류예프, 「연해주 신석기시대후기의 인물형 두상」, 『마스크: 심리학과 문화학의 반영』, 2000)

Клюев Н.А., Яншина О.В., Кононенко Н.А. Поселение Шекляево-7 -новый неолитический памятник в Приморье, *Россия и АТР.* 2003, -№ 4. -С. 5-15(클류예프 외, 「셰클라예보-7 유적」, 『러시아와 태평양』 제4기, 2003)

Левна М. Г. Потапоа Л Л., 1961, Историко-этнографическй Атлас Сибири, издательво Академии наук СССР(레프나, 포타포아, 『시베리아의 민족학 지도』, 소련과학아카데미, 1961)

유적과 유물로 본
말갈·발해의 종교와 제사

홍형우 | 강릉원주대학교

1. 머리말

발해(渤海)는 옛 고구려 땅에 대조영에 의해 건국된 698년부터 거란에 의해 멸망하는 926년까지 228년간 존속하였던 나라로, 그 영역은 중국 동북3성(길림성, 요녕성, 흑룡강성) 지역과 러시아 연해주, 그리고 한반도 북부 지역에 걸쳐 있었다.

중국, 북한, 러시아 등 각국이 발해 문화의 성격을 보는 입장은 매우 다르다. 중국학자들은 말갈의 전통과 당 문화의 요소를 강조하며, 북한 학자들은 고구려 문화의 전통만을, 러시아는 말갈 요소와 함께 문화의 다양성을 강조한다. 남한의 경우는 고구려 계승 요소 및 당 문화의 영향과 함께 발해 고유문화의 창조를 지적하기도 한다.

현재 발해는 다양한 문화 성격을 갖고 있었던 나라로 평가되며, "고구려적인 요소(상경성 궁궐터의 온돌장치, 막새기와, 석실봉토분, 축성법 등), 말갈적 요소(토광묘, 말갈계토기 등), 당 문화 요소(각종 제도, 삼채그릇, 상경성 구조, 영광탑 등), 그 외에 중앙아시아나 서구 문화의 요소(중앙아시아계 은화, 거울, 장식품, 경교(景敎) 십자가 등)이 발견되며, 고유한 양식(기둥밑장식기와, 귀면와 양식, 24개돌 유적 건축 등)도 지니고 있다."[1]

이렇듯 발해가 어느 나라, 어느 민족, 어느 문화를 계승하였으며, 역사적 의식은 어떠하였는가 하는 점 등은 학계에서 치열한 논쟁이 진행되고 있는 분야이다.[2]

주지하다시피 발해는 주민 구성에 있어 고구려 유민과 말갈 등 다민족으로 구성되어 있던 나라였다. 본래 말갈은 중국 수·당대에 중국 동북지방에 거주했던 종족으로 시대에 따라 숙신–읍루–물길–말갈–여진–만주족으로 불린 민족이었다. 말갈이란 명칭은 『北齊書』武成帝 河淸 2년(563년)의 조공기사에서 처음 보이며, 외국열전에 본격적으로 삽입되는 것은 『隋書』동이열전 말갈전부터이다.[3]

말갈은 발해사 연구의 쟁점 사항, 즉 발해 건국자인 대조영의 출자 관계(고구려인 또는 말갈인), 발해의 주민구성(지배층은 고구려 유민, 피지배층은 말

1) 이효영, 「한국의 발해사 연구 현황과 방향 모색」, 『동아시아의 발해사 쟁점 비교 연구』, 동북아역사재단, p.53, 2009.
2) 임상선, 「발해의 건국과 국호」, 『새롭게 본 발해사』, 고구려연구재단 편, p.12, 2007.
3) 이에 반해, 『삼국사기』에서의 말갈은 기원 전후 무렵부터 한반도 중부지역에 등장하여 삼국의 말기까지 삼국의 역사에 큰 영향을 미쳤던 것으로 나타나고 있다. 만주 지역의 말갈과 대비되는 『삼국사기』의 말갈의 실체에 대해서는 지속적인 연구가 이루어지고 있는데, '별종설', '예족설', '고구려내 말갈설', '마한 소국설' 등 다양한 설이 제기되어 있다.

갈인 등), 발해문화의 고구려 계승성 등 많은 쟁점들과 밀접한 관련을 가지고
있다.

한편, 말갈과 발해의 유적에 대한 발굴조사가 점증하고 있어 말갈·발해 문
화에 대한 고고학적 정보가 축적되어가고 있으나, 현재까지 말갈과 발해의 유
적을 뚜렷이 구분하는 것이 용이한 것이 아니다. 특히 발해 건국 이후시기에 해
당하는 무덤이나 주거유적의 경우 말갈과 발해의 구분이 어렵다.

따라서 본고에서는 말갈과 발해를 따로 구분하지 않고 말갈·발해의 종교와
제사에 대하여 고고학적으로 살펴보고자 한다. 그러나 말갈과 발해의 종교와
제사에 대하여는 알려져 있는 것이 거의 없으며, 현재로서 이 주제를 다루는 것
은 분명한 한계가 있다. 따라서 본고에서는 기존의 연구 성과를 중심으로 정리
하여 살펴보고, 발굴 사례를 소개하는 것으로 글을 전개해보고자 한다.

2. 유물로 본 말갈·발해의 종교와 제사

발해의 문화에 대한 연구는 자료의 한계에도 불구하고, 불교, 유학, 도교에
대한 연구[4]가 있고, 샤머니즘에 대한 고찰[5]도 이루어졌다.

---

4) 최성은·이송란·임석규·양은경·이우섭, 『발해의 불교유물과 유적』, 학연문화사,
  2016; 천인석, 「渤海의 儒學思想 硏究」, 『東洋哲學硏究』16, 1996; 천인석, 「渤海의 儒學
  思想과 統一新羅의 儒學思想 比較」, 『東洋哲學硏究』17, 1997; 임상선, 「渤海의 道敎思
  想에 대한 試論」, 『汕耘史學』8, 1998; 임상선, 「渤海人 李光玄과 그의 道敎書 檢討」, 『韓
  國古代史硏究』20, 2000.
5) 방학봉, 『발해의 문화』1, 정토출판, 2005.

1) 샤머니즘(shamanism)

샤만은 퉁구스어의 음역으로 무당을 의미한다. 샤만은 인간과 귀신과의 사이에서 교통(交通)하는 중매자이며, 신은 샤만을 통하여 사람과의 관계를 형성한다. 샤머니즘은 고대 동북지역의 선비(鮮卑), 거란(契丹), 실위(室韋), 숙신(肅愼), 읍루(挹婁), 옥저(沃沮), 부여(夫餘), 고구려(高句麗), 물길(勿吉), 말갈(靺鞨), 발해(渤海)인들 가운데 많이 성행한 것으로 알려져 있으며, 발해가 멸망한 후에는 요(遼)나라와 금(金)나라 사람들 가운데에서 많이 유행하였다. 말갈·발해의 샤머니즘과 관련된 직접적인 자료는 거의 없으며, 발해 이전과 이후의 자료를 통해 간접적으로 살펴볼 수 있다.[6]

샤머니즘과 관련된 것으로 볼 수 있는 발굴된 자료로는 허리띠 장식품, 청동기마인물상, 입방체유물('발해입방체'), 청동 방울, 작은 동물형상 등이 있다.

허리띠 장식품은 말갈과 발해의 무덤에서 모두 출토되며, 발해 이후 여진의 무덤에서도 확인된다. 허리띠 장식품은 평면 방형과 원형 두 가지가 있으며,

도면 I. 청동허리띠 장식품(코르사코프카 유적 출토, 필자 촬영)

---

6) 방학봉, 「발해 사만교(薩滿敎) 존재여부에 대하여」, 『발해건국 1300주년(698~1998)』, 고구려연구회, pp.303~335; 방학봉, 앞의 책, pp.278~324, 2005. 본고의 샤머니즘에 대한 사항은 방학봉의 앞의 책을 참조한 것이다.

도면 2. 코르사코프카 유적 출토 허리띠 장식품(노보시비르스크 고고학민족학연구소 박물관, 필자 촬영)

표면에는 꽃무늬를 부각하고 구멍을 새기고 선을 음각한 것 등이 있다. 방형에는 4개, 원형에는 2개의 허리띠에 달 수 있는 단추가 뒷면에 부착되어 있다. 허리띠 장식품은 샤만이 의식을 행할 때 착용한 것으로 추정된다.

허리띠 장식품은 중국 길림성(吉林省) 영길현(永吉縣) 양둔(楊屯) 상층무덤, 화림현(樺林縣) 석장구(石場溝) 묘지, 영길현(永吉縣) 사리파(査里巴) 무덤, 발해진(渤海鎭) 서석강(西石崗) 묘지, 동청 발해무덤, 화룡현(和龍縣) 혜장(惠章) 무덤, 집안현(集安縣) 동대자(東臺子) 유지, 영안현(寧安縣) 홍준어장(紅鱒魚場) 무덤, 혼강시(渾江市) 영안유지(永安遺址), 흑룡강성(黑龍江省) 수빈현(綏濱縣) 수빈3호 무덤 등과 함께 러시아의 트로이츠코예, 코르사코프카, 나제진스코예, 유적 등에서도 출토되었다.[7]

---

7) 방학봉, 앞의 책, pp.298~320, 2005; E.V. 아스타쉔코바 저, 정석배 역, 「발해주민의

이 유적들은 대체로 6~12세기로 편년되며, 말갈, 발해, 여진에 속한다. 그러나 각각의 유적을 말갈, 발해, 여진 중 어느 계통으로 볼 것인가에 대하여는 다양한 견해가 있다.[8]

청동기마인물상은 기사가 말을 타고 있는 모습으로, 기사는 1~2명이 타고 있으며, 말은 네 다리가 아주 짧게 만들어져 있다. 말의 목부분과 꼬리부분은 몸체에 비해 길게 되어 있어 전체적으로 마치 용이 공중으로 날아오르는 것 같은 모습이다. 기사는 샤만을 말은 샤만이 신과 통하는 조수를 상징한 것으로 볼 수 있다.[9] 이 유물들은 7·8세기부터 13세기까지 중국, 연해주, 아무르 강 유역에서 출토된다.

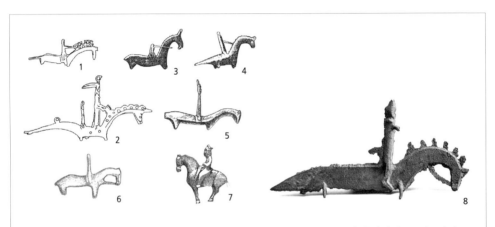

1: 사이진, 2: 양둔, 3·4: 시니예 스칼르이, 5: 유즈노 우수리스크 성, 6·7 : 발해 상경성, 8: 체르냐티노 5 고분군

도면 3. 청동 기마인물상[10]

표현 및 장식−응용미술 −연해주 유적 발굴조사 자료를 통해−」, 『고구려발해연구』 42 집, pp.188~189, 2012.

8) 홍형우, 「토기를 통해 본 동(東)아무르 지역 중세문화의 전개」, 『고구려발해연구』 42집, 2012.

9) 방학봉, 앞의 책, pp.303~304, 2005.

북방 유라시아 제사 고고학의 현황과 과제

청동기마인물상은 양둔무덤, 사이금(沙伊金)성지[11], 시니예 스칼르이, 유즈노-오스리스크 성, 체르냐티노-5 등에서 출토되었으며, 유사한 것이 동경성, 동녕 단결 유적에서도 확인된 바 있다.[12]

기마인물상의 상징적 의미에 대하여는 여러 의견들이 있지만, 샤머니즘적 표상과 관련된 것으로 보는 것은 대체로 의견을 같이 한다.

구멍뚫린 토제품 및 석제품은 다수의 구멍이 뚫려 있는 형태이다. 흔히 '발해 입방체'라고도 한다. 이 유물은 고구려, 발해, 요, 금, 원 등 여러 시기의 문화들에 알려져 있고, 연해주 발해시기의 거의 모든 유적에서 확인된다.

출토유적으로는 크라스키노 성, 마리아노프카 성, 니콜라예프카 2 성, 노보고르제예프카 성, 고르바트카 성, 아브리코스 절터, 코르사코프카 절터, 보리소프카 절터, 콘스탄티노프카 1주거유적, 체르냐티노 2 주거유적 등이 있다. 이와 유사한 유물들은 중국의 발해 유적들에도 확인되는 것으로 알려져 있다. 모양은 장방형, 입방체형, 사다리꼴, 십자모양, 미니어처 건축물 모양 등을 하고 있다. 문양이 없는 것도 있지만, '눈구멍'주변의 원, 구레나루, 인물, 기하문양 등이 표현되기도 한다.

구멍뚫린 유물의 기능에 대하여는 다양한 견해가 있다. 샤먼의 종교적인 목적으로 사용되었다는 견해가 있으며, 금속 제련이나 요리 시에 공기순환을 시키기 위한 목적으로 사용되었다는 의견도 있고, 아궁이 위에서 토기를 매달았던 끈을 조정하는 조절기의 역할을 했다는 의견도 있다. 세 번째 견해는 니이카타 박물관과 센다이 박물관의 민속자료에 근거한 것이다. 이 유물은 일생생활

10) 1·2 - 방학봉, 『발해의 문화1』, p.308, 2005; 3~7 - E.V. 아스타쉔꼬바, 「발해주민의 표현 및 장식-응용미술 -연해주 유적 발굴조사 자료를 통해-」, p.207, 도면 5, 2012; 8 - 체르냐티노 5 고분군 발굴조사보고서.

11) 방학봉, 앞의 책, p.300, pp.312~314, 2005.

12) 아스타쉔코바, 앞의 글, pp.184~185, 2012.

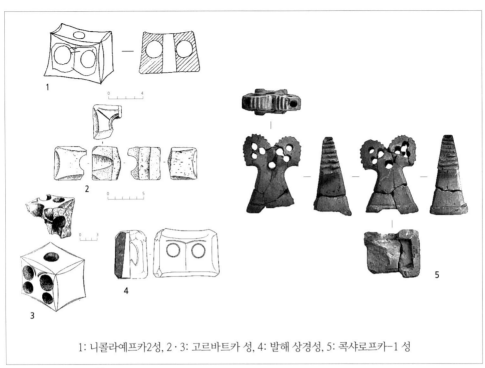

1: 니콜라예프카2성, 2 · 3: 고르바트카 성, 4: 발해 상경성, 5: 콕샤로프카-1 성

도면 4. 입방체유물들[13]

에서 실용적 역할을 하였을 것이지만, 상징적 의미도 가진 것으로 추정된다. 만약 아궁이용 끈 조절장치가 맞는다면, 가정의 아궁이를 수호하고 가족에게 복을 가져다주는 조상들의 혼령의 거처를 형상화 한 것으로 볼 수 있다.[14]

이밖에 작은 청동방울, 청동거울 등도 출토되는데, 청동 방울은 샤만은 많은 요령(腰鈴)을 허리띠에 매달고 춤을 추며, 청동거울은 샤만이 가죽에 꿰어서 신복(神服)의 가슴과 뒤 등에 걸고 의식을 거행한다. 몸에 단 거울이 많으면 많을

---

13) 1~4 - E.V. 아스타쉔꼬바, 「발해주민의 표현 및 장식-응용미술 -연해주 유적 발굴 조사 자료를 통해-」, p.206, 도면 4, 2012; 5 - 국립문화재연구소, 『콕샤로프카-1』 발 굴조사보고서, p.57, 사진 70.

14) 아스타쉔코바, 앞의 글, pp.183~184, 2012.

수록 법술(法術)이 많고 신통력이 더 강하여 신의 도움을 더 많이 받는다고 여겼다.[15]

뼈를 새겨 만든 도마뱀, 조류(鳥類), 거북, 곰 등의 조각상도 샤머니즘의 제사활동과 관련된 것으로 여겨진다. 도마뱀상과 거북상은 콘스탄티노프카 마을유적에서 출토되었고, 오리, 수탉 소상은 니콜라예프카 2호 성터, 노보고르제예프카, 콘스탄치노프카 1 유적 등의 연해주 발해유적에서 출토되었다.

흑룡강 일대에 거주한 나나이족의 풍습에 따르면, "도마뱀과 거북은 사람들이 깊이 잠들었을 때 잠든 사람의 입을 통해 위화 복강내에 들어가 병을 일으키는데 심하면 죽기까지 한다. 환자의 병치료를 위해 샤만은 환자 체내에 도마뱀과 거북을 몰아낸다. 그 후에 환자는 자기의 목에 도마뱀과 거북의 그림을 부쳐 사악한 물건을 피한다."고 전하고 있어, 이러한 풍습이 발해시기에도 있었던 것으로 추정되고 있다.[16]

이와 같이 출토유물로 보아 샤머니즘은 발해의 전 지역에서 광범위하게 퍼져 있었던 것으로 보이며, 발해의 문화가 발전함에 따라 그 신앙 정도는 점차 약화되고 변방지대와 흑수말갈지역에서는 더욱 광범위하게 유전되고 있었던 것으로 보인다.

2) 불교

불교는 국왕과 귀족 등 지배계급의 종교였다. 예컨대 713년(高王15년) 12월에 발해의 왕자가 장안(長安)에 이르러 저자에 나가 교역을 하고 사원에 들어가 예배하게 해달라고 요청한 사실은 발해 초기부터 발해 왕실이 불교에 젖어 있었다는 것을 보여준다. 또한 3대 문왕(文王)이 '대흥보력 효감금륜성법대왕(大

---

15) 방학봉, 앞의 책, p.301, p.304, 2005.
16) 방학봉, 앞의 책, p.315, 2005.

興寶歷 孝感金輪聖法大王)'이라는 불교적인 존호를 사용한 것을 통해 불교가 지배층에 만연하고 있었음을 알 수 있다.[17]

그러나 발해 불교에 대한 문헌자료는 거의 남아 있지 않으며, 유적과 유물을 통하여 발해 불교를 흔적을 찾아 볼 수 있다. 발해의 영역이었던 지역에서는 현재까지 모두 40여 곳의 발해 절터가 확인되고 있다. 구국(舊國) 지역에서 1곳, 상경(上京) 일대에서 10여 곳, 중경(中京) 일대에서 12곳, 동경(東京) 일대에서 9곳이 확인되었고, 대성자(大城子) 성안에서도 절터로 보이는 곳이 조사되었다. 또한 러시아 연해주에서 5곳, 함경도 일대에서도 2곳의 절터가 확인되었다. 탑으로는 정효공주묘탑·마적달탑(馬滴達塔)·영광탑(靈光塔)이 알려져 있고, 사리탑과 불상이 출토되었다.[18]

1. 구국지역 : 홍석향(紅石鄕) 묘둔(廟屯)사지

2. 상경지역 : 상경성 주변 열 곳의 사원

3. 중경지역 : 팔가자진의 하남촌사지, 동남구사지, 덕화향의 고산사지, 서성향의 군민교사지, 룡영향의 룡해사지, 룡전신의 수칠구사지, 덕신향의 중평사지, 명월진부근의 무학사지, 대동구사지, 신성동사지, 전가구사지, 함장사지 등 열 두 곳

4. 동경지역 : 팔련성 안의 세 곳, 마적달향의 마적달사지, 마천자향의 오·일사지, 양포향의 양목림자사지, 밀강하상류의 대황구사지

5. 남경지역 : 명천군의 개심사 절터, 신포시 절골 유적

6. 연해주 지역 : 핫산지방의 크르스키노성 안의 사지, 슬라뱐카지방의 코

---

17) 동북아역사재단, 『발해의 역사와 문화』, p.311, 2007.

18) 동북아역사재단, 『발해의 역사와 문화』, p.313, 2007 ; 송기호, 『발해 사회문화사 연구』, 서울대학교출판문화원, p.219, 2011.

프이토사지, 아브리코스사지, 우스리스크 시 부근의 사지 등.[19]

발해의 불상은 중국, 일본, 러시아, 북한, 한국 등에 산재하며, 재질별로는 석불, 철불, 금동불 또는 동불, 전불(泥佛, 陶佛), 소조불, 건칠불, 벽화에 그려진 불상 등이 있다. 이 중 전불의 수가 가장 많으며, 상경성, 팔련성의 절터에서 대량으로 출토되었다. 연해주의 아브리코스 절터에서도 확인된 바 있다.

전불 바닥면에는 못 구멍이

도면 5. 발해의 불상(보리소프카 출토, 필자 촬영)

있어 본래 사원의 벽면을 장식하기 위해 부착했던 것으로 보이며, 천불 또는 화불(化佛)로 만들어졌을 것으로 생각된다.

석불로는 상경성 안의 흥륭사(興隆寺)에 안치되었던 불좌상이 대표적이나, 청나라 때 수리되면서 본래의 모습을 잃어버렸다. 단독상으로는 보살상과 불좌상이 있고, 그 외에 이불병좌상과 삼존불 등이 있다.

발해 건국 초기의 수도인 구국에는 불교유적이 극히 적지만, 그 외 수도였던 중경현덕부와 상경용천부, 동경용원부 일대에는 사지와 불상 등 많은 불교유적과 유물이 발견되고 있으며, 특히 9세기 대에 들어오면서 불교가 융성해져 일반 귀족층도 불교에 심취했을 것으로 보인다. 그 결과 절과 탑을 세우고 불상의

---

19) 송기호, 『발해 사회문화사 연구』, p.219, 2011; 임석규, 「발해의 이불병좌상」, 『발해의 불교유물과 유적』, 학연문화사, p.18~19, 2016.

제작이 활발히 이루어졌다.[20]

3) 기타 종교

발해에는 경교(景敎, 네스토리우스교)의 흔적이 보인다. 팔련성 제2절터에서 발견된 삼존불 중에는 불상의 목에 십자가를 매단 것이 있는데, 경교의 십자가로 보인다. 또한 아브리코스 절터에서도 경교 십자가가 새겨진 점토판이 발견된 바 있다. 당나라에는 오래전에 경교가 들어와 태종(太宗)이 638년 공인한 뒤고 크게 번성하였다가, 무종(武宗)이 845년 폐불훼석(廢佛毁釋)의 제(制)를 내리면선 쇠퇴하였다. 또한 당시 중앙아시에에는 위구르에도 경교가 널리 펴져 있었다.

발해의 경교는 상경성에서는 아직 확인되지 않고, 훈춘과 연해주에서 발견되는 것으로 보아, 중앙아시아로부터 유입되었을 가능성이 높은 것으로 보인다.[21]

4) 콕샤로프카 유적

콕샤로프카 유적은 연해주의 중부 지역 우수리 강 상류의 범람원에 위치한다. 콕샤로프카-1 평지성과 콕샤로프카-8 석축구조물로 나뉘는데, 약 0.6km로 인접해 있다. 국립문화재연구소에서 2008~2014년까지 연차 발굴하였다.

콕샤로프카-1 평지성에서 주목되는 것은 북편건물지군이다. 여기에는 대형건물지 7동이 동서로 나란히 위치하며, 남쪽에는 생산활동과 관련된 유구들이 분포해 있다. 대형건물지군 7동은 동벽과 서벽 중앙부에 위치한 각각의 아궁이에서 2줄 고래가 이어져 북쪽 중앙에서 만나 외곽의 배연부에 연결되는 쪽구들

---

20) 송기호, 앞의 책, pp.199~234, 2011.
21) 송기호, 앞의 책, p.232, 2011.

1: 콕샤로프카-1 유적 건물지, 2: 콕샤로프카-8 유적 제사유적, 3: 기대

도면 6. 콕샤로프카 유적 및 기대[22]

을 각각 시설하였다. 쪽구들은 고구려와 발해이래로 이어진 한민족 전통의 난방시설이라는 점에서 주목받았다. 이 7동의 대형건물지는 동일한 구조로 나란히 배열되어 있는 점이 독특한데, 주거용이 아닌 행정관청(국립문화재연구소, 2012), 종묘와 같은 의례시설(송기호 2012), 생산공간과 연결된 의례기능을 총괄하는 시설(윤형준, 2014), 남쪽의 생산공간을 둔 하나의 주거지구(윤형준, 2016) 등 이 건물지의 기능에 대한 다양한 견해가 제시되어 있다.[23]

---

22) 국립문화재연구소, 『연해주 콕샤로프카-1 평지성 I』, 발굴조사보고서, 2012.

23) 국립문화재연구소, 『연해주 콕샤로프카 유적』, 2015; 윤형준, 「러시아 콕샤로프카 유

콕샤로프카-8 유적에서는 석축구조물이 발굴되었다. 석축구조물은 다른 유적에서는 찾아볼 수 없는 독특한 구조를 가지고 있다. 다듬은 판석재로 기단을 4단까지 쌓고 남쪽에서부터 계단을 통해 중앙의 방형공간으로 올라가 북쪽을 바라보는 구조이며, 북쪽과 서쪽에 담장을 두고 있다. 이 구조물은 동쪽 거의 절반이 파괴되어 있었는데, 강한 화염의 흔적으로 보아 의도적인 훼손과 함께 폐기한 것으로 보인다.

이 석축구조물의 성격에 대한 견해 역시 다양하다. 공동 발굴에 참여한 러시아 측에서는 이 구조물의 성격을 중국 육정산 고분군 및 홍준어장 고분군과 유사하고, 매장주체부로 추정되는 방형공간 안에서의 출토품이 피장자의 신근물품임을 들어, 무덤으로 보고 있다. 그러나 한국 조사단에서는 신근물품은 제사장의 착장품으로도 볼 수 있고, 방형공간 아래 유구 또한 매장 시설로 볼 근거가 부족한 것으로 판단한다. 따라서 무덤이기보다는 처음부터 의례를 위한 제단시설이었던 것으로 이해한다.

외곽의 담장렬, 초석과 기둥, 계단 시설 등은 의례 행위가 이루어질 수 있는 제단의 요소이며, 기둥장식부, 의례용 유물의 출토를 근거로 제시하고 있다. 의례의 주체는 콕샤로프카-1 평지성이었던 것으로 파악하고 있다. 흥미로운 점은 지하물리탐사 결과 이러한 석축구조물이 일대에 수기가 더 있을 것으로 추정된다는 점이다. 향후 추가 발굴이 이루어지면 말갈·발해의 의례와 관련한 많은 것을 밝힐 수 있을 것으로 기대되는 유적이다.

적 발굴조사 성과와 과제」, 『고구려·발해 유적의 최신 발굴조사 성과와 과제』, 고구려발해학회 학술회의 발표집, pp.47~56, 2016.

북방 유라시아 제사 고고학의 현황과 과제

3. 맺음말

물질문화를 통해 과거를 연구하는 고고학자들이 부딪히는 문제 중 하나는 과거의 정신세계가 그대로 물질문화에 표현되어 있지 않다는 점이다. 상징과 의례, 그리고 종교를 고고학 자료를 통해 분별해내고 해석하는 작업은 언제, 어디서, 무슨 일이 있었는지에 대해 알고자 하는 것과는 달리, 과거 사람들이 무엇을 생각하였는지를 알고자 하는 작업으로, 고고학 자료를 통해 접근하기 가장 어려운 분야이다.

말갈과 발해의 종교와 제사를 알려주는 기록과 유적·유물은 많지 않다. 앞서 살펴 본 바와 같이, 발해의 샤머니즘에 대한 자료는 허리띠 장식, 청동 기마 인물상, 구멍 뚫린 토제품과 석제품, 기타 동물상 등을 들 수 있으나, 이는 모두 모두 간접적인 자료이다. 발해의 종교는 불교, 도교, 유교 등이 있으며, 불교는 절터와 불상이 확인된다. 이밖에 경교도 들어와 있었음을 몇몇 유물을 통해 알 수 있다. 발해의 제사유적으로는 연해주에서 발굴된 콕샤로프카 유적을 들 수 있다. 한편, 현재의 자료로 발해시기로 이어지는 말갈유적을 발해의 유적과 명확히 구분하는 것은 어려우며, 향후 조사·연구의 진전이 있기를 기대한다.

참고문헌

국립문화재연구소,『연해주 콕샤로프카 유적』, 2015.

동북아역사재단,『발해의 역사와 문화』, 2007.

방학봉,『발해의 문화』1, 정토출판, 2005.

송기호,『발해 사회문화사 연구』, 서울대학교출판문화원, 2011.

아스타쉔코바 저, 정석배 역,「발해주민의 표현 및 장식-응용미술 -연해주 유적 발굴조사 자료를 통해-」,『고구려발해연구』42집, 2012.

윤형준,「러시아 콕샤로프카 유적 발굴조사 성과와 과제」,『고구려·발해 유적의 최신 발굴조사 성과와 과제』, 고구려발해학회 학술회의 발표집, 2016.

이효영,「한국의 발해사 연구 현황과 방향 모색」,『동아시아의 발해사 쟁점 비교 연구』, 동북아역사재단, 2009.

임상선,「발해의 건국과 국호」,『새롭게 본 발해사』, 고구려연구재단 편, 2007.

임상선,「渤海의 道敎思想에 대한 試論」,『汕耘史學』8, 1998.

임상선,「渤海人 李光玄과 그의 道敎書 檢討」,『韓國古代史硏究』20, 2000.

천인석,「渤海의 儒學思想과 統一新羅의 儒學思想 比較」,『東洋哲學硏究』17, 1997.

최성은·이송란·임석규·양은경·이우섭,『발해의 불교유물과 유적』, 학연문화사, 2016.

한성백제박물관·부산박물관,『러시아연해주문물전 프리모리예』, 2014.

홍형우,「토기를 통해 본 동(東)아무르 지역 중세문화의 전개」,『고구려발해연구』42집, 2012.

발해와 신라로 전래된 기독교
-고고학으로 본 네스토리우스교의 동방전래와 그 의미-

강인욱 | 경희대학교

1. 들어가며 - 네스토리우스교의 실크로드 진입 이유

최초로 동아시아에 유입된 기독교는 네스토리우스교로, 당나라 시기에 유입되었다고 보인다. 이 네스토리우스교가 당나라로 유입되게 된 데에는 복잡하게 얽힌 초기 기독교역사와 관련이 있다. 313년 밀라노칙령으로 기독교를 공인한 이후 초기 기독교회는 100여 년 넘게 서로 논쟁하며 교리를 완성해나갔다. 325년 니케아 공의회에서 예수의 신성을 배척하는 아리우스파를 배척하였고, 381년 콘스탄티노플 회의에서 기독교의 핵심교리인 성부-성자-성령의 삼위일체론을 마련했다. 그리고 네스토리우스의 논쟁은 삼위일체를 통해 확립된 신성과 인성이 결합된 예수를 어떻게 인식할 것인가에서 출발했다. 알렉산드리아 교회의 키릴은 예수의 인성이 신성보다 열세했다고 보았고, 안디옥 콘스탄티노플 교회의 네스토리우스(368~450)는 주장한 예수님이 신성과 인성을 모두 지녔다고 보는 양성설(dyophysitism)을 주장했다. 현재의 관점에서 본다면 그들 사이의 테오토코스(聖母) 논쟁은 심각한 교리의 차이라기보다 원전의 번역 및 각 교회간의 입장 차이에서 기인했다고 본다. 여하튼, 네스토리우스의 사상은 공정성의 논란을 일으키는 431년 제1차 에베소 공의회에서 이단으로 규정되었다. 결과적으로 존경받고 거대한 지지세력을 가지고 있었던 네스토리우스는 이 사건으로 자존심에 큰 상처를 입고 이집트의 Hibis지역의 수도원으로 추방당했고, 은거하여 죽을때까지 공식적인 활동을 접었다(이장식 2011).

하지만 네스토리우스의 지지파들은 굴복하지 않고 로마제국 동쪽의 시리아로 교세를 확장했고, 카톨릭교회와 경쟁적으로 그 교세를 확장했다. 결국 498년에 동방교회를 세우고 카톨릭으로부터 완전히 독립을 했다. 특히 페르시아의 니시비스(지금의 nusaybin)를 중심으로 '니시비스종파'를 이루어서 페르시아를 기점으로 동방으로 널리 확산되기 시작했다. 당시 페르시아는 비잔틴의 기독교와 결별하고, 페르시아의 대세를 이루던 조로아스터교와 겨루던 시기였기 때문에 네스토리우스교가 유입되기에 유리한 조건이었다. 반면에 서유럽에서는 예수의 신성만을 인정하는 단성설이 주류를 이루어서 네스토리우스교가 다시 유입되기 어려운 조건이었다. 이후 네스토리우스파는 아르메니아, 인도 등으로 그 교세를 확장했다. 또한 실크로드를 통한 무역이 활발해지면서 그들의 전도도 상업적인 루트를 따라서 동쪽으로 크게 급격히 확산되어갔다. 네스토리우스파 기독교가 동방으로는 인도를 거쳐서 당나라 대에는 중국에도 유입되었던 배경이다.

2. 동아시아 각국의 네스토리우스교 자료

1) 17세기에 중국에서 발견된 대진경 교비

중국 당나라 때에 네스토리우스교[1]가 진입되었음이 고고학적으로 확인된 것은 1623년에 발견된 [대진경교유행비]가 처음이다. 당시 중국에서 포교를 하던 선교사들에 의해서 섬서성 西安시의 大秦寺에서 세워졌던 대진경교전래비가 서양에 널리 알려지면서 이 장대한 동서를 잇는 종교의 역사가 알려지게 되었다. 대진경교유행비는 당나라 시기인 781년에 페르시아인 Yazdhozid(중국명 景淨)이 경교 사원인 대진사(네스토리스 교회를 일컫는 명칭)를 건립하면서 세운 비이다. 높이는 279㎝, 넓이는 상부는 92.5㎝, 하부는 102㎝로 밑이 약간 넓게 되어 있다(도면 1). 모두 1780자의 한자가 시문되었고, 시리아문자도 일부 들어가 있다고 한다. 현재는 서안시의 碑林博物館에 소장되어 있다. [대진경교중국유행비]에 따르면 서기 635년에 페르

도면 I.대진경교비

---

1) 한문으로는 경교라고도 한다. 본 고에서는 네스토리우스교라는 명칭을 원칙으로 하되, 중국 내의 상황을 이야기할 때는 경교라고 쓴다.

시아의 시리아 교회에서 파견한 알로펜(阿羅本)이 당나라에서 포교활동을 했을 때부터라고 한다. 특히 제3대 황제인 고종(高宗) 때에는 13도 358주에 경교사원(파사사)를 세웠다. 중국의 각 변방에도 경교사원이 세워졌다는 의미가 되고, 신라나 발해로도 유입될 수 있는 배경이 되었을 것이다. 그리고 당나라의 전성기인 현종때를 거쳐서 경교비가 세워진 781년까지 경교는 지속적으로 번성했을 것으로 생각된다.

이후 9세기 중반에 접어들어서 상황은 급변하여서 서방에서 들어온 종교들을 탄압하면서 경교는 급격히 쇠퇴하게 된다. 845년에 발생한 무종의 회창폐불(會昌廢佛)사건 때에 서방에서 유입된 3대 종교인 이슬람교, 조로아스터교와 함께 경교 역시 심하게 탄압받았다. 그리고 이어진 878년에 발생한 황소의 난에는 광동지역에서만 3만 명 이상이 죽음을 당했다. 이에 대해서 김호동 교수는 경교를 둘러싼 실크로드의 외부적 요인에 주목했다. 즉, 9세기 중반 아후에 동서교역이 해양실크로드로 비중이 높아지고, 그 주체는 이슬람인들로 바뀌게 되면서 경교도들이 동서무역을 담당하는 비중이 줄어들었기 때문이라고 한다. 한마디로 실크로드가 사라지면서 네스토리우스파의 경제적 기반이 사라진 것이다(김호동 2002).

여기에서 말하는 '회창폐불'사건은 당나라 중기에 외래 종교가 급격히 소멸되는 계기를 이루는 사건이다. 최근 페르시아의 고대 서사시인 쿠쉬나메가 한양대 이희수 교수에 의해 발굴되었다. 이는 7세기 후반에 사산조 페르시아의 마지막 왕자인 아비틴이 중국을 거쳐서 신라로 와서 타이후르라 불리는 여자와 결혼을 하고 활동한 이야기이다.[2] 쿠쉬나메는 페르시아 사람이 신라로 들어온

---

2) 그 내용은 7세기에 사산조 페르시아가 멸망하자 일련의 사람들은 중국에 망명하여 일가를 이루고 살았다는 데에서 시작된다. 하지만 중국의 정세 변화로 학살당하자, 급하게 아비틴은 주변의 권유로 신라에 도착했다. 신라왕 '타이후르'는 아비틴 일행을 환대하고 중용했다. 이때에 중국의 왕 '쿠쉬'가 침략을 하자 페르시아-신라 연합군은 이후

얘기인데, 실제로 서기 845년에 발생한 당나라 무종의 회창폐불(會昌廢佛)사건과 878년에 발생한 황소의 난때에 서방에서 유입된 3대 종교인 이슬람교, 조로아스터교, 네스토리우스교 등이 탄압받은 것과 관계되어 있다. 역설적으로 당나라의 탄압으로 네스토리우스교는 몽골, 발해, 신라 등으로 퍼져나갈 수 있었다.

하지만 당나라 이후 중국 내에서 경교의 인기가 급격히 소멸되면서 대진사도 불교 사원으로 바뀌고, 이 비석의 존재 자체가 잊혀졌다. 이후 명대인 1623년에 다시 발견되었다. 발견 직후에 중국에 체재하던 서양 선교사들은 이 비문을 판독하고 소개하는 등 큰 관심을 이끌게 되었다. 최근에 실크로드에 대한 관심이 일어나면서 경교의 흔적이 중앙아시아 각지에서 확인되었고, 이후 경교를 실크로드의 상징이 되었다. 하지만 이 경교가 중앙아시아의 실크로드를 거쳐서 중국에 유입된 것이 구체적인 고고학 자료로 확인된 것은 1623년에 다시 발견된 이후부터 260년이 지난 뒤였다.

2) 몽골 원제국 속의 네스토리우스교

회창폐불을 기점으로 중국 본토에서 자취를 감춘 네스토리우스교도들은 중앙아시아의 소그드인과 투르크인 사이에서 그 맹멱을 이어갔다. 이후 그들이 원제국의 일부가 되면서 다시 네스토리우스교는 번성할 수 있었다. 징기스칸과 혼인관계를 맺은 케레이트 및 옹구트 족이 네스토리우스교를 믿었음은 잘 알고 있다. 또한 징기스칸의 아내 보르테가 낳은 막내아들 톨루트의 부인인 소르칵타니 베티역시 네스토리우스교도였다고 한다. 소르칵타니 베티의 아들 중에 뭉

아비틴은 신라를 침략하는 쿠쉬를 물리치고 아비틴은 신라의 공주 '프라랑'과 결혼하였다고 한다. 그리고 그들이 낳은 아들 페리둔은 본국으로 돌아가 중국왕 쿠쉬를 물리치고 영웅이 된다는 이야기이다.

도면 2. 원나라 시기 경교 무덤의 묘지명(내몽고박물원. 2013
년 11월 필자 촬영)

케, 쿠빌라이와 같은 황제를 배출했다. 그 외에도 수많은 몽골 왕계에서 네스토리우스계를 찾아볼 수 있다. 또한, 몽골제국은 물론 내몽골 일대에도 이들의 고고학적 증거가 많이 존재한다(도면 2·3).

최근 중국에서도 네스토리우스 관련된 고고학적 자료를 적극적으로 홍보하고 있다. 21세기에 들어서 새로운 패자로 등장한 중국이 실크로드라는 키워드를 자신들의 세력확장에 이용하고 문화사업을 벌리고 있는데, 여기에서도 경교 관련 유물이 적합하기 때문이다. 나는 지난 2014년 8~9월에 내몽고의 주도 呼和浩特에 소재한 내몽고박물원에서 거행된 "초원실크로드전"에서 전시된 네스토리우스 유물을 실견할 수 있었다. 특히 적봉 출토의 원나라시대 네스토리우스교인을 묻었던 십자가가 새겨진 석관과 여러 청동유물이 인상적이었는데, 공교롭게도 이슬람교도의 석관 바로 옆에 전시되어 있어서 종교에 관대하며 국제적이었던 모습이 상징적으로 다가왔다. 하지만 전시회의 설명패널에는 중국 시진핑 주석이 중앙아시아 외교 이후 실크로드의 중요성을 담화한 이래 그의 뜻을 따라서 이 전시회를 열었다고 그 취지를 밝히고 있었다. 한마디로 중앙아시아에서 중국의 영향력을 강화하는 데에 역사적인 명분을 얻기 위하여 실크로드를 동원한 것이다. 내몽고박물관 이외에 주요 박물관은 경쟁적으로 실크로드 특별전을 개최하고 있고, 2015년에는 북경의 국가박물관에서도 실크로드특별전이 개막한다고 들었다. 경교의 유물은 다원일체를 강조하며 주변 여러 국가들을 통합하려는 중국의 상징으로 중국의 실크로드 정책에

도면 3. 2013년 내몽골박물원의 초원실크로드 전에서 전시된 내몽골 출토 이슬람(좌측)과 경교(우측)의 묘비석(필자 촬영)

전면으로 등장할 것이다.

3) 고고학자료로 확인된 중앙아시아 네스토리우스교의 흔적
    : 실크로드의 잊혀진 탐험가 판투소프가 발견한 경교의 유적

19세기에 중앙아시아에서 경교의 흔적을 고고학적으로 재발견한 사람은 N.N.판투소프(1844~1904)이다. 그는 실크로드의 개척자로 유명한 스벤 헤딘이나 오렐 스테인의 활동 이전인 1870년대부터 러시아령 투르케스탄(현재 카자흐스탄)의 남부에서 고고학적 활동을 벌였다. 판투소프는 제정러시아시절 동방학 연구의 산실인 상트-페테르부르그대학의 아랍-페르시아-투르크-타타르학과를 졸업했다. 당시 그는 페르시아, 투르크, 아랍어 등 여러 동방언어에 능통했고, 석사논문으로 제출한 킵차크 한국의 책봉관계에 대한 연구가 큰 호평

을 받으며 계속 대학교에 남아서 교수직을 할 것으로 권유받았다. 하지만 그는 대신에 러시아의 영토가 된 투르케스탄(지금의 카자흐스탄과 중국 신강성 일대)에서 중앙아시아를 연구할 것을 선택했다. 이후 그는 대학 졸업후 36년간 카자흐스탄 일대에서 관리로 근무하면서 고고학, 역사학, 언어학 등을

도면 4. 카자흐스탄에서 19세기 말에 경교의 흔적을 처음 발견한 판투소프 (사진의 오른쪽 맨아래)

연구했다. 특히 그는 고대 언어 및 필사본의 해독에 큰 재주를 보여서, 현대 위구르인의 타란치 방언을 발견하고 우즈벡, 카자흐어의 문법구조를 해독한 것은 지금도 투르크어학에서 큰 성과로 꼽힌다. 또한 투르케스탄 일대 현지를 조사하며 직접 암각화와 무덤들을 발굴해서 현재 카자흐스탄-중국 신장 일대 고고학의 서장을 열었다.

판투소프가 20세기 초반까지 카자흐스탄~신강성 일대에서 이룬 업적 중에 특히 주목되는 부분은 투르케스탄 쿨자(현재의 신강성 이리시 일대)에서 발견한 네스토리우스와 관련한 무덤 유적이다. 판투소프는 1885년에 추이강 유역 알라메딘에서 시리아어(판투소프는 몽골어라고 보았음)와 십자가가 새겨진 석관을 발견했다. 판투소프가 헤아린 무덤만 3천여 개였다고 하니 대형 공동묘지였던 듯하다. 판투소프는 1885년에 2기, 1886년에는 86기의 무덤을 발굴했다(Пантусов 1886). 판투소프는 이 무덤의 외형과 출토유물들을 자세히 기록하여 보고했고, 이로써 최초의 네스토리우스 관련 무덤이 고고학적으로 조사가

이루어졌다. 중국에 전래된 네스토리우스교가 실크로드 상에서 고고학적 자료로 확인되었다는 점에서 매우 중요한 업적이 아닐 수 없다. 하지만 다른 러시아의 실크로드 연구와 마찬가지로, 서양 중심의 실크로드 연구에서 판투소프의 이름은 거의 잊혀졌다. 다행히 그가 카자흐스탄 남부의 탐갈리 암각화와 고분을 조사할 당시의 사진들과 자료들에 최근에 공개되어서 판투소프의 재조명 움직임이 일어나고는 있지만(도면 4), 그의 업적은 여전히 가리워져 있다. 다음 장에서 나오는 내용인 샤프쿠노프가 발해 유적에서 출토된 십자가를 보고 네스토리우스교의 흔적을 추정할 수 있었던 배경에는 바로 판투소프의 업적이 있다고 해도 과언이 아니다.

4) 1930년대 일본의 연구

일본학계에서도 1930년대에 에가미 나부오(江上波夫)가 내몽고일대에서 수집한 경교계의 십자가가 소개되면서 본격적으로 논의가 되었다. 에가미 나부오는 1935년도에 발간한 책 [內蒙古 長城地帶]에서 중국 내몽고 일대를 답사하면서 수집한 네스토리우스 교도가 썼던 것으로 추정되는 청동제 십자가들을 수집하여 소개했다(도면 5). 에가미 나부오는 여기에서 이 십자가 형태의 청동기들을 자세하게 소개하면서 십자가 속의 卍자는 불교의 요소가 결합한 것이 아니라 기독교 안에서도 있는 문양임을 강조해서 서양의 문물이 북중국에 유입되었다는 것을 강조했다(도면 5). 에가미 나부

도면 5. 내몽고 출토 네스토리우스 십자가(江上波夫, 水野淸一 1935)

오는 아울러 몽골의 네스토리우스교 유적인 오론-솜 유적을 발굴했으며, 지금
도 동경의 오리엔트박물관에는 오론-솜 유적 발굴품이 전시되어 있다.

3. 발해와 신라 유물 속의 네스토리우스교

1) 발해의 경교십자가

발해에 네스토리우스교의 전래 가능성이 주장된 것은 약 50년 전의 일이다.
당시에 연해주의 발해절터인 아브리코스 유적에서 자그마한 진흙제 십자가를
발견된 적이 있다. 이후 50년이 넘도록 이 자그마한 진흙 십자가는 중앙아시아
를 거쳐서 발해로 유입된 기독교의 일파인 네스토리우스(경교)의 십자가로 규
정되었고, 널리 인용되고 있다.

아브리코스의 절터를 발굴한 사람은 발해고고학의 기초를 세운 샤프쿠노프
박사이다. 그는 1960년 여름에 연해주 크로우노프카강(=차피고우강)에서 발해
의 절터인 아브리코스 유적을 조사했다. 여러 불상들과 기와들 사이에서 작고
네모난 진흙제 유물이 눈에 띄었다. 흙을 털어내자 그 위에 십자가 모습이 새겨

진 것이 드러났다(도면 6). 샤프쿠노프는 십자가의
끝이 넓어진 형태에 주목해서 '東시리아'식의 네스토
리우스교 십자가로 규정했다. 이로써 러시아 학계에
서는 실크로드의 교류를 대표하는 경교의 흔적이 발
해에서도 존재했음이 정설화되었다(샤브쿠노프
1996; Шавкунов 1968).

발해가 활약했던 서기 8~10세기의 상황을 보면
네스토리우스교가 발해로 유입될 가능성은 충분히
높다. 중앙아시아의 에프탈(white huns)[3]은 표면적

도면 6. 발해절터 아브리
코스 출토 십자가(Шавку
нов 1968)

으로 조로아스터교를 국교로 채택했지만, 네스토리우스교의 흔적도 발견된다. 또한 라틴어 문헌 중에는 네스토리우스교 티모시 I세(728~823)에게 어떤 투르크의 칸이 교회를 세워달라고 요청했다는 구절이 있는 바, 투르크제국에서도 경교가 명백히 유입된 것 같다(Denis Sinor 1990). 이렇듯 네스토리우스교는 중앙아시아 일대에 널리 확산되었는데, 발해 역시 당나라는 물론 중앙아시아의 여러 국가들과 교류했음이 여러 증거를 통해 확인되고 있다. 이러니 중앙아시아와도 교류한 발해에도 경교가 유입되지 않을 이유가 전혀 없다. 문제는 경교의 유입을 기정사실화하지만 진흙제 십자가만으로 경교가 유입되었다고 단정하기에는 근거가 너무나 박약하다는 것이다. 실제 네스토리우스교가 유입되었고, 신도들이 있었다면 그보다는 조금 더 구체적인 증거가 있어야 한다. 현재 내몽고박물원에 소장되어 있는 원나라 시기 내몽고 동남부 적봉지역에서 출토된 네스토리우스교 신도의 무덤을 보자. 무덤 앞쪽은 전형적인 네스토리우스교의 십자가형태가 뚜렷하게 새겨져 있고, 시리아문자도 새겨져 있다. 또한, 다른 네스토리우스교의 유물을 보면 청동으로 만든 다양한 형태의 십자가와 기타 종교적 예물을 볼 수 있다. 발해도 거대한 제국이었는데, 유독 발해에 유입된 네스토리우스교 신도만 거친 진흙제 십자가를 만들 리가 없다. 게다가 이것이 발견된 지점은 불교 사원이 아닌가.

그렇다면 발해에서 출토된 네스토리우스 십자가는 어떻게 해석해야 할까? 이와 비슷한 예가 아무르강 유역의 여진무덤에서도 발견된 바 있다. 그리고 더 주의할 점은 1~2점의 종교적 예물이 나온다고 곧바로 종교의 전래로 간주할 수는 없다. 원래 사용맥락을 잃어버리고 제 3자에게 다른 용도로 사용되는 경우도 흔하기 때문이다. 러시아 아무르강 유역의 서기 7~11세기 코르사코프 유

---

3) Hephthalites, 5세기 중엽에 현재의 중아시아에서 번성했던 민족이다. 페르시아 계통의 사람들이지만 스스로를 훈족으로 자칭하여 white huns라고도 불린다.

적에서는 수백기의 여진계통 주민들의 무덤이 발견되었다. 그중에 여성 샤먼을 묻은 무덤에서는 흥미로운 유물들이 많이 출토되었다(강인욱 2009). 그녀의 허리띠에는 다양한 장식들이 달려 있었는데, 그중 하나가 고구려계통의 금동불상이었다. 자신의 신력을 많이 얻기 위해서 불상을 매단 것이다. 지금도 무당집에 가면 자신이 믿는 신 이외에 불상, 기독교의 성화를 가져다 놓은 경우가 많은데, 같은 맥락일 것이다. 최근 발해 콕샤로프카 유적의 조사를 통하여 위구르 제국의 유물이 대량 출토되었다(강인욱 2017). 샤프쿠노프가 제시한 발해와 중앙아시아의 관계가 재삼 증명된 바, 네스토리우스교의 발해 유입의 또 다른 방증이다.

2) 통일신라 네스토리우스교의 흔적과 엘리자베스 고든 여사의 연구

한국에 네스토리우스교가 유입되었다는 것을 처음 주장한 사람은 Elizabeth Anna Gordon여사이다(Gordon 1916). 그녀는 일본과 한국에 장기간 체재하면서 주로 불교관련 유적과 초기 기독교의 흔적들을 연구했고, 그 결과를 몇 권의 책으로 출판했다. 특히 그는 1916년에 출판된 [Symbols of 'The Way': Far East and West]에서 경주 석굴암의 나한상 의복에 보이는 특징을 경교와 결부시켰다. 그런데 그녀가 일본의 불교를 연구하게 된 동기는 그녀가 독실한 기독교인이며 열렬한 시온주의자를 자처했기 때문이었다. 그녀는 영국인이 유다의 후손이라고 믿었으며 일본인은 이스라엘의 사라진 열지파의 후손이라고 생각했었다. 지금 보면 우습겠지만 일본에서는 메이지연간부터 다이쇼 시기, 즉 19세기 말~20세기 초반까지 '일본민족 백인설'이 횡행했었다. 어쨌든, 동양과 서양을 잇는 하나의 흐름이 있다고 생각한 그녀는 동양의 불교를 연구하면서 그 저변에 깔려있는 기독교적인 요소에도 관심을 기울였다. 그녀의 책에는 네스토리우스교의 중국 유입이 자세히 서술되어 있고, 여러 유물들을 들어서 기독교의 흔적이 동양에 남아있음을 역설했다. 그녀가 네스토리우스교의 흔적이라고 본 유

물은 두 가지였다. 첫 번째로 태종무열왕릉의 비석이 대진경교중국유행비와 유사하다고 보았고, 두 번째로 석굴암에 조각된 관음상의 의복양식에 초기기독교 예술품과 유사하다고 보았다.

　그녀가 저술한 일련의 연구서는 일본에서 출판되면서 동양의 종교연구에 적지 않은 영향을 끼쳤다. 그런데 이 시기는 한국과 일본에서 기독교 선교가 널리 확산되면서 여러 학자들이 경쟁적으로 초기 기독교 관련 자료들을 수집하는 때였다. 심지어는 기독교 관련 자료에 대한 수요가 급증하자 골동품이나 고서상에서 초기 기독교 관련 자료들의 수요가 급증하고 값이 뛰자 위서들을 사들이거나 만드는 경우도 있었다고 한다. 사실 이 문제는 낙랑의 예에서 보듯 일제강점기 시절 골동품업계에서 흔히 보이던 일이었다. 일제강점기 시절에 한국의 기독교 관련 유물들이 일본인들에 의해 무차별적으로 반출되어가는 것을 안타까워한 숭실대의 김양선 박사는 혼신의 힘을 다하여 일본으로 유출되는 문화재들을 모았음은 잘 알려져 있다. 그는 평생 모은 자신의 수집품을 1967년에 숭실대에 기증했고,[4] 이것이 현재 숭실대 박물관의 모체가 되었다. 그런데 이때에 김양선이 수집한 "성교요지", "십계명가" 등 상당수의 초기 기독교 관련 문헌은 위서라는 지적도 있다. 물론, 이는 김양선 박사의 잘못이 결코 아니라, 위에서 말했듯이 골동품에 대한 수요가 급증한데에 따른 당시 시대적인 한계였을 것이다.

　어쨌든 초기 기독교 관련 유물도 모두 이때에 주로 발견되었으며, 기독교를 연상시키는 유물들은 곧바로 네스토리우스교와 연결시키게 되었다. 여러 신학 서적에서 네스토리우스교가 통일신라에 유입된 증거로 불국사 출토의 경교십

---

[4] 숭실대기독교박물관에 경교관련 유물들이 들어온 시기는 1967년 8월 27일에 출판된 가톨릭신보(582호)에 따르면 7월 21일에 김양선이 기증했다고 되어 있는 바, 1967년이라고 생각된다.

자가와 성모마리아상을 주로 든다. 그런데, 둘 다 정식발굴유물이 아닐 뿐더러, 경교의 유물이라고 보기에도 아주 애매하다. 그 대표적인 예가 숭실대에서 소장한 성모마리아 상인데, 이것은 네스토리우스교의 성립을 이해한다면 어불성설이다. 네스토리우스가 이단으로 정죄받은 원인은 성모를 인정하지 않았기 때문이니, 네스토리우스교가 성모상을 만들 리가 없다. 실제로 이 상은 불교에서 다산을 의미하는 구모자상으로 보는 견해들이 많다. 일제 시기에 팔련성 발해 유적에서 발견한 삼존불상 중 하나에 십자가가 새겨져 있음이 확인되었다고 한다. 또 1927년 요령성 안산(鞍山)에서 일본학자들이 토제 십자가를 발굴했다는 기록도 있지만 실물은 모르고 사진만 남아 있다.

결론적으로 본다면, 신라건 발해건 네스토리우스교의 유입은 정황상 충분히 가능하지만 현재로서는 그것을 증빙할 실증적인 자료가 부족하다. 단편적인 유물을 기독교의 전래로 연결시키기에는 한국의 네스토리우스교에 대한 이해가 너무나 열악하기 때문이다. 이는 단순히 네스토리우스교에만 한정된 문제가 아니다. 실크로드에 대한 관심은 많지만 실질적으로 그와 관련된 유물들을 제대로 검토하지 않은 현재 우리 나라의 문제이기도 하다.

4. 마치며
: 네스토리우스는 실크로드 위의 다양한 문화 융합의 산물이다.

현재 한국에서 실크로드의 연구라고 하면 대부분 간다라미술로 대표되는 초기 불교가 중국을 거쳐서 한국과 일본으로 거쳐가는 루트에 대한 관심에서 시작되었다. 한국국립중앙박물관에 소장된 실크로드 유물들도 바로 20세기 초반에 일본 불교의 기원을 밝히기 위해서 파견된 오타니탐험대가 가져온 것이다. 그런데 실제로 실크로드에 가면 불교 관련 유적은 생각보다 많지 않다. 실크로드는 다양한 민족들이 잡거했던 지역인 만큼 불교뿐 아니라 다양한 종교가 분포했기 때문이다. 20세기 초의 실크로드의 연구에서 불교의 비중은 크게 차지했지만, 실제로는 경교 이외에도 마니교, 조로아스터교 등 실크로드에서 동북아시아로 유입된 종교들 역시 그들의 다양한 문화에 기반한 다양한 고고학적 유적을 남겼다. 그나마 네스토리우스교는 근대 이후 기독교의 전래와 함께 비교적 많은 관심을 받았고, 선교를 역사적으로 정당화할 수 있다는 점에서 많은 관심을 끌어왔다. 기독교 내부에서도 이단으로 규정된 네스토리우스교가 서양인의 관심을 끌게 된 것은 청나라 시기 중국으로 온 기독교 선교사들의 공이 컸다. 그들은 경쟁적으로 탁본을 하고, 심지어는 본국으로 이 비석을 옮기려는 시도를 했었다. 기독교를 중국에 전파할 수 있는 역사적 명분이라고 생각했기 때문이다. 하지만 여전히 네스토리우스교가 동아시아로 전파된 구체적인 증거에 대한 실질적인 자료는 그리 많지 않으며, 기존에 제시된 많은 자료 역시 아직 많은 검증이 필요하다.

지난 100여 년간 한국에도 네스토리우스교가 유입되었다고 많은 주장이 있어왔지만, 아직까지 고고학적으로는 뚜렷한 증거는 없다. 하지만 실크로드를 둘러싼 여러 정황을 볼 때에 네스토리우스교의 전래는 충분한 개연성이 있다. 그러니 박약한 증거로 짐작을 하기보다는 최근 급증하는 실크로드에 대한 관심에 더하여 구체적인 연구와 관심이 필요할 것이다.

이단으로 지목되어 박해받은 네스토리우스교가 소수의 선교사들의 힘으로 중앙아시아와 중국에 널리 퍼질 수 있었던 배경은 적극적으로 현지의 문화와 결합했기 때문이었다. 몽골시대에 경교의 십자가는 경교도가 아닌 다른 종교의 몽골인들도 신력이 있는 부적처럼 널리 쓰였다. 다양한 문물의 교류가 이루어지던 시기 타자에게 개방적이며 공존을 인정했었던 초원의 열린 모습 때문이었다. 발해와 통일신라의 네스토리우스교 관련으로 추정되는 유물들이 모두 불교 유적에서 발견되었다는 것도 같은 맥락일 것이다.

참고문헌 _____

강인욱, 『춤추는 발해인』, 주류성, p.284, 2009.

강인욱, 「고고학 자료로 본 발해와 위구르 제국 −콕샤로프카−8 유적을 중심으로−」『중앙아시아연구』 22-2, pp.149~175, 2017.

김호동, 『東方基督敎와 東西文明』, 까치, p.325, 2002.

샤브쿠노프, E.V. 러시아 연해주와 발해역사』, 민음사, p.341, 1996.

이장식, 『(이장식 박사의 동서양을 아우른) 세계 교회사 이야기』, 교문사, p.561, 2011.

이희수, 『쿠쉬나메:페르시아 왕자와 신라 공주의 천 년 사랑』, 청아, p.287, 2014.

최하영, 「제10회 논문: 중앙아시아에 있어서 네스토리안 교회의 선교활동에 관한 연구 (AD 431~AD 1500)」, 『역사신학 논총』 10, pp.210~239, 2005.

江上波夫 水野清一, 『內蒙古·長城地帶』, 東亞考古學會, 1935.

Elizabeth Anna Gordon, *Symbols of 'The Way' : Far East and West*, Maruzen, p.172, 1916.

Sinor, Denis(ed.), The Cambridge history of early Inner Asia. From earliest times to the rise of the Mongols, Cambridge Univ. Press, 1990.

카톨릭신보 1967년 8월 27일자, 통권 582호.

Пантусов Н., Христианское кладбище близь города Пишпека (Семиреченской области) в Чуйской долине // ЗВОРАО, Т.I, (Вып. II), 1886.

Шавкунов Э.В., Государство Бохай и памятники его культуры в Приморье. Л.: 164 с, 1968.

3부 만주 일대의 제사

중국 요서지역의 신석기시대 제례
상주 청동기의 발전과 요서 지역에서의 매납
한반도 동검문화의 전개와 제사

중국 요서지역의 신석기시대 제례
-홍산문화(紅山文化)를 중심으로-

홍은경 | 경희대학교

1. 머리말

요하(遼河, 랴오허강)는 중국 7대 강의 하나로, 하북(河北), 내몽고(內蒙古), 길림(吉林), 요녕(遼寧)의 4개 성(省)에 걸쳐 있으며, 동쪽(東遼河)과 서쪽(西遼河)의 두 발원지에서 시작된다. 서요하는 노합하(老哈河, 라오하강)와 그 북쪽을 흐르는 서랍목륜하(西拉木倫河, 시라무룬강)가 내몽고 적봉시(赤峰市) 옹우특기(翁牛特旗)와 나만기(奈曼旗)의 경계에서 합류하여 형성되며, 이후에 동쪽으로 흘러 내몽고, 요녕, 길림의 세 성이 만나는 지역에서 동요하와 만나 요하를 이루어 발해만으로 흘러든다. 요하유역의 총 면적은 21.9㎢만이고, 총 연장 길이는 1,390㎞이다.[1]

최근 요하유역, 특히 요하의 서쪽 상류인 요서지역은 중국학자들이 주장하는 소위 '요하문명론(遼河文明論)'의 핵심적인 지역으로 주목받고 있다. '요하문명론은 요하를 중심으로 대릉하(大凌河), 서랍목륜하를 포괄하며 노로아호산(努魯兒虎山) 등으로 연결된 공간에 전개된 신석기시대 이래의 선사문화를 중심으로 청대 문화까지 포섭하는 문명론'이다.[2]

'요하문명론'에 따르면, 요서지역은 지금으로부터 약 5,000년 전[3] 홍산문화(紅山文化)의 마지막 즈음에 중국에서 가장 먼저 문명단계에 진입하였고, 중국 대륙에서 영향력있는 문화적 중심지의 하나가 되었다. 문명이 갖추어야 할 기본 요소로 금속의 발명, 문자의 출현, 도시의 형성을 꼽는 것이 통상적이지만, 요하문명은 적석총과 제사유적, 옥기를 부장하는 풍습 등을 통해 문명단계로의 진입을 보여준다. 이 지역만의 독특한 표지인 셈인데, 이러한 요소가 현지의 지역적 특징(특수성)을 보다 더 잘 드러내며, 이를 통해 다양한 방면에서의 사회 계층 분화를 짐작할 수 있다.[4] 이로 인해 '요하문명론'에서는 예제(禮制)를 논의의 중요한 주제로 삼고 있으며, 많은 중국 연구자들은 요서지역의 무덤에 부장된 각종 옥기를 그러한 예제를 입증하는 유물인 예기(禮器)로 이해하고 있다.[5] 그러니까 요하유역의 신석기시대, 특히 홍산문화의 제례는 '요하문명론'의 중추라고 해도 과언이 아닐 것이다.

제사(祭祀)란 신령이나 죽은 사람의 넋에게 음식을 바치어 정성을 나타내는

---

1) https://ko.wikipedia.org/wiki/%EB%9E%B4%EC%98%A4%ED%97%88와 https://ko.wikipedia.org/wiki/%EC%8B%9C%EB%9E%B4%EC%98%A4%ED%97%88

2) 조법종, 「중국 요하문명론의 전개와 의미」, 『한국사학보』 제51호, 2013.

3) 기원전 3천년경을 의미하며, 본문에서는 지금으로부터(BP)를 주로 사용하고 있으므로 혼동이 없길 바란다.

4) 郭大順·張星德(김정열 역), 『동북문화와 유연문명(상)』, 동북아역사재단, 2008.

5) 이청규, 「신석기-청동기시대의 요서지역 무덤의 부장유물과 그 변천」, 『요하문명의 확산과 중국 동북지역의 청동기문화』, 동북아역사재단, 2010.

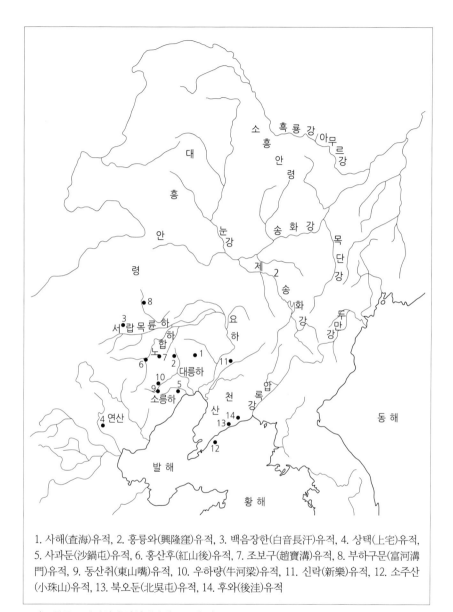

1. 사해(査海)유적, 2. 흥륭와(興隆窪)유적, 3. 백음장한(白音長汗)유적, 4. 상택(上宅)유적,
5. 사과둔(沙鍋屯)유적, 6. 홍산후(紅山後)유적, 7. 조보구(趙寶溝)유적, 8. 부하구문(富河溝
門)유적, 9. 동산취(東山嘴)유적, 10. 우하량(牛河梁)유적, 11. 신락(新樂)유적, 12. 소주산
(小珠山)유적, 13. 북오둔(北吳屯)유적, 14. 후와(後洼)유적

도면 I. 중국 요서지역의 신석기시대 주요 유적

것 또는 그런 의식을 의미하며, 제사를 지내는 의례를 제례(祭禮)라고 한다.[6] 고고학적으로 제사라는 행위를 인지하기 위해서는 관련 유적, 유구나 유물과 같은 구체적인 증거가 필요하다. 제사는 여러 장소에서 다양한 형태로 이루어 졌을 것으로 짐작되지만, 그 증거가 남겨진 사례가 많지 않아 구체적인 모습을 알기 어려운 경우가 대부분이며, 문자 기록이 없는 선사시대의 경우는 더욱 그 러하다. 홍산문화가 주목받는 것은 선사시대임에도 불구하고 매우 특징적인 제 사유적과 무덤 및 관련 유물이 이른 시기부터 발견되고 있기 때문이다.

따라서 이 글에서는 홍산문화를 중심으로 한 요서지역의 신석기시대 제례를 살펴보고자 한다. 그런데 요서지역에는 홍산문화를 전후하여 다양한 문화가 등 장, 발전, 소멸하면서 신석기시대가 전개된 바, 홍산문화에 대한 검토 이전에 요서지역 신석기시대의 여러 문화 양상 및 제례와 관련한 내용을 먼저 간략하 게 제시하고자 한다.

2. 요서지역의 신석기시대 문화와 제례[7]

연구자에 따라 약간의 이견이 있지만, 요하유역에서는 지금으로부터 8,000 년 전에 신석기시대가 시작되었다고 보는 것이 일반적이다. 중원지역에서는 조

---

6) http://krdic.naver.com/detail.nhn?docid=33954400와 http://krdic.naver.com/detail. nhn?docid=33921300
7) 각 문화에 대한 내용은 아래의 책을 기초로 작성하였다. 일반적인 문화 내용에 대해서 는 개별 인용을 생략하였으며, 연구자의 해석이나 견해, 세 문헌 외의 인용에만 참고문 헌을 표기하였다.
   1. 趙賓福, 『東北石器時代考古』, 吉林大學出版社, 2003.
   2. 郭大順·張星德(김정열 역), 『동북문화와 유연문명(상)』, 동북아역사재단, 2008.
   3. 中國社會科學院考古研究所, 『中國考古學-新石器時代』, 中國社會科學出版社, 2010.

금 더 이른 시기의 문화(혹은 유적)가 확인되었지만, 요하유역에서는 아직까지 그 이전 시기임이 분명한 문화나 유적은 발견되지 않았다. 요하와 가까운 지역 (화북/연산산맥의 남쪽)에서 확인된 동호림(東胡林), 남장두(南莊頭), 전년(轉 年) 유적이 비교적 이른 시기의 것으로, 지금으로부터 약 10,000~8,000년 전에 형성된 것으로 추정된다.

신석기시대의 요서지역은 중국 동북지역에 광범위하게 퍼져 있는 지자문(之 字文)토기 전통의 중심지이다. 지자문토기는 흥륭와(興隆窪)문화 단계에 출현 하여, 이어지는 조보구(趙寶溝)문화, 홍산문화 단계까지 요서지역을 중심으로 유행하였다. 요서지역 지자문토기는 재지의 전통적 기형과 문양을 장시간 유지

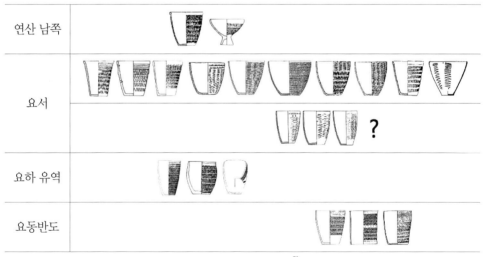

도면 2. 요하유역과 그 주변지역의 지자문토기의 변화양상(축척부동)[8]

---

8) 홍은경, 「지자문(之字紋)토기 연구」, 『인문학연구』 제31호, 경희대학교 인문학연구원, 그림 4, 2016.

하지만, 시간의 흐름에 따라 문양대의 분할 양상이 간소화되거나 지자문의 형태가 곡선화 혹은 대형화하는 변화를 보이며, 조밀하고 정연했던 문양의 시문 상태가 엉성하게 변하기도 한다. 토기의 기형 또한 기고가 높고 직선적이었던 전형적인 통형관(筒形罐)에서 점차 기고가 낮고 배가 부푼 곡선적인 형태로 달라진다. 신석기시대의 마지막 단계인 소하연(小河沿)문화에서는 통형관의 전통은 유지되지만 지자문은 소멸하며 새로운 문양인 승문(繩文, 새끼줄 문양)이 등장하여 유행한다. 홍산문화 이래 발전한 채도(彩陶) 또한 새로운 스타일로 변화하는 양상을 보인다.[9]

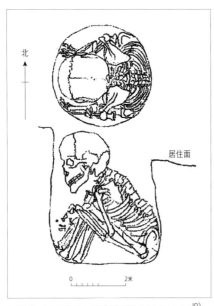

도면 3. 소하서문화 서량(西梁) M101호 고분[10]

요하유역에서 가장 먼저 등장한 것으로 추정되는 신석기시대의 문화는 **소하서(小河西)문화**이다. 그런데 소하서문화 유적에서 출토된 토기는 대부분이 무문양이어서 이후에 등장하는 흥륭와문화와는 차이를 보인다. 확인된 유적의 수와 분포 범위 역시 매우 제한적일 뿐만 아니라 측정된 절대연대가 지금으로부터 6,000년 전을 넘지 않아서 흥륭와문화보다 오히려 늦은 것으로 나타나고 있는 바, 소하서문화를 개별문화로 보는 것에 동의하지 않는 연구자도 적지 않은 상황이다.

소하서문화의 유적은 내몽고 동남부의 적봉시에서만 40여 개가 발견되었다. 무덤은 총 5기

9) 임상택, 「중국 동북지역의 신석기시대토기 –요서지역을 중심으로–」, 『동북아 선사문화로의초대』, 한성백제박물관, 2014.

10) 楊虎·林秀貞, 「內蒙古敖漢旗楡樹山, 西梁遺址房址和墓葬綜述」, 『北方文物』 2009-02, 도 9, 2009.

가 조사되었는데, 모두 토광묘이고 그 외 시설은 보이지 않는다. 패각, 뼈로 만든 구슬, 석제 구슬 등의 부장품이 확인되었다. 유수산(榆樹山)유적에서는 1개의 인면상이 출토되기도 하였다.[11]

흥륭와(興隆窪)문화는 지금으로부터 7,500년 전에 요하유역에 등장하여 비교적 긴 기간(최소한 500년 이상 1,000년 정도의 기간으로 추정) 존속한 것으로 보인다. 흥륭와문화의 주거지는 모두 수혈식(반지하식)이며, 중앙에는 노지(불 땐 자리)가 설치되어 있다. 주거지가 열을 이루어 규칙적으로 배치되어 있다는 점이 특징적이며, 일부 주거유적(마을)에서는 환호(環濠, 마을의 주변을 둘러싼 방어용 또는 경계용 도랑)가 확인되기도 한다.

무덤은 실내장(室內葬)과 실외묘지장(室外墓地葬)의 두 종류가 있는데, 모두

도면 4. 흥륭와유적 전경[12]

---

11) 劉國祥, 「紅山文化硏究」, 中國社會科學院硏究生院博士學位論文, 2015.

주거지 혹은 주거지 인근에 만들었다. 무덤만으로 이루어진 단순 매장유적은 아직 발견되지 않았다.

실내장은 주거지 내에 무덤을 설치한 것인데, 흥륭와유적과 사해(査海)유적에서만 수십 기가 발견되었을 정도로 당시에는 흔한 매장법이었다. 주거지의 한쪽 혹은 한구석을 파서 만들었는데(竪穴土壙墓), 한 집에 2, 3기의 무덤이 안치된 예도 있다.[13] 피장자는 아동도 있고, 성인도 있지만, 모두 단인장(單人葬)이다. 토기, 석기, 골기, 옥기와 패각 장식품 등의 부장품을 갖춘 경우가 많고, 일부 무덤은 비교적 풍부한 수량의 부장품을 갖추었다. 실내에 무덤을 만든 주거지 중 상당수는 시체 매장 후에 폐기하였지만, 계속 사용한 주거지도 있다.

실외묘지장은 주로 사해유적에서 발견되었는데, 유적의 중심부에 조밀하게 분포한다. 역시 땅을 파서 만든 수혈토광묘로 부장품이 없는 것이 일반적이지만, 토기나 석기, 동물 뼈 일부가 출토된 예도 있다. 사해유적의 무덤 근처에서는 제사유구(수혈/구덩이)가 조사되었는데, 그 안에서 비교적 많은 양의 돼지 뼈가 발견되어 당시 돼지가 중요한 제물이었음을 짐작할 수 있다.

사해유적의 무덤과 제사유구의 북쪽에서는 일정한 크기의 홍갈색 돌을 이용하여 커다란 용모양을 형상화한 것으로 추정되는 소위 '용형적석(龍形積石)'이 확인되어 눈길을 끈다. 전체 길이는 19.7m, 폭은 1.8~2m인데, 중국 연구자들은 이를 근거로 당시에 이미 용 숭배 관념이 출현한 것으로 이해하기도 한다. 사해유적에서는 동물 문양(용, 뱀과 두꺼비 혹은 개구리로 추정) 부조가 장식된 토기편이 출토되기도 하여 여러 가지 측면에서 제의와의 관련성이 주목된다.[14] 흥륭와문화 시기에도 사람 혹은 사람의 얼굴을 묘사한 유물이 여러 점 출토되

12) 國家文物局 編, 『遼河尋根 文明溯源-中華文明起源展』, 文物出版社, p.43, 2011.
13) 이청규, 「신석기-청동기시대의 요서지역 무덤의 부장유물과 그 변천」, 『요하문명의 확산과 중국 동북지역의 청동기문화』, 동북아역사재단, 2010.
14) 郭大順·張星德(김정열 역), 『동북문화와 유연문명(상)』, 동북아역사재단, 2008.

도면 5. 사해유적의 용형적석 및 동물부조 토기편(요녕성박물관에서
필자 촬영)

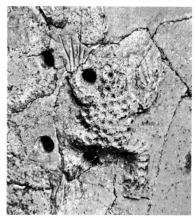

었다.[15]

흥륭와문화에 이어서 요서지역에는 **조보구(興隆窪)문화**가 등장한다. 주거지와 관련한 내용을 파악할 수 있는 유적은 네 곳 뿐인데,[16] 대부분의 경우 평면형태는 장방형이고 수혈식이며 중앙에는 노지를 설치하였다. 주거지가 줄을 이루어 배치된 양상은 이전 시기의 흥륭와문화와 같다.

조보구문화의 무덤(무덤유적)은 정식으로 발굴조사와 보고서의 간행이 이루어진 사례가 없지만, 제례와 관련하여 토기가 관심을 끈다. 이 문화의 토기는 이전 시기에 비해 기종이 다양해졌다. 전면에 문양이 시문되었으며, 문양이 없는 것은 소량이다. 대체로 한 종류의 문양을 새겼고, 부가적인 문양이 있더라도 주된 문양이 뚜렷하다. 대표적인 문양은 압인 기하문, 지자문, 동물문이다.

---

15) 劉國祥, 「紅山文化研究」, 中國社會科學院研究生院博士學位論文, 2015.

16) 6개 유적에 대한 발굴조사가 이루어졌지만, 2개 유적에 대한 조사내용이 발표되지 않은 상황이다(趙賓福, 『東北石器時代考古』, 吉林大學出版社, 2003).

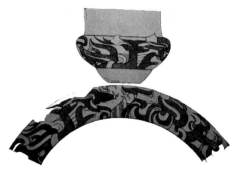

도면 6. 조보구문화의 동물 문양 장식 토기(요녕성박물관에서 필자 촬영)

동물문을 새긴 토기는 그 양이 많지는 않지만, 다른 문화와는 구별되는 매우 독특한 특징이다. 주로 사슴, 돼지, 새 등의 형상을 묘사했는데, 사실적이면서도 비현실적인 요소를 포함하고 있어 당시 사람들의 신앙 숭배에서 창조된 신령도상(神靈圖像)으로 이해되기도 한다.[17] 사람의 얼굴을 묘사한 토제품도 1점 확인되었다.[18]

　　조보구문화가 소멸한 요서지역에서는 **홍산문화**가 이어진다. 홍산문화는 여러 가지 측면에서 중요한 의미를 가지고 있으며, 특히 제례와 관련하여 중대한 자료를 제공한다. 문화의 전반적인 내용과 무덤, 제사유적과 유물에 대해서는 다음의 두 장에서 따로 살펴보겠다.

　　요서지역에서 홍산문화 다음으로 등장하는 것은 **소하연(小河沿)문화**이다. 주거에 대해 알 수 있는 자료가 극히 적은 것(지금까지 조사된 몇 기의 주거지는 모두 수혈식이고, 평면형태는 원형계열이다)에 비해 제례 관련 자료는 상대

---

17) 趙賓福, 『東北石器時代考古』, 吉林大學出版社, 2003의 재인용
　　郭大順·張星德(김정열 역), 『동북문화와 유연문명(상)』, 동북아역사재단, 2008.
18) 劉國祥, 「紅山文化研究」, 中國社會科學院研究生院博士學位論文, 2015.

적으로 풍부한 편이다. 사과둔(沙鍋屯), 우장자(尤杖子), 석붕산(石棚山)과 노요와양(老鶘窩梁)의 4개 유적에서 무덤이 확인되었기 때문이다. 석붕산과 노요와양은 거리가 멀지 않아 대남구(大南溝)유적(의 제1묘지와 제2묘지)으로 통칭한다. 사과둔과 우장자 유적은 동굴무덤이고, 대남구유적은 고산(高山) 무덤으로, 두 가지 모두 신석기시대에 흔하지 않은 매장지여서 특이하다.

사과둔과 우장자 동굴은 서로 30㎞ 가량 떨어져 있으며, 각기 여러 개체의 인골이 출토되었다. 두 동굴 모두 하천에서 멀고 험준한 지형에 자리하고 있어 주거지로 보기는 어렵고, 많은 수의 인골이 확인되는 점을 고려하여 무덤으로 보고 있지만, 매장과 관련한 특정 유구나 유물이 확인되지는 않았다.

석붕산무덤은 대남구촌 동남 1㎞, 해발 1,040m의 산정상부 남측 경사지에 위치하는데, 모두 77기의 무덤이 발견되었다. 노요와양무덤은 석붕산무덤의 서남쪽 약 2㎞ 지점, 해발 1,063m의 산 남사면에 있고, 6기의 무덤이 조사되었다. 대남구유적에서 확인된 83기의 무덤은 전부 장방형의 수혈토광묘로, 동일한 구성의 부장품이 수장되어 있다. 각 구역 내의 무덤은 지세에 따라 줄을 이루며 가지런하게 배열되어 있으며, 구역에 따라 무덤의 방향이 다르다. 각 열 안에서 무덤 사이의 간격은 일반적으로 1~2m이고, 각 열 사이의 거리는 2~3m 내외이다. 부장품에는 토기, 석기와 골기, 장식품 등이 있다. 토기는 일반적으로

도면 7. 소하연문화의 각종 유물(요녕성박물관에서 필자 촬영)

발(鉢), 두(豆), 호(壺) 혹은 관(罐), 두, 발의 3점이 한 세트를 이루지만, 예외적
으로 복잡하거나 정밀하게 제작된 특수 기종이 추가되는 경우도 있다. 대개 남
성의 무덤에서는 석월(鉞), 석부(斧), 석분(錛), 석착(鑿), 골병도(骨柄刀) 및 골
착(鑿), 골촉(鏃) 등의 무기류가, 여성의 무덤에서는 방추차가 확인된다. 장식
품에는 석환(石環)이 있는데, 남성은 목부분에, 여성은 팔에 끼워 놓아서 대비
된다.

　요서지역의 신석기시대는 소하연문화의 소멸과 함께 종말을 맞이하고, 약간
의 고고학적 공백기간을 거친 이후 하가점하층문화(夏家店下層文化) 즉, 청동
기시대가 도래한다. 요하유역의 신석기시대는 지금까지 살펴본 바와 같이 크게
(소하서) - **흥륭와 - 조보구 - 홍산 - 소하연** 문화로 이어진다고 보는 것이
일반적이다.

　그러나 문화 계승의 세부적인 내용이나 상한 및 하한 연대, (일시적이나마)
공존 여부, 새로운 유형의 설정이나 다른 문화의 추가 등에서는 다양한 이견이
존재하고 있다. 상택(上宅)문화와 부하(富河)문화는 분포 범위나 문화의 내용이
요서지역 신석기시대 문화의 큰 흐름에서는 약간 벗어난 감이 있지만, 여러 문
화 요소(통형관의 절대적 비율, 토기 문양의 시문기법과 형태, 석기의 조성 등)
가 공통적으로 확인되고 있어 관련성을 부정할 수 없으며, 일부 연구자는 이를
요서지역 신석기시대 문화에 속한 하위 유형으로 파악하기도 한다.

　상택문화는 기본적으로 연산산맥 남쪽의 구하유역에서만 확인되고 있어서
분포범위가 좁을 뿐만 아니라, 위에서 살펴본 다른 문화와는 분포지역에서 차
이를 보인다. 지금으로부터 약 6,500년부터 6,000년 전을 즈음한 시기에 존재했
던 것으로 추정된다.

　상택유적의 위치로 볼 때, 상택문화는 중원과 동북지역의 접경지대를 중심
으로 유행했을 가능성이 있다. 실제 유물(토기)에서는 이러한 정황이 엿보인다.
그러나 조사된 유적의 수가 많지 않고, 대부분이 파괴된 상황이어서 개별 문화

의 상세한 내용이나 인근 문화와의 관련성을 논하기는 쉽지 않은 실정이다.

지금까지 알려진 바에 따르면, 상택문화에서는 새나 원숭이 등 동물 모양을 한 특수한 기형의 토기, 토제나 석제의 소형 장식품이 다양하게 확인되고 있다. 소재가 된 동물은 이후 홍산문화의 옥제 예기에도 대부분 표현되고 있어, 이들을 소재로 한 유물은 일상 생활에서 일반적으로 사용된 물품이 아니라 신비한 종교적 색채를 가진 것이며, 홍산문화와도 일정한 관계가 있는 것으로 추정되고 있다.[19]

부하문화는 서랍목륜하의 북쪽에 제한적으로 분포한다. 알려진 주거지는 모두 부하구문(富河溝門)유적에서 확인되었는데, 비교적 밀집하여 분포하고 있다. 평면형태는 대부분 방형이고, 일부 원형도 있다. 경사진 생토를 L자형으로 파서 만들었기 때문에 주거지 아래쪽의 윤곽은 뚜렷하지 않다. 중앙부에는 구덩이를 파고 사방을 편평한 돌로 둘러 만든 방형의 노지가 있고, 그 옆에는 토기가 묻혀 있는데, 불씨를 보관했던 것으로 보인다. 출토된 토기는 매우 단순한 양상이지만, 석기와 동물 뼈는 그 종류와 수량이 매우 풍부하다. 석기의 조성이나 동물 뼈의 내용을 살펴볼 때, 부하문화는 어로와 수렵의 비중이 높았던 것으로 생각된다. 지금까지 정식으로 발굴조사가 이루어진 무덤 혹은 무덤유적은 없다.

부하문화에서 가장 눈길을 끄는 유물은 복골(卜骨)이다. 복골은 점을 치고 난 후의 뼈를 말하는데, 소나 사슴류의 견갑골(肩胛骨, 어깨뼈)을 이용하는 것이 보통이다. 부하문화의 복골은 사슴류의 견갑골을 이용한 것이며, 현재까지 중국 동북지역에서 발견된 가장 이른 시기의 복골이다.

아쉽게도 부하문화의 구체적 양상을 규명하기에는 자료가 극히 부족하여 현재 정확한 존속기간과 연대에 대해서는 다양한 이견이 제시되고 있다.

---

19) 郭大順·張星德(김정열 역), 『동북문화와 유연문명(상)』, 동북아역사재단, 2008.

3. 홍산문화의 양상[20]

1935년 내몽고 적봉시 홍산후(紅山後)유적의 발굴조사에서 채도와 세석기(細石器)가 공반하는 독특한 양상이 확인되었는데, 1938년에 간행된 발굴조사보고서(『赤峰紅山後』)는 이를 '적봉 제1기문화'로 구분하였다. 1954년에 유적명을 넣어 '홍산문화'라고 명명한 이후부터 고정적으로 사용하고 있다.

홍산(紅山)문화는 기원전 4,500년을 전후하여 시작된 이후 적어도 1,000년 이상 지속되었을 것으로 추정된다. 짧지 않은 기간에 걸쳐 존속하였으므로 시기에 따라 분포 범위에는 변화가 있겠지만, 서랍목륜하 유역과 노로아호산 일대의 대소릉하 유역이 대체적인 중심 분포 지역일 것이다. 그러나 북쪽으로는 서랍목륜하를 넘어 내몽고 초원에서도, 동쪽으로는 의무려산(医巫閭山)을 넘어 하요하의 서안에서도 홍산문화의 흔적이 발견된다. 남쪽으로는 발해연안과 연산산맥 남쪽의 화북평원 북쪽에 이르는 광범위한 지역에 분포한다. 현재까지 요서지역에서 확인된 홍산문화의 유적은 그 수가 상당하여 내몽고 동남부지구에서만 830여 곳에 이르지만, 이는 지표조사 결과에 따른 추정 수치이며 실제 발굴조사가 이루어진 예는 많지 않다.

홍산문화의 유구 혹은 유적은 크게 ① 주거지와 주거유적, ② 무덤 및 제사유적, ③ 기타(토기 요지 등)로 구분이 가능한데, ①과 ②가 대부분이며, ③은 소수에 불과하다.

---

20) 홍산문화의 일반적인 내용은 다음의 책을 참고하였다.

1. 趙賓福, 『東北石器時代考古』, 吉林大學出版社, 2003.
2. 郭大順, 『紅山文化』, 文物出版社, 2005.
3. 郭大順・張星德(김정열 역), 『동북문화와 유연문명(상)』, 동북아역사재단, 2008.
4. 中國社會科學院考古研究所, 『中國考古學－新石器時代』, 中國社會科學出版社, 2010.
5. 劉國祥, 『紅山文化研究』, 中國社會科學院研究生院博士學位論文, 2015.

주거유적에 대한 대규모의 발굴조사 혹은 전면조사는 거의 이루어지지 않았기 때문에, 지금까지 알려진 자료의 대부분은 유적의 부분 발굴조사에서 확인된 내용이다. 주거유적은 대부분 상대고도 30~40m 가량의 구릉 위에 위치하는데, 특히 구릉의 남쪽 경사면과 동쪽 경사면이 많다. 퇴적된 문화층은 비교적 얇다. 주거유적 내의 주거지는 열을 이루어 나란히 배치된 것이 일반적이며, 전체 주거유적 중 약 10% 가량에서 환호가 확인된다. 개별 유적에서 확인되는 주거지의 수는 수기에서 수십기에 이르기까지 다양하다. 주거지는 모두 수혈식으로, 평면형태는 대개 방형 혹은 장방형이다. 면적은 보통 40㎡ 이하로, 대부분 10~30㎡이며, 대형주거지는 드물다. 주거지 내에는 노지를 설치하였다.

홍산문화에서는 주거구역 내에 매장이 이루어진 예가 거의 없고, 주거구역과 떨어진 곳에 자리한 것이 대부분이다. 일부는 주거구역와 매우 먼 곳에서 확인된다. 특히 단(壇, 제단), 묘(廟, 신전), 총(塚, 무덤) 등의 제사유적은 주거구역과 완전히 분리되어 상당히 먼 거리에 위치한다.

주요 유물로는 토기, 석기, 옥기가 있는데, 석기가 주로 일상생활(생산활동)을 위한 도구였던 것에 비해 토기 일부와 옥기는 의례용으로 제작되었다.

지자문을 눌러서 새긴 통형관이 여전히 확인되지만, 이전과 달리 고운 태토(泥質)로 만든 토기의 비중이 월등히 높아졌다. 또 생활용기와 의례용기를 구분하여 제작했다는 점이 특징적이다. 니질 토기 중에는 채도가 일정 비율을 차지하고 있는데, 흑채를 위주로 하지만 홍색이나 자색도 이용하였다. 대표적인 도안은 용린문(龍鱗文)과 연속화훼문(連續

도면 8. 홍산문화 우하량유적 출토 채도[21]

花卉文), 격자문(格子文) 등이다. 홍산문화의 토기는 시간이 지나면서 새로운 기종이 출현하여 점차 다양한 구성을 갖추게 된다.

석기는 그 수량이 많고, 종류나 제작방법도 다양하다. 농경을 위한 경작구, 수확구, 가공구류가 가장 많고, 그 다음으로는 수렵구가 많다. 홍산문화의 농업 수준과 전체 생업경제에서 차지하는 비중 등에 대해서는 아직 합의된 결론에 이르지 못했으나, 이전 시기에 비해 많은 발전을 이루었던 것은 분명해 보이며 초보적인 농경 단계는 벗어났을 것으로 추측된다.

옥기는 홍산문화를 구성하는 중요한 요소 중 하나이다. 출토된 유물에서 확인되는 다양한 가공 기술은 당시 사람들이 여러 단계의 공정에서 상당한 수준에 도달했음을 보여주고 있다. 이러한 양상은 숙련된 기술을 가진 전문적 장인이 존재했을 가능성을 말해주는 것이다. 옥기의 종류와 특징에 대해서는 다음 장에서 보다 자세히 살펴보기로 한다.

4. 홍산문화의 제례

홍산문화의 무덤은 호두구(胡頭溝), 우하량(牛河梁), 남대자(南臺子), 백음장한(白音長汗), 초모산(草帽山), 서량두(西梁頭), 우호촌(友好村), 합민망합(哈民忙哈) 등의 유적에서 발견되었다.[22] 지하에 장방형의 수혈을 파서 묘실로 이용한 수혈토광묘와 수혈 벽면에 석판 혹은 석괴로 석관을 구축한 석관묘로 구별되는데, 일부 무덤은 묘실 위에 돌을 쌓기도 한다(積石). 일차장과 이차장이 모두 확인되며, 이차장인 경우에는 여러 명 분의 인골이 함께 매장된 경우가 많

21) 遼寧省博物館·遼寧省文物考古研究所, 『遼河文明展』, p.31, 2006.
22) 劉國祥, 「紅山文化研究」, 中國社會科學院研究生院博士學位論文, 2015.

다.[23)]

무덤의 형태는 시간의 흐름에 따라 변화하였다. 홍산문화 초기에는 무덤 상부에 적석시설이 부가되지 않은 토광묘가 축조되었고, 중기에는 전단계의 토광묘 혹은 석판으로 잘 만든 석관묘 상부에 소규모의 적석이 부가되는 적석묘가 유행하였다. 후기에는 단·묘·총이 결합된 대규모의 적석총군(群)이 형성되었는데, 이 시기의 적석총은 무덤 상부에는 방형 혹은 원형으로 계단식 석축을 하고, 하부는 석판을 쌓거나 세워서 만든 여러 개의 묘실을 구축하고 있다.[24)]

단·묘·총이 결합된 대규모의 적석총군 유적을 대표하는 것은 **우하량(牛河梁)유적**이다. 요녕성 조양시(朝陽市) 건평(建平)과 능원(凌源)의 접경지에 위치

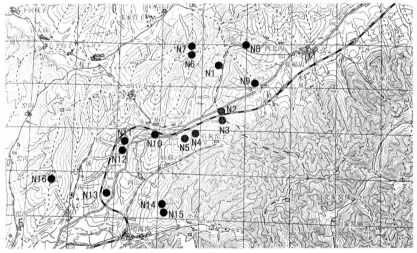

도면 9. 우하량유적 분포도[25)]

---

23) 김정열, 「홍산문화론-우하량 유적과 중국 초기 문명론을 중심으로-」, 『한국고대사연구』 76, 2014.

24) 오대양, 「홍산문화 적석총유적의 형식과 발전과정」, 『동양학』 제57집, 단국대학교 동양학연구원, 2014.

25) 遼寧省文物考古研究所 編著, 『牛河梁-紅山文化遺址發掘報告(1983~2003年度)』, 文物出版社, 도 4, 2012.

하였으며, 1979년 발견된 이래 홍산문화를 대표하는 유적이다. 매우 넓은 면적에 분포하고 있으며, 대형 유구가 즐비하고, 다양한 형태의 옥기와 대형 의례용 토기 등 높은 수준의 유물이 대량으로 출토되었다. 유적은 노로아호산의 여러 산등성이 위에 입지하고 있는데, 대릉하의 지류인 우아하가 이 부근에서 발원하므로 우하량이라는 이름을 얻게 되었다.

우하량에서 유적이 확인된 지점은 모두 16곳으로, 이를 모두 우하량유적이라고 한다. 약 50㎢의 범위에 분산되어 있는데, 이 안에서는 제사유적 이외의 생활유적이 전혀 확인되지 않고 있어서 제의만을 전문적으로 행한 신성한 지역이었을 것으로 추측하고 있다.

도면 10. 우하량유적 제2지점 전경[26]

---

26) 遼寧省文物考古研究所 編著, 『牛河梁−紅山文化遺址發掘報告(1983～2003年度)』, 文物出版社, 도판 38-2, 2012.

　북방 유라시아 제사 고고학의 현황과 과제

도면 II. 우하량유적 제2지점 I호총 21호묘(요녕성박물관에서 필자 촬영)

女神庙想象复原图 Proposed Reconstruction of the Goddess Temple

도면 I2. 여신묘 전경과 복원도(요녕성박물관에서 필자 촬영)

도면 13. 여신묘 출토 여신 두상[27)
(높이 22.5cm, 폭 23.5cm)

우하량유적에서는 제단과 '여신묘(女神廟)'라 불리는 제사 유구는 물론, 많은 수의 적석총이 확인되었다. 16개 지점 중에서 정식 발굴이 진행된 것은 제2·3·5·16의 4개 지점이며, 제1·13지점에 대해서는 약식발굴이, 제10지점은 정리가 이루어졌다. 2012년도에는 발굴조사보고서가 간행되었다.

우하량유적에서 규모가 가장 큰 것은 제2지점으로, 동서 길이 약 150m, 남북 너비 80m의 범위 내에서 소위 '5총1단'의 유구가 확인되었다.

소위 '여신묘'는 우하량의 두 번째 산등성이의 정상부 근처에 자리하고 있는데, 이곳은 우하량의 여러 구릉 위에 산포한 여러 적석총의 중앙부에 해당한다. 묘는 1개의 다실(多室)과 1개의 단실(單室)로 구성되어 있다. 발굴조사에서는 벽면과 지붕 등의 다양한 건축 자재 잔편 외에도 제사용 토기, 동물과 인체의 소상 등이 확인되었다. 가장 중요한 유물은 비교적 완전한 상태의 두상(頭像) 한 점인데, 이 유물로 인해 유적의 이름이 '여신묘'가 되었다. 이 두상은 원형 주실의 서쪽에서 발견되었다. 풀을 섞은 흙을 이용하여 만들었고, 굽지는 않았다. 바깥 쪽 표면은 곱게 마연하였으며, 안면은 선홍색을 띠고 있다. 입술 부분은 붉은 색을 칠했고, 눈 안에 둥근 옥을 끼웠다.

동산취(東山嘴)유적은 1979년에 발견되어 1982년에 조사가 이루어졌으며, 우하량유적과 약 50㎞ 정도 떨어진 곳에 위치한다. 유적에서는 제사와 관련된 대형 석조건축물의 흔적이 확인되었다. 유적은 남, 북으로 양분되는데, 북측 중심부에는 방형(길이 11.8m, 폭 9.5m)의 유구가, 남쪽에는 원형제단 시설로

---

27) 國家文物局 編,『遼河尋根 文明溯源−中華文明起源展』, 文物出版社, p.77, 2011.

도면 l4. 동산취유적 원형유구 및 토제임신부상[28]

추정되는 유구(지름 약 2.5m)가 남아 있다. 원형제단의 주변은 장방형의 돌로
테를 둘러 바깥쪽을 가지런하게 처리하였고, 안쪽에는 크기가 비슷한 작은 강
자갈을 깔았다. 주변에서는 보기 어려운 종류이므로 산 아래에서 가져왔으리라
추측된다.

　원형제단 동북쪽 아래에서 인골 한구가 발견되었다. 인골은 생토면 위에 별
다른 시설물 없이 놓여있었다. 별도의 유구는 확인되지 않았지만, 인골의 흉부
에는 홍도와 흑도편이 덮여 있었다고 한다.[29]

　4m 남쪽에는 또 다른 세 개의 원형 기단이 있다. 서로 연접하고 있으며, 두
개는 윤곽이 분명한 편이다. 가장 자리는 커다란 돌로 이중의 띠를 두르고 그
안쪽에 비교적 작은 돌을 채워넣어 단층으로 만들었다.

　유적에서는 이형토기를 비롯하여 매우 정교한 옥기와 함께 크기가 서로 다

---

28) 國家文物局 編, 『遼河尋根 文明溯源-中華文明起源展』, 文物出版社, p.79, p.80, 2011.
29) 오대양, 「홍산문화 적석총유적의 형식과 발전과정」, 『동양학』 제57집, 단국대학교 동
　　양학연구원, 2014.

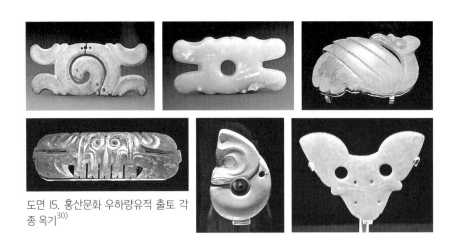

도면 15. 홍산문화 우하량유적 출토 각
종 옥기[30]

른 20여 개의 토제 소조 인형이 발견되었다. 대부분 인체의 일부분을 표현한 것
인데, 머리 부분은 발견되지 않았다. 그 외 석기와 돼지를 비롯한 동물 뼈가 다
량으로 확인되었다.

홍산문화의 옥기는 대부분이 부장품으로, 그 종류가 매우 다양하다. 구운형
옥패(勾雲形 玉佩), 옥벽(玉璧), 옥고(玉箍)와 동물형 옥기가 대표적이다. 구운
형 옥패는 모두 판상이며, 중심에 구운을 두고 좌우가 대칭을 이루는 것이 일반
적으로, 중심에는 1~3개의 투각이 있다. 옥벽은 모두 방원형에 가깝고, 내부
구멍(孔)은 원형이다. 안쪽과 바깥쪽은 얇고, 중심은 두껍다. 옥고는 커다란 기
둥 형태의 옥에 구멍을 뚫어 원통형으로 만든 다음 다시 가공하여 한쪽은 편평
하고 다른 쪽은 경사지게 만든 것이다. 동물형 옥은 웅룡(雄龍), 저룡(猪龍), 호
랑이, 거북, 새, 물고기, 풀벌레 등 매우 다양한 동물을 표현하였다. 옥패나 옥
벽과 달리 원조(圓彫)로 제작되었으며, 고리모양의 몸체에 머리부분이 튀어나

---

30) 상단 좌측 1·2번: 國家文物局 編, 『遼河尋根 文明溯源-中華文明起源展』, 文物出版社,
   p.114, p.103, 2011.
   나머지 사진: 요녕성박물관의 전시유물 필자 직접 촬영

북방 유라시아 제사 고고학의 현황과 과제

와 강조된 것이 특징이다. 이러한 옥기의 기본 형태를 기초로 하여 변형 가공한 옥기 또한 다양하게 제작되었는데, 옥벽 중에 쌍련벽(雙聯璧)과 삼련벽(三聯璧), 구운형 옥패의 한쪽 모서리를 본 따 만든 구형기(勾形器) 및 삼공기(三孔器) 등이 대표적인 예이다.

5. 맺음말

이상으로 중국 요서지역의 신석기시대 제례에 대해 살펴보았다. 장송의례는 고대로부터 지금까지 대부분의 사회에서 매우 중요하게 여겨진다. 무덤 또는 제사와 관련된 유적이 확인되지 않은 선사시대의 문화도 있지만, 무덤을 기반으로 부장품이나 동물 뼈가 함께 확인된 예도 있으므로 이미 오래전부터 죽은 사람을 위한 봉헌물이나 제사 의식 등이 있었음은 분명하다.

요서지역의 신석기시대 각 문화에서는 무덤과 함께 당시 사람들의 제례와 신앙을 보여주는 다양한 유적과 유물이 확인되었다. 우선, 흥륭와문화 단계부터 보이는 각종 동물 장식과 형상화는 자연 숭배와 토템 숭배를, 이른 시기부터 시작되어 홍산문화의 여신상('여신묘' 출토)과 소형 임산부상(동산취유적 출토)에서 절정을 이루는 인체의 형상화는 조상 숭배를 짐작케 한다. 원시 종교(신앙)의 내용을 모두 보여주고 있는 셈이다.

여기에 홍산문화의 무덤과 부장품까지 고려한다면, 홍산문화에 이르러 요서지역의 제례는 여러 면에서 이전과는 질적으로 다른 발전을 이루었음을 알 수 있다. 정형화(규범화)된 옥기만을 부장하는 풍습이나 제의만을 위해 특별히 건설한 장소의 존재는 이를 더욱 분명하게 보여주는 증거이다.

가시적이고 인상적인 제례 유적과 유물로 인해 홍산문화는 특별히 주목받았고, 그로 인해 통상적인 문명의 정의와는 다른 중국적 '문명' 진입의 표지가 되어 '요하문명론'의 핵심이 되었다. 그러나 '요하문명'은 절대 다수가 공감하는 세계의 다른 고대문명과는 여러 면에서 차이를 보이고 있으며, '요하문명론'은 해결해야할 많은 문제점을 내포하고 있는 주장이기 때문에 이를 바라보는 시각에도 각별한 주의가 필요하다.

한편, 홍산문화의 발달한 제례와 종교(신앙)가 신석기시대 말기의 소하연문화 단계까지 지속되지 않았다는 점도 눈길을 끈다. 비교적 이른 시기부터 시작되어 홍산문화에서 절정을 맞이했던 다양한 방식의 제례는 단순한 무덤과 간략한 부장품의 형태로만 남았다. 제례의 급속한 쇠퇴 이유에 대해서는 명확하게 밝혀진 바 없으며, 이는 앞으로 풀어야 할 과제일 것이다.

참고문헌

郭大順·張星德(김정열 역),『동북문화와 유연문명(상)』, 동북아역사재단, 2008.

경기도박물관,『요령고대문물전』, 2010.

김정열,「홍산문화론-우하량 유적과 중국 초기 문명론을 중심으로-」,『한국고
　　대사연구』76, 2014.

오대양,「홍산문화 적석총유적의 형식과 발전과정」,『동양학』제57집, 단국대학
　　교 동양학연구원, 2014.

이청규,「신석기-청동기시대의 요서지역 무덤의 부장유물과 그 변천」,『요하문
　　명의 확산과 중국 동북지역의 청동기문화』, 동북아역사재단, 2010.

임상택, 중국 동북지역의 신석기시대토기 -요서지역을 중심으로-」,『동북아
　　선사문화로의초대』, 한성백제박물관, 2014.

조법종,「중국 요하문명론의 전개와 의미」,『한국사학보』제51호, 2013.

홍은경,「지자문(之字紋)토기 연구」,『인문학연구』제31호, 경희대학교 인문학
　　연구원, 2016.

趙賓福(최무장 역),『중국동북신석기문화』, 집문당, 1996.

趙賓福,『東北石器時代考古』, 吉林大學出版社, 2003.

郭大順,『紅山文化』, 文物出版社, 2005.

遼寧省博物館·遼寧省文物考古研究所,『遼河文明展』, 2006.

楊虎·林秀貞,「內蒙古敖漢旗榆樹山, 西梁遺址房址和墓葬綜述」,『北方文物』
　　2009-02, 2009.

中國社會科學院考古研究所,『中國考古學-新石器時代』, 中國社會科學出版社,
　　2010.

索秀芬·李少兵,「紅山文化研究」,『考古學報』2011-03, 2011.

國家文物局 編,『遼河尋根 文明溯源-中華文明起源展』, 文物出版社, 2011.

遼寧省文物考古研究所 編著, 『牛河梁−紅山文化遺址發掘報告(1983～2003年度)』, 文物出版社, 2012.

劉國祥, 「紅山文化研究」, 中國社會科學院研究生院博士學位論文, 2015.

상주(商周) 청동기의 발전과 요서 지역에서의 매납

심재훈 | 단국대학교

아마 지구상에 중국처럼 청동기시대라는 명칭에 걸맞게 청동문화가 발전한 지역은 별로 없을 것이다. 하남성(河南省)과 섬서성(陝西省), 산서성(山西省), 산동성(山東省) 등 중원 지역에서 꽃 피운 찬란한 청동문명은 그 주변 지역들에도 상당한 영향을 미쳤다. 이 글은 북방 청동문화의 영향을 받은 요서 지역의 무덤이나 저장 구덩이에서 산발적으로 나타나는 중원계 청동기를 어떻게 이해할 것인가에 그 초점이 맞추어져 있다.

이를 위해 우선 중국 청동기시대의 역사를 개관하고 상과 서주시대의 청동기가 어떻게 발전해 왔는지를 검토할 필요가 있다. 이를 토대로 요서 지역에서 발견된 상주 스타일의 청동기를 일별하면, 위에서 제기한 의문에 대한 실마리를 찾을 수 있을 것이다.

1. 하, 상, 주 삼대 역사

중국사의 시대구분에서 진시황(秦始皇)이 중국을 통일한 기원전 221년까지를 선진(先秦)시대라고 부르는데, 그 시대를 대표하는 왕조가 하(夏), 상(商), 주(周) 세 왕조이기 때문에 삼대(三代)라고 지칭되기도 한다. 현재 중국학자들은 중국 최초의 청동문명이자 왕조로 인정하고 있는 하(夏)나라가 대략 기원전 2,070년에서 1,600년 사이에 존재했을 것으로 추정하고 있다. 따라서 이를 따른다면 본고에서 다룰 상(商)과 주(周) 시대는 대략 기원전 1,600년에서 211년까지로 약 1,400년의 긴 기간을 포괄한다.

상은 은(殷) 왕조로도 알려져 있다. 그러나 은이라는 명칭이 반드시 맞는 표현은 아니다. 은은 우리에게 은허(殷墟)로 일반적으로 알려진 상나라 후기의 도읍지 이름에서 나온 명칭으로, 그 왕조의 후반부만을 지칭하는 것일 수 있기 때문이다. 나아가 은허에서 발견된 갑골문에는 은이라는 명칭은 거의 나타나지 않고, 당시의 국가나 중심지를 상(商)이라고 칭하고 있어서, 왕조의 전 시기를 포괄하는 명칭으로는 상이 더 적절하다. 현재 중국에서는 상 후기를 지칭하는 용어로 은상(殷商)을 묶어서 사용하기도 한다.

고고학적으로 그 족적이 비교적 뚜렷한 상은 주로 중원(中原) 지역, 즉 오늘날 하남성(河南省) 일대를 근거지로 그 세력을 확장하며 중국 초기 청동문명의 진수를 보여주고 있다. 그러나 찬란한 고대문명을 발전시켰던 상은 기원전 1,045년경 서쪽 섬서성(陝西省) 지역에서 발흥한 신흥 세력 주(周)에 의해서 멸망당한다. 역사적으로 극상(克商)이라고도 표현되는 이 정복은 주를 중심으로 한 서부 연합 세력이 중원을 장악한 것이나 다름없다.

광활한 중원을 장악한 주 왕실은 이전의 상과 마찬가지로 그 전역을 직접 통치할 여력이 없었다. 따라서 일단 원래 근거지인 섬서성 서안(西安) 부근의 도읍(종주宗周)을 중심으로, 동쪽 상의 옛 근거지인 현재의 낙양(洛陽) 지역에 제

2도읍인 성주(成周)를 건설했다. 이와 함께 왕실의 일족과 극상 전쟁에서 공을 세운 다른 족속의 공신들을 중원과 동부의 주요 거점들에 제후로 분봉하는 이른바 봉건제도를 실시했다.

　주 왕실은 초기에 혈연에 기초한 제후국들과의 밀접한 유대를 바탕으로 동방 지역을 성공적으로 공략하며 팽창을 거듭했다. 그러나 왕조가 몇 대를 경과함에 따라 종주국 주와 제후국들 사이의 끈끈한 연대 의식이 엷어졌고, 왕실의 제후국에 대한 장악력 역시 약해질 수밖에 없었다. 따라서 주는 종주와 성주 일대만을 확실히 지배하며 쇠퇴의 길을 걷다가, 기원전 771년 서쪽의 이민족 서융(西戎)의 침입으로 멸망한다. 이때 주 왕실은 서쪽의 도읍 종주를 포기하고 동쪽의 성주로 이주했는데 이를 역사적으로 동천(東遷)이라고 부른다.

　따라서 도읍이 서쪽에 있었던 기원전 771년 이전까지를 서주(西周)시대, 이후 도읍을 동쪽으로 옮긴 후 진의 통일까지를 동주(東周)시대로 지칭한다. 춘추시대(기원전 770~453)와 전국시대(기원전 452~221)로 나뉘는 동주시대에 주 왕실은 명목상으로만 존속했을 뿐, 서주의 제후국들이 상쟁하며 지역국가로 성장해갔다. 서주를 중심으로 한 혈연 중심의 종법질서가 무너지고, 국가들 간의 무한경쟁으로 개인의 역량이 중시되었으며, 다양한 사상이 꽃피워진 백가쟁명의 새로운 시대였다. 주와 마찬가지로 역시 서쪽에서 발흥하여 동천 이후 서주의 옛 중심지를 차지한 진(秦)은 법가 위주의 개혁에 성공하여 급기야 중국을 통일했다.

　본고에서는 요서 지역에 매납된 중원식 청동기들의 연대가 대략 상~춘추 초에 해당하므로, 중원 지역 청동문화의 발전을 기원전 771년 서주시대까지로 일별하려고 한다.

2. 이리두에서 은허까지 청동기의 발전

청동은 원래 순동(純銅) 혹은 홍동(紅銅)에 주석을 첨가한 인위적 합금의 결과물이었다. 현재까지 중국에서 알려진 최초의 청동기는 감숙성(甘肅省)에서 출토된 청동칼(銅刀)로 기원전 3,000년경으로 연대 추정된다. 하북성(河北省)의 용산(龍山)문화 유적에서 출토된 청동 장식과 역시 감숙성에서 출토된 청동 용구나 거울 등도 기원전 3,000~2,500년경으로, 이미 신석기시대 후기에 청동기가 사용되었을 가능성을 보여준다.

그러나 중국 청동기의 핵심을 이루는 다양한 청동 그릇, 즉 예기(禮器)의 시발점은 하나라의 도성으로 추정되는 하남성 언사현(洛陽) 이리두(二里頭)의 도시 유적이다. 이리두 유적의 귀족 무덤들에서 기원전 1,700~1,600년경의 술잔인 작(爵)이라는 청동 그릇 몇 점이 출토되었다. 아울러 가(斝)와 각(角), 화(盉), 정(鼎) 등의 청동 예기뿐만 아니라(도면 1), 시신의 가슴에 놓인 터키석이 상감된 청동판(패식牌飾)도 눈길을 끈다(도면 2). 청동판에 나타나는 도철문 장식과 달리, 이리두에서 출토된 청동기에는 아직 화려한 장식이 나타나지 않는다.

이리두에 뒤이은 상나라 전기의 문화를 이리강(二里崗)문화라고 부른다. 상

도면 I. 이리두 청동 작과 정   도면 2. 청동판

도면 3. 이리강 청동 고   도면 4. 이리강 청동 정   도면 5. 이리강 도철문

전기의 도성이 있었던 정주(鄭州)의 이리강에서 출토된 유물들이 대표성을 띠기 때문이다. 정주상성(鄭州商城)에서는 이리두 유형보다 발전된 청동예기들이 출현했지만, 이리두와 마찬가지로 작(爵)과 가(斝) 등 주기가 성행했다. 새로운 기물로 역시 주기인 고(觚)가 출현했고(도면 3), 식기인 정(鼎)과 궤(簋), 력(鬲)이 조합의 주요 부분으로 추가되었다. 정을 비롯한 기물이 대형화되고(도면 4), 도철문(饕餮紋 혹은 수면문獸面紋)이 주요 문양으로 자리 잡기 시작한다(도면 5). 청동예기의 분포 범위가 중원을 벗어난 지역으로 확대되어 호북성(湖北省) 반용성(盤龍城)에서는 정주의 청동기와 유사한 기물이 대량으로 발굴되었다.

은허(殷墟)로 대표되

도면 6. 상 후기 청동 준

도면 7. 상 후기 도철문

도면 8. 부호묘 내부

는 상 후기는 청동기 제작 기술의 발전이 최고조에 이른 시기이다. 준(尊), 유(卣), 뢰(罍) 등 주기뿐만 아니라 언(甗)과 같은 식기, 반(盤)과 같은 수기(水器) 등 다양하고 새로운 기물들이 추가되었고(도면 6), 도철문으로 대표되는 표면의 문양 역시 아주 화려하게 발전한다(도면 7). 기물의 내벽에 명문이 주조되기 시작한 것도 이 시기의 특징이다. 청동예기 조합에서도 몇 가지 양상이 두드러지는데, 묘의 규모와 동반된 작(爵)과 고(觚)의 수량이 정비례한다. 상왕의 왕비로 알려진 부호(婦好)라는 여성의 묘에서는 작 40점, 고 53점이 출토될 정도였다(도면 8). 식기를 대표하는 정(鼎)이 예기의 주요 부분을 이루었지만, 그 수량은 아직 작과 고의 수량에 정비례하지는 않았다. 식기인 궤(簋) 역시 주요 조합 성분으로 추가된다.

도면 9. 삼성퇴 인두상

은허 시기에도 중원을 멀리 벗어난 지역들에서까지 청동기가 발견되었는데, 사천성(四川省) 삼성퇴(三星堆)의 청동 인두상을 비롯한 독특한 청동기는 당시 중원과는 다른 지역 청동문명이 존재했음을 보여준다(도면 9).

3. 서주 청동기의 발전과 지역적 층자

서주시대 청동기는 그 화려함이 이전 상의 그것에 미치지 못한다. 그럼에도 불구하고 후대에 청동기를 다루는 연구자의 관점에서 청동예기의 유용성에 관한 한, 서주에 버금가는 시대는 없을 것이다. 서주 청동예기에 담긴 전무후무한 다양한 내용의 명문들이 역사 연구 자료로서 청동기의 진가를 더해주기 때문이다(도면 10). 더욱이 서주 청동예기는 그 제작 양식이나 문양, 예제상 기물

도면 10. 모공정(毛公鼎)과 명문

의 조합에서도 극적일 만큼 두드러진 변화를 겪은 바 있다.

서주 전기의 청동예기는 상 후기의 양식을 계승하였으나 서주의 독자성도 형성되기 시작한다. 여러 묘들에서 출토된 청동예기의 조합은 식기(정鼎, 궤簋, 력鬲, 언甗 등)와 주기(작爵, 고觚, 치觶, 준尊, 유卣, 방이方彝, 뢰罍 등)의 조합이 주류를 이루고, 드물게 식기+주기+수기(반盤, 화盉)의 조합이 나타나기도 한다(도면 11). 문양 역시 상의 전통을 이어받은 신비롭고 기괴한 모양의 도철문이 주류를 이루고, 운뢰문(雲雷紋)과 기문(夔紋), 유정문(乳釘紋)도 자주 나타난다. 중기에는 식기, 주기와 함께 수기(盤/盉)가 보편적으로 출현하며, 주기 중에서 호(壺)가 새로운 양식으로 추가되어 중요 기물로 자리 잡는다(도면 12).

도면 11. 사장반(史墻盤)과 극화(克盉)

도면 12. 청동 호

도면 13. 용종

도면 14. 서주 후기 열정

도면 15. 하남성 삼문협 괵국묘 출토 청동조합

중기의 후단에는 상대 이래의 모든 주기가 자취를 감추고 호(壺)가 유일하게 주기를 대표한다. 남방에서 발전하여 서주 중심부로 전래된 용종(甬鐘, 編鐘) 역시 청동예기의 중요한 부분을 형성했고(도면 13), 열정(列鼎)이라고 부르는 세트 청동기들이 출현하기 시작했다(도면 14). 문양에서도 도철문은 거의 사라지고 그보다 덜 신비적인 대칭으로 배열된 조문(鳥紋)이 주류를 이루다, 추상적인 기하학 문양이 출현하기 시작한다. 후기에 이르러서는 중기 이래의 변화가 고착화되어, 정(鼎 혹은 鬲)과 궤(簋 혹은 盨나 簠), 호(壺), 이(匜), 반(盤)으로 이루어진 비교적 완비된 실용 예기의 조합 형식이 갖추어졌다. 여기에 편종(編鐘)을 추가할 수 있을 것이다(도면 15). 각각의 기물이 일정한 수로 세트를 이루는 이른바 열정제(列鼎制) 역시 더욱 두드러졌는데, 신분에 따라 청동기의 수량이 결정되었을 것임을 시사한다. 일부 서양 학자들은 이전 청동 예기 조합에서 결여되었던 이러한 획일성에 주목하며, 서주 중후기 이래 "의례개혁"이 있었을 것으로 추정한다.

서주 청동기는 당시 주나라의 왕기였던 섬서성(陝西省) 서안(西安)과 주원(周原) 일대, 하남성(河南省) 낙양(洛陽)을 중심으로 발전했다. 상 후기에 삼성퇴와 같은 지역 청동문명이 존재했던 것과 달리, 서주시대 청동기는 중국 전역에서 상당히 균일하게 발전했다. 그럼에도 불구하고 지역이나 각 정치체의 성격에 따라 그 발전 양상에서 차이가 나타난다.

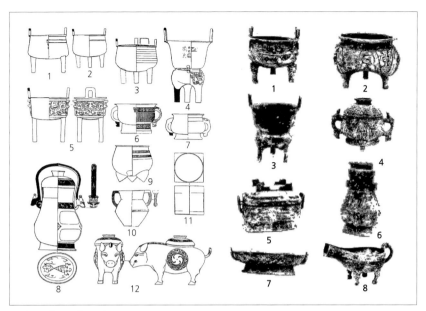

도면 16. 진국과 응국 청동기

　우선 최근 발굴된 10여 곳 이상의 서주시대 제후국 유적(묘지)들—특히 산서성(山西省) 곡옥(曲沃)－익성(翼城)의 진후묘지(晉侯墓地)와 하남성 평정산(平頂山)의 응국묘지(應國墓地)—은 주 왕실의 제후국들이 중심지 청동기의 발전 양상을 답습했음을 보여준다(도면 16). 서주 중후기 이후 왕실 권위의 쇠퇴와 함께 일부 제후국들과의 관계가 소원해졌을 것이라는 견해에도 불구하고, 제후국의 통치자를 비롯한 최상류층 귀족들은 최소한 청동예기를 비롯한 문화적 측면에서는 중심지 최상류층의 그것을 공유했던 것이다. 이러한 제후국들은 대체로 하남성 서부와 북부, 하북성의 화북평원 서부와 북부, 산동성의 중부와 북부, 산서성의 남부에 위치했다.

　두 번째는 주나라의 세력권에 있었지만, 독자성을 견지했던 비주(非周) 주변 정치체들이다. 이러한 사례들로 섬서성 보계(寶鷄)의 여가장(如家莊) 어국묘지(強國墓地), 감숙성(甘肅省) 동부로 추정되는 괴(乖), 호북성 수주(隨州) 일대의

악(噩, 鄂) 등을 들 수 있을 것이다. 이러한 주변 정치체들의 청동기들은 양적으로 부족할 뿐만 아니라 어국의 경우를 제외하고는 체계적인 고고학 발굴을 통해 얻어진 것도 아니어서, 이를 토대로 어떤 일반화된 결론을 도출하기는 조심스럽다.

그럼에도 불구하고 다른 주변지역의 청동기들과 함께 서주시대 중심과 주변의 관계에 있어서 아래와 같은 몇 가지 실마리는 찾을 수 있을 듯하다. 우선 많은 주변 정치체들도 기본적으로는 주식(周式) 청동예기를 차용하여, 주의 예제에 편입되고 있음을 보여준다. 둘째, 청동예기상 제후국을 포함한 주(周)와 주변 비주(非周)세력 사이에 나타나는 뚜렷한 차이는 중 하나는 명문에 반영된 서사능력의 차이일 것이다. 대부분의 기물에 명문이 없으며, 설사 주의 그것을 차용하여 명문을 주조했더라도 글자의 획이 틀릴 뿐만 아니라 제대로 된 해석도 불가능할 정도이다. 셋째, 주의 제후국들이 청동예기를 자체 제작할 수 있는 공방을 가지고 있었음이 거의 확실한 것과 마찬가지로, 주변세력들 역시 주의 방식을 모방한 자신들의 공방을 운영했을 가능성이 크다. 이러한 서주시대 비주(非周) 주변 정치체들의 지리적 범위를 명확히 획정하기란 사실상 불가능하지만, 이들이 왕기와 제후국들 사이나 혹은 그 언저리에 위치하고 있었을 가능성이 커 보인다.

그렇다면 이러한 주변부 정치체들의 지리 범위를 벗어난 지역에서도 서주 청동예기를 사용했을까? 현재까지의 고고학 성과로는 사천성 팽현(彭縣)과 요녕성(遼寧省) 객좌(喀左), 내몽고(內蒙古) 영성(寧城), 양자강(楊子江) 하류의 강소성(江蘇省) 단도(丹徒)와 안휘성(安徽省) 둔계(屯溪) 등지에서 서주 청동예기가 산발적으로 출토되었다. 물론 이들 지역에서 청동기가 출토된 정황이나 수량, 기물의 편년 등이 다르기 때문에 어떤 일반화를 도출하기는 어렵다. 따라서 이들 지역에서 서주식 예기가 출토되는 양상은 각 지역의 특수성을 감안하여 개별적으로 접근해야 할 것이다.

그럼에도 불구하고 이들 지역의 묘에서 중원식 청동예기가 출토되는 사실은 변경의 정치체들 역시 중원식 기물에 대한 기호를 가지고 있었음을 보여준다. 다른 한편으로 이들 청동예기가 앞에서 살펴본 세 구역의 그것들과는 달리 거의 의례나 제사를 위한 일정한 세트를 이루지 못했음은 물론이고, 의례개혁과 같은 중심지에서의 변화와도 무관하다는 점 역시 주목할 만하다. 이를 염두에 두고 우리의 주 관심사인 요서지역 상주 청동기의 매납 상황을 살펴보자.

4. 요서 지역에서 발견된 상주 청동기[1)]

현재까지 요서지역에서 발견된 중원계 청동기는 대체로 두 지역에 집중되어 있다. 그 첫 번째가 대릉하(大凌河) 유역의 약 10여 지점에서 상 후기~서주 전기까지의 청동예기가 발견되었다. 두 번째는 내몽고 적봉시(赤峰市) 남쪽 영성현(寧城縣) 일대로 소흑석구(小黑石溝)와 남산근(南山根)의 석곽묘에서 서주 중후기~춘추 초기까지의 기물들이 출토되었다(지도 1).

우선 대릉하 유역에서 중원 청동기가 출토된 지역은 대부분 객좌현(喀左縣)의 대릉하 상류에 집중되어 있다. 청동예기가 매납된 형태는 화상구(和尙溝)와 고가동(高家洞)의 묘를 제외하면, 대부분이 교장갱, 즉 저장 구덩이이다. 화상구에서 발견된 묘 4기 중 수혈토광묘인 M1에서 유(卣)와 호(壺) 1점씩 출토되었다. 고가동에서도 역시 주기인 부(瓿) 1점이 출토되었다. 수량이 많지 않아, 묘에서 출토된 기물들만으로 중원식 청동기들이 매납된 구체적인 정보를 추출

---

1) 이 장은 다음의 두 논문을 주로 참고했다.

　김정열, 「요서지역 출토 상, 주 청동예기의 성격에 대하여」, 이청규 등, 『요하유역의 초기 청동기문화』, 서울: 동북아역사재단, 2009; 金正烈, 「하가점상층문화에 보이는 중원식 청동예기의 연대와 유입 경위」, 『한국상고사학보』 72, 2011.

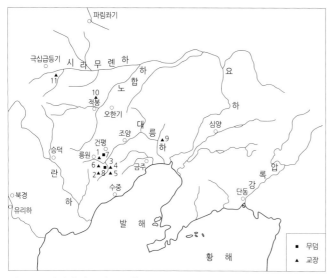

지도 I. 요서지역 상주 청동기 출토지

해내기는 어렵다.

상당히 다양한 청동예기가 출토된 구덩이들은 고로구(咕嚕溝)와 마창구(馬廠溝), 북동촌(北洞村), 산만자(山灣子), 소파태구(小波汰溝) 등의 지역으로 대체로 낮은 산의 경사면이나 산 주변의 완만한 구릉에 위치해 있다. 구덩이 형태는 일정하지 않는데, 장방형과 원형이라는 보고가 있지만, 명확하지 않은 것도 꽤 있다. 같은 지역에서 여러 청동기가 발견된 경우는 대부분 유물이 가지런히 배열되어 있다. 북동촌 1·2호 유적의 경우 모두 동기와 구덩이 사이의 빈 공간을 자갈로 메우고 윗부분을 석판으로 덮었다(도면 17). 구덩이 깊이는 1m가 넘지 않는다. 이러한 구덩이들이 발견된 지점은 대체로 고립적이다.

이들 구덩이에서 발견된 청동예기들의 연대는 상 후기부터 서주 중기까지 다양한 시기에 걸쳐있다. 동일한 유적지에서 발견된 기물들도 연대에 상당한 편차를 보인다. 예를 들어 마창구 구덩이의 경우 상 후기의 궤(簋)와 유(卣), 뢰(罍)에서 서주 중기의 우(盂)까지, 산만자 구덩이도 상 후기의 전단으로 추정되는 기물부터 서주 중기에 속하는 기물까지 다양하게 존재한다. 물론 대다수의 청동기는 상말주초의 것들이지만, 각 구덩이에서 발견된 연대가 가장 늦은 기물이 서주 중기라는 점은 이들의 조성 시기 역시 서주 중기일 가능성을 암시한다.

도면 17. 북동촌 2호 교장 노출 정황

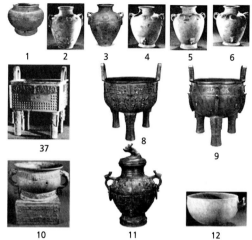

도면 18. 북동촌 출토 청동예기

청동예기의 조합은 1점씩만 발견된 경우와 특정한 기능의 기물에 편중된 경우, 다양한 기물이 뒤섞인 경우로 나뉜다. 예컨대, 북동촌 1호 구덩이에는 부(瓿) 1점과 뢰(罍) 5점만 출토되었는데 모두 주기이다. 기후방정(冀侯方鼎)이 출토된 1호 구덩이 인근의 2호 구덩이에서는 서주 중기의 뢰(罍) 1점을 제외하면, 상 후기와 서주 전기의 정(鼎), 궤(簋)라는 식기만 출토되었다. 마창구와 산만자에서만 식기와 주기 등이 골고루 출토되었는데, 산만자의 경우는 궤가 10점이나 되어 전체 청동예기의 절반을 차지한다. 앞에서 설명한 중원의 청동기 조합을 따른 흔적은 거의 찾을 수 없다.

이들 구덩이에서 출토된 청동기들 중 명문을 지닌 것들이 많은데, 명문은 2건을 제외하고는 대체로 2~8자 내외의 간단한 내용으로 제작자나 족속, 제사 대상의 이름이 주종을 이룬다. 각각 24자와 14자의 명문을 지닌 북동촌 2호 구덩이의 문방정(斐方鼎 혹은 冀侯方鼎)과 소파태구의 어궤(圉簋) 역시 제작자가 그 기물을 만든 경위를 간단히 전하고 있을 뿐이다(도면 19의 6과 도면 20의 2). 한 가지 흥미로운 현상은 동일한 유적에서 출토된 청동예기의 제작자나 소속 씨족 이름이 중복된 사례가 전무하다는 점이다. 뿐만 아니라 이러한 기물들의 기형이나 문양, 명문을 통해서도 상호연관성을 찾기 어렵다. 중원 지역의 상주

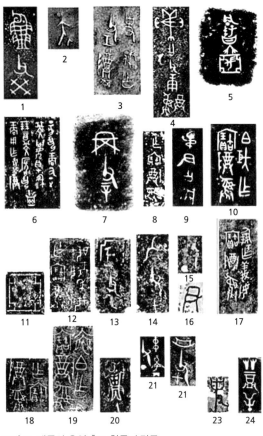

도면 19. 대릉하 유역 출토 청동기 명문

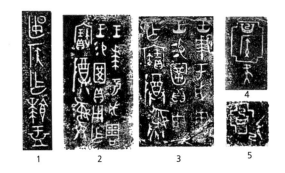

도면 20. 연국 묘지 출토 명문과의 연관성

시대 청동기 교장갱에 묻힌 청동기들이 대체로 동일 족속이 매납한 것과 상당히 다른 양상이다.

마지막으로 한 가지 주목해야 할 사실은 이러한 청동예기들의 명문에서 오늘날 북경 인근에 위치했던 서주 전기 연나라와의 연관성을 찾을 수 있다는 점이다. 마창구에서 발견된 우(盂)는 연후(燕侯)가 제작한 것이고(도면 20의 1), 소파태구에서 발견된 궤(簋)에 새겨진 왕이 어(圉)에게 패를 하사한 것과 동일한 명문을 지닌 청동 유(卣)가 북경의 유리하 연국묘지 M253에서도 출토되었다(도면 20의 2와 3). 또한 북동촌 2호 구덩이에서 출토된 기후(㠱侯)와 동일한 족속의 서주 초기 명문들이 북경 인근에서도 발견되었다(도면 20의 4와 5). 따라서 대릉하 인근의 청동예기를 남긴 세력이 연과 밀접한 관계를 지녔을 것으로 보기도 한다. 그럼에도 불구하고 대릉하 유역에서 출토된 청동예기가 특정 족속들이 이주한 흔적인지, 증여나 약탈 등으로 이전한 증거인지 해석은 분분하다. 참고로 상 후기의 중심지였던 오늘날의 안양에서 대릉하 상류 객좌현까지의 거리는 대략 950㎞ 정도이고 서주의 중심지였던 서안에서는 1,500㎞ 이상이다.

요서 지역의 하가점상층문화에서도 중원식 청동예기가 출토되었다. 이 문화는 기원전 8세기, 즉 서주 후기에서 춘추 전기를 전후하여, 내몽고 동남부와 요녕 서부, 특히 시라무렌하와 노합하 유역에서 번영한 청동문화의 일종이다. 비파형동검으로 대표되는 하가점상층문화의 유적 가운데 중원식 청동예기가 출토된 유적에는 영성현(寧城縣)의 소흑석구(小黑石溝), 남산근(南山根), 북산취(北山嘴)와 곽림하광구(霍林河礦區) 등이 있다. 이러한 기물들은 위에서 언급한 대릉하 유역 서주 중기까지의 청동기가 대부분 구덩이에서 발견된 것과 달리, 대부분 석곽묘에서 출토되었다.

적봉시(赤峰市) 서남쪽 40㎞ 지점의 소흑석구에서는 2기의 묘 즉, M8501과 M9601이 확인되었지만, 그 출토 정황이 명확하지는 않다. 중원을 기준으로 중형 석곽묘인 M8501에서는 400여 점의 유물이 출토되었다. 다양한 북방식 기물들(도면 21)과 함께 총 11종 16점(方鼎 1, 簋 1, 甗蓋 1, 鋪 1, 盂 1, 罍 1, 壺 1, 尊 1, 盉 1, 匜 7)의 중원식 청동예기가 출토되었다. 이들 청동기의 연대는 대체로 서주 중기에서 춘추 전기까지로 추정되어, 이 묘의 조성 연대 역시 춘추 전기로 보는 견해가 우세하다. 서주 후기로 추정되는 방좌궤(方座簋)에 "허계강(許季姜)이 제사용 궤(簋)를 만든다. 앞으로 만년토록 자자손손 영원히 보배롭

도면 21. M8501 출토 북방식 청동기

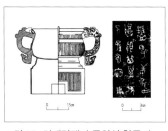

도면 22. 허계강궤와 중원식 청동기

게 사용하라"라는 3행 14자의 명문이 있다(도면 22). 제작자인 허계강은 하남성 허창(許昌) 일대에 위치했던 허나라 군주의 여식이었을 것이다.

M9601은 유구가 파괴된 탓에 중원식 청동기 3점(簋 2, 盤 1)만 수습되었지만, 더 많은 유물이 묻혀 있었을 가능성이 있다. 이들 중 서주 중기 후단의 것으로 추정되는 사도궤(師道簋, 도면 23)의 안쪽 바닥에 10행 94자의 다음과 같은 명문이 있어서 주목을 끈 바 있다.

이월(二月) 초길(初吉) 정해(丁亥)일, 왕께서는 강궁(康宮)에 계셨다. 태실에 이르셨다. 익공(益公)이 들어와 사도(師道)를 인도하여 중정(中廷)에 섰다. 왕께서는 윤(尹)을 불러 사도에게 책명(冊命)하였다. "너에게 아름다운 붉은색 형(珩, 패옥), 수불(黼黻) 문양으로 테두리를 장식한 검은색 옷, 터키석으로 내부를 장식하고 자루를 끈으로 감았으며 붉은색 수술을 단 과(戈), 다섯 개의 태양을 장식한 기(旗), 말고삐를 하사한다." 사도는 머리를 조아려 절하고 천자의 크고 빛나는 아름다운 명을 널리 알리고자, 나의 문채 나는 돌아가신 부친을 제사하기 위한 보배로운 제사용 궤(簋)를 만든다. 나는 앞으로 만년 동안 보배롭게 (이를) 사용하여 나의 문채 나는 돌아가신 부친 신공(辛公)에게 제향(祭享)할 것이다. 이로써 충만함과 조화로움을, 영명(永命)과 선종(善終)을 얻을 것이다.

명문은 서주의 어떤
왕이 사도(師道)라는 인
물에게 특정 명을 내리
고(冊命) 하사한 여러
가지 물품에 대한 내용
을 담고 있다. 여기서
사도를 의례의 장소로

도면 23. 사도궤

도면 24. 형강태제궤

인도한 익공(益公)이라는 인물은 서주 중기의 다른 명문들에서도 자주 등장하
는 조정의 대신이다.

소흑석구 유적에서 북쪽으로 20㎞ 떨어진 남산근의 M101에서도 중원식 청
동예기들이 수습되었다. 역시 발굴이 온전하지는 않았지만, 이 중형묘에 부장
된 500여 점의 기물 중 청동 정(鼎)과 보(簠), 궤(簋) 등도 서주 후기~춘추 초기
에 속한다.

마지막으로 내몽고자치구 곽림하광구(霍林河礦區) 부근에서 조사된 청동기
매장 구덩이에서도 중원식 청동예기 2점이 발견된 바 있다. 이들 중 춘추 전기
의 것으로 추정되는 궤(簋)의 바닥에 "형강(邢姜)의 태제(太宰)인 타(它)가 보배
로운 궤를 만든다. 자자손손 영원히 보배롭게 제향(하는 데 사용)하라"는 3행
15자의 명문이 있다(도면 24). 형강(邢姜)은 강성(姜姓) 출신으로 형나라에 출가
한 여성을 의미하며, '형강의 태제'는 그녀에게 소속된 관리이다. 형(邢)은 오늘
날 하북성 남쪽의 형대(邢臺) 인근에 위치하고 있었는데, 형대에서 곽림하광구
까지의 거리는 약 1,500㎞에 달한다.

이러한 중원식 청동기들이 어떻게 이 지역들에까지 흘러들어 갔을까?

5. 결론: 이주, 교류, 약탈?

국내에서 요서 지역에 매납된 상주 청동기에 관심을 가지게 된 것은 한국 상고사와의 연관성 때문이었다. 무엇보다 대릉하 상류 객좌현 북동촌 2호 구덩이에서 발견된 이른바 기후방정은 기원전 11세기 상 멸망 직후 기자의 조선 동래설과 관련하여 주목을 끌었다. 중원 지역에서 발견된 상 후기의 청동기에 나타나는 족씨 명문과 동일한 명문을 지닌 청동기가 요서 지역에서도 발견되었다는 사실은 극상 직후 상의 유민들이 주의 영향력이 미치지 않았을 그 지역으로 도피했을 가능성을 보여준다.

그렇지만 그러한 청동 매납 구덩이들의 조성 연대가 서주 중기일 가능성은 이주설의 취약성을 보여준다. 물론 대릉하 유역과 서주 전기 연나라의 밀접한 관계를 고려할 때 그 가능성을 완전히 부인하기는 어려울 것이다. 최소한 두 군데의 묘에서 중원식 청동기가 매장된 사례 역시 같은 맥락의 증거일 수도 있다. 그럼에도 불구하고 일부 학자들이 주장하는 산천제사설이나 약탈설의 가능성도 열어두고 검토해야 할 것이다.

영성현 인근에서 나타난 서주~춘추 초의 상황은 대릉하의 상 후기~서주 중기의 상황과는 상당히 달라 보인다. 대부분의 중원식 청동예기가 상류층의 무덤에서 출토되었고 이들 중 의미 있는 명문을 지닌 것들도 있기 때문이다. 일단 이들 무덤에 묻힌 이들이나 그것들을 조성한 후예들에게 중원식 청동예기들이 위세품의 일종으로 간주되었을 가능성이 크다. 그럼에도 불구하고 그 기물들이 그들의 의례에 활용되었을지는 의문이다.

나아가 그 유입 경위와 관련해서도 우선적으로 문제가 되는 것이 약 1,500㎞ 이상 되는 이동거리이다. 서주 후기의 전쟁 기록을 담고 있는 진후소편종(晉侯蘇編鐘)이라는 명문에는 당시 주나라의 한 왕이 서안에서 약 850㎞ 떨어진 산동성 서부까지 원정하며 하루 평균 10㎞ 정도 이동했음을 보여준다. 영성현의

북방 유라시아 제사 고고학의 현황과 과제

무덤에 남겨진 청동예기들이 직접 교류의 산물이라면, 그 기물에 명시된 인물이 주나라 왕을 알현하고 돌아오는데 거의 1년이 소요되었을 것이라는 추론이 가능하다.

이러한 한계 때문에 그 청동예기들이 이주나 증여 같은 양 지역 간 직접 교류보다는 간접 교류, 즉 전쟁과 같은 약탈의 산물일 것이라는 견해가 상당히 설득력 있게 제시되었다. 김정열은 『좌전(左傳)』 등의 문헌에 나타나는 주 왕실 동천 이후 기원전 8~7세기 중원 세력들에 대한 북융(北戎)의 빈번한 공격 기사에 주목한다. 실제로 위에서 언급된 허(許)나 형(邢) 같은 나라는 북융과 직접 전쟁을 치른 것으로 언급되어 있기도 하다. 따라서 하가점상층문화에서 출토된 중원식 청동예기들이 당시 북방 융 계통의 여러 족속들과 하남, 하북, 산동 일대의 제후국들과의 갈등 과정에서 입수되었을 가능성이 높다고 보는 것이다.

그럼에도 불구하고 이러한 주장이 직접 교류 가능성을 완전히 차단해버리는 것 같지는 않다. 서주 후기의 상황을 전하는 『시경(詩經)』 '한혁(韓奕)'편은 하북성 북부나 요녕성 서남부에 존재했을 것으로 추정되는 한후(韓侯)가 주 왕실을 방문하여 그 지역의 우두머리(伯)로 인정받는 책명의 과정을 노래하고 있다. 최근 뮌헨대학의 마리아 카유티나(Maria Khayutina) 역시 직접 교류의 가능성을 제시한 바 있다. 그녀는 위의 사도궤 명문에서 사도를 왕께 인도하는 우자(右者)로 나타나는 익공(益公)의 역할에 주목한다. 익공이 등장하는 서주 중기의 다른 명문들 사례를 분석하여 그녀는 익공이라는 인물의 주 역할이 주 왕실의 대외 관계와 관련 있었을 것으로 추정한다. 도(道)라는 인물에 주어진 사(師)라는 칭호가 외부 세력의 장에게도 주어질 수 있다는 점을 강조하며, 사도가 수여한 왕의 하사품 역시 외부 세력의 장에게 하사한 것들과 유사하다고 지적한다. 나아가 확실히 왕실을 방문하여 명문을 남긴 연(燕)나라에서 주의 중심지까지 거리도 1,200㎞가 넘었음을 상기시킨다. 서주시대의 전쟁금문들도 주나라의 원정 거리가 상당히 광범위했음을 보여준다.

이렇듯 고고학 자료는 재밌는 얘깃거리를 남겨주지만 상당히 다른 해석의 가능성도 함께 제시한다. 이러한 자료를 다루는 연구자들이 신중에 신중을 기해야 하는 만큼, 그러한 연구의 결과를 수용하는 독자들도 열린 자세를 가져야 할 것이다.

참고문헌

김정열, 「요서지역 출토 상, 주 청동예기의 성격에 대하여」, 이청규 등, 『요하유역의 초기 청동기문화』, 서울: 동북아역사재단, 2009.

金正烈, 「하가점상층문화에 보이는 중원식 청동예기의 연대와 유입 경위」, 『한국상고사학보』 72, 2011.

로타 본 팔켄하우젠 저, 심재훈 역, 『고고학 증거로 본 공자시대 중국사회』, 세창출판사, 2011.

리쉐친 지음, 심재훈 옮김, 『중국 청동기의 신비』, 서울: 학고재, 2005.

沈載勳, 「晉侯穌編鐘 銘文과 西周 後期 晉國의 發展」, 『中國史研究』 10, 2000.

沈載勳, 「北趙 晉侯墓地의 年代와 性格 試論」, 『中國史研究』 22, 2003.

沈載勳, 「상쟁하는 고대사 서술과 대안 모색: 『詩經』 "韓奕"편 다시 읽기」, 『東方學志』 137, 2007.

심재훈, 「商周 청동기를 통해 본 䣅族의 이산과 성쇠」, 『歷史學報』 208, 2010.

심재훈, 「西周 청동예기를 통해 본 중심과 주변, 그 정치 문화적 함의」, 『東洋學』 51, 2012.

오강원, 「중국 중원 지역과의 비교를 통하여 본 소흑석구 8501호 석곽묘의 청동예기」, 『문화재』 47.3, 2014.

朱鳳瀚, 『中國靑銅器綜論』, 上海: 上海古籍, 2010.

Maria Khayutina, "The Tombs of the Rulers of Peng and Relationships between Zhou and Northern Non-Zhou Lineages (until the Early Ninth Century B.C.)", *Imprints of Kinship: Studies of Recently Discovered Bronze Inscriptions from Ancient China*, ed. by Edward L. Shaughnessy (Hong Kong: The Chinese University Press, 2016).

한반도 동검문화의 전개와 제사

강인욱 | 경희대학교

1. 서론

　고대 사회에서 동검이 주는 의미는 매우 특별했다. 화려한 재질의 청동기는 강력한 무기인 동시에 위신재로서의 역할을 했다. 2000년까지의 통계(이상길 2000)에 따르면 매납유적은 모두 31예가 있다. 그중에는 완주 상림리나 청도 예전동처럼 동검 몇 점을 한데 모아서 넣는 경우와 대전 문화동, 김천 송죽리와 같이 무덤 앞이나 산 정상부에 꽂아서 넣는 경우, 그리고 삼천포 마도동, 마산 가포동과 같이 도서지역에 해상교역과 관련되어 제사를 지내고 바위틈에 매장된 예 등 다양하다(미야자토 오사무 2010).

　그런데 동검 매납과 관련한 여러 증거를 동북아시아 일대에서 찾아보면 크

도면 I. 김천 송죽리 비파형동검 출토 상황

게 전사들의 매장과 관련된 제의와 청동기주조와 관련된 경우로 나뉜다. 먼저 전사들의 매장과 그에 따른 제의와 관계되는 경우는 유라시아 유목민과 중국 북방지역에서 주로 볼 수 있다. 유라시아 초원의 스키타이인들과 중국 북방지역의 흉노인들은 낡은 검을 軍神또는 전사 등으로 상징화하여 숭배했다. 스키타이는 낡은 검을 군신인 Ares로 숭배하며, 흉노는 '徑路'라는 검을 숭배했었다[1](강인욱 2015). 이러한 낡은 동검은 죽은 전사를 신격화한 것으로, 동검을 땅에 꽂고 숭배했다. 또한, 유라시아 초원지역에서는 전사를 도식화한 사슴돌에도 날을 아래로 향하는 동검들이 새겨져있다. 이러한 북방 초원지역의 동검숭배는 한국에서도 비슷한 예를 찾아볼 수 있다. 여수 오림동 지석묘의 암각화, 김천 송죽리의 고인돌 앞에 꽂힌 비파형동검 등이 이에 해당된다(도면 1·2). 여수 오림동 지석묘는 땅에 꽂힌 동검을 숭앙하는 모습이며, 송죽리의 동검은 매장주체부 남쪽 외각 1m 지점에 수직으로 꽂힌 상태로 발견되었다.

---

1) 경로도에 대한 기록은 『漢書』「匈奴列傳」의 應邵注에 근거한다. 경로는 흉노의 寶刀(귀한 칼)로 숭배의 대상인 동시에 전사들이 의식을 거행할 때에 사용한다.
'昌, 猛與單于及大臣俱登匈奴諾水東山, 刑白馬, 單于以 **徑路** 刀金留犁撓酒, 以老上單于所破月氏王頭為飲器者共飲血盟'(창, 맹과 선우는 대신들과 함께 약수동산에 올라서 백마를 죽였다. 선우는 술에 금가루를 타서 경로도로 섞은 후에 선우가 무찌른 월지왕의 두개골로 만든 술잔에 따라 연장자부터 함께 마시게 하고 피로써 맹세했다.)

전사를 제사지내는 용도와 함께 주요한 동검 관련 제사유적으로는 매납유구가 있다. 이 경우 주변에 매장유구나 생활유구의 증거가 거의 없으며, 비교적 외딴 산비탈이나 기슭에서 특별한 흔적없이 동검이 무더기로 발견된다. 또한, 발견된 동검들은 실제 사용하기 어려운 재질에다가 사용한 흔적이 없거나 주조 후 가공되지 않은 상태의 동검을 한데 묶어서 돌무지 또는 구덩이에 넣는다는 특징이 있다.

최근 유라시아 전역에서는 청동기를 만들던 장인들이 거푸집과 청동기를 매납하는 흔적들이 많이 발견되고 있다. 이에 따라 기존에 단순하게 매납유적 또는 성격미상의 유구로만 알려졌던 매납유구가 청동기를 만들던 장인들이 유라시아에서 한국으로 이동하는 과정에서 남긴 것임이 알려지고 있다. 이에 본 고에서는 청동 제련을 담당했던 장인들의 매납 유적을 중심으로 그 예를 살펴보고 주변지역과 비교하여 그 의의를 살펴보겠다.

2. 주요 매납 유적

1) 청도 예전동 유적

요동~한반도의 청동기 주조관련 매납유적으로는 비파형동검을 매납한 청도 예전동유적과 여순 곽가둔을 들 수 있다. 예전동 유적에서는 동북으로 운문산으로 둘러싸인 가파른 산의 계곡면에서 자연석의 퇴적상 위에 만들어진 매납유구로 2점의 비파형동검이 발견되었다. 매납유구는 폭 10m, 너비 20m의 규모로 자연석으로 만들어졌고, 동검 위에는 육각형의 돌이 놓여져 있었다. 예전동 출토의 비파형동검은 매납을 위해서 의도적으로 만들어진 것이라고 밝힌 바 있다(강인욱 2005). 즉, 검날 두께는 0.2㎝ 내외로 매우 얇으며, 등날 및 인부는 동검 주조 후에 마연한 것으로 실제 사용한 흔적은 없다. 심지어는 인부를 너무

얇게 만들어 천공이 된 것을 다시
메운 흔적이 있을 정도 있다. 이와
같이 형태만 완전하고 비실용적인
동검은 수 차에 걸쳐 마연을 하는
등 실제 사용한 흔적이 뚜렷한 무
덤 유적 출토 비파형동검에서는
거의 발견되지 않는다. 실제 비파
형 동검을 관찰하면 병부를 삽입
하는 검신의 저부와 등날 및 검날
에는 다양한 방향으로 마연을 한
흔적이 남겨지는데, 예전동 출토

도면 2. 오금동 고인돌의 석검숭배도

동검은 그러한 흔적이 전혀 없다. 즉, 예전동 동검은 매납을 위해 만들어진 것
이며, 그 매납유구 또한 생활이나 무덤과는 관계없는 장인들의 의례와 관련되
어 매납된 것이다.

2) 여순 곽가둔과 남산리 유적

요동반도에 끝자락인 여순 老鐵山 근처에서 발견된 郭家屯 유적(島田貞彦,
1938)또한 동검의 주조와 관련된 매장유적으로 보인다(강인욱 2005). 곽가둔 유
적은 구릉 사면의 돌무더기에서 15점의 동검이 날을 위로 한 채로 발견된 것으
로 보아서 동검을 주조 한 후에 한데 묶어서 돌구덩이 사이에 넣어둔 것 같다.
동검은 아주 얇고 주조 한 후에 마무리를 하지 않아 테두리가 고르지 않는 조악
한 형태이다. 요동반도의 여순 南山里에서는 3점의 동검이 매납된 유적도 비슷
한 맥락이다(도면 3). 남산리 유물 역시 수습된 것이어서 정확한 유구의 맥락은
알 수 없다. 다만, 동검의 두께가 아주 얇아서 군데군데 구멍이 뚫려 있으며 등
날도 미미하게 형성되어서 실제 사용하기 어려울 정도이다. 고의로 뒷손질을

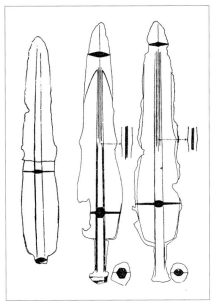

도면 3. 요동반도 노철산 남산리 일대에서 발견된
매납 비파형동검

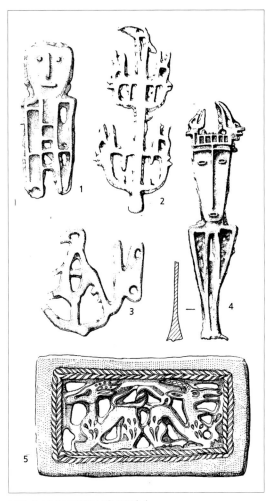

도면 4. 쿨라이문화의 청동기장식

하지 않고 매우 얇게 만들었다는 점에
서 노철산의 매납유구와 유사하다. 이
렇게 청동기를 주조한 후에 그와 관련
된 의례를 행하고 땅에 묻는 것은 서
부 시베리아 평원지역에서 기원전 3~
서기 1세기에 유행한 쿨라이문화에서

도 볼 수 있다(도면 4). 쿨라이 문화는 쿨라이카산에서 발견된 이 청동기 매납
유적에서 기원하는데, 대체로 스키토-시베리아 문화의 후기로 편년된다. 스키
토-시베리아 후기 단계는 상당히 높은 수준의 주조기술로 청동기나 철기를 만
들었음에도 불구하고 쿨라이산의 매납유적에서 출토된 청동기는 그와 달리 토
범을 사용하여 의도적으로 조악하고 얇게 만들었다. 또한 쿨라이문화의 매납유

적에서 발견된 청동기는 테두리 부분을 주조 직후 다듬지 않고 그대로 내버려 두었다. 이러한 이유로 쿨라이문화 청동기의 매납유적은 당시 청동기 장인들이 청동기의 주조와 관련된 의식을 행하고 청동기를 매납한 것으로 본다.

3) 완주 상림리의 동주식 동검과 매납

완주 상림리유적(현재 전주 완산구 상림동)은 완주-김제 간의 국도변 근처 구릉의 남사면에서 발견되었다. 이 유적은 한국에서 드물게 중국의 동검이 매납되었기 때문에, 한국뿐 아니라 중국의 학계에서도 널리 주목받는다(白云翔, 2015). 유적의 정남방으로는 모악산이 위치한다. 현재 당시 동검 출토지 근처는 지형의 변화가 심하고 도로가 놓여서 당시의 상황을 거의 짐작할 수 없는 바, 오로지 전영래의 보고 기록을 통해 유구를 추정할 수 밖에 없다. 이 동검은 지표하 60㎝ 지점에서 26점이 동검 날을 동편으로 한데 묶여서 출토되었으며, 주변에 공반 유물이나 유구는 전혀 발견되지 않았다고 한다. 이로 볼 때에 주변에 별다른 시설이나 거주의 흔적은 없었다고 판단된다. 이는 위에서 언급한 청도 예전동, 여순 일대의 매납유적과 유사하다.

상림리 유적의 유물 및 유구의 형태를 종합적으로 살펴보면, 1) 실제 사용흔적이 없으며, 지나치게 가벼운 점, 2) 공반유물 및 주변에 특별한 유구가 없다는 점, 3) 별다른 유구없이 한데 묶어서 동검을 매납한 점 등이 특징이다. 상림리를 청동기의 주조와 관계된 유구로 본다면 그 다음의 문제는 이 매납유구를 남긴 사람들이 누구인가이다. 즉 한반도의 세형동검을 제작하는 장인이 동주식검을 만든 것인가, 아니면 중국 산동(또는 오월지역)에서 이주한 장인인가이다. 크게 유물 및 유구의 특성과 당시 역사적 상황을 고려해서 판단해 볼 때에 중국에서 동검 장인이 건너와서 제작을 했을 가능성이 더 크다(강인욱 2016). 그 근거로는 상림리 일대 대규모 세형동검 토광묘 군에서 동주식검은 물론 기타 유물에서 어떠한 중국의 문화 영향을 찾아볼 수 없는 점과 상림리 출토 동주

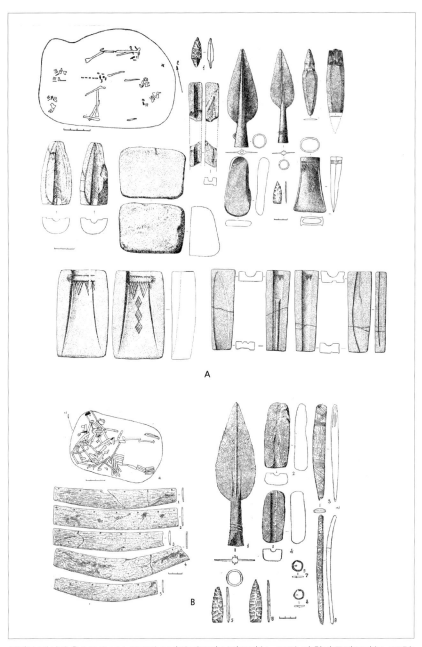

도면 5. 러시아 옴스크주 로스토프카 무덤의 거푸집 부장무덤(A-21호) 및 찰갑 공반무덤(B-33호)

식검에서 세형동검의 특징을 전혀 찾아볼 수 없다는 점이다.[2]

3. 고찰

1) 비파형동검 시기 청동 장인의 유입

비파형동검의 제작과 관련한 매납유구는 자신들만의 제련기술을 유지하며 의례행위를 했던 청동장인집단의 존재를 의미한다. 이러한 장인집단의 존재는 유라시아 초원지역에서는 기원전 20~15세기 소위 세이마-투르비노 유형의 청동기 사용과 카라숙 청동기로 대표되는 장인집단의 전파로 알 수 있다. 그들은 주조와 관련된 노하우를 통제하고 청동기를 제한적으로 공급하여 자신들의 사회내에서 가치를 높였다. 다만, 특정한 양식의 청동기를 위신재로 사용하는 지배계급이 필연적이기 때문에, 이들 집단은 그 수요에 따라 원거리로 이동을 했다. 청동기 장인들은 자신들의 청동기 제작 및 주조의 과정을 신성시했고, 무덤에도 청동기 주조 도구와 거푸집을 같이 매장했다. 그 예는 서부 시베리아의 소프카-2유적(Молодин В.И, 1984)과 옴스크 주의 로스토프카 유적에서 확인된 바 있다(강인욱 2009). 특히 로스토프카 유적에서는 뼈로 만든 찰갑과 같이 전쟁이 상시화된 증거도 같이 출현하여 전쟁의 의미가 증가하면서 함께 청동기 주조의 의미도 커진 것으로 판단된다(도면 5). 이러한 청동 장인의 무덤은 시베리아 뿐 아니라 초원계 청동기문화가 동북아시아로 확산되는 교량에 해당하는 하가점상층문화에서도 발견되었다. 河北 東溝道下 석관묘에서도 알려졌다. 한반도 서남부 지역 역시 세형동검 단계에서 완주 갈동 유적의 예에서 보

---

2) 이와 달리 함평 초포리 출토 동주식검은 검의 경부가 납작하고 검격과 고리부분이 조악하게 주조된 바, 한반도 재지의 장인이 모방한 것으로 추정된다.

듯이 청동기 거푸집을 무덤에 넣은 예가 있는데, 이는 바로 청동을 주조하는 집단이 당시 사회에서 높은 지위였음을 의미한다.[3] 또한 遼陽 塔灣村에서는 선형 동부를 만드는 거푸집의 뒷면에 청동장인의 얼굴을 새겨 넣은 거푸집이 출토된 바 있다(도면 6). 이와 같은 자신만의 독자적인 지위와 노하우는 그들만의 의식과 제례가 뒤따랐으며, 때로는 그들이 만들어내는 청동기의 수량을 적절히 조절하기도 했다.[4] 오월지역의 예를 보면 청동기 장인들은 왕과 귀족들의 요구에 저항하여 동검 제작을 거부하거나 그 수량을 조절했으며, 자신들의 노하우를 목숨과도 바꿀 정도로 비밀로 지켰다.[5] 이러한 장인들의 노력으로 그들은 자신들의 청동기 제작과 관련된 기술을 통하여 사회에서 높은 지위를 유지할 수 있었다. 그리고 청동기를 소비하는 사회에서 변화가 오면 자신들의 기술을 버리고 새로운 생계를 택하는 것이 아니라 자신들의 청동기를 소비하는 다른 집단으로 떠나곤 했다.

청동검 장인들의 원거리 이동은 2013년에 일본 시가현(滋賀県) 가미고텐유적(上御殿遺跡)에서 발굴된 사르마트(Sarmat)계 동검의 거푸집으로 재확인되었다(滋賀県文化財保護協会 2013; Kang 2015에서 재인용). 이 거푸집에 표현

---

3) 기존에 청동기가 부족했기 때문에 그 대신에 거푸집을 넣었을 것이라는 설명도 있으나, 마치 농기구를 부장한 무덤은 당시 식량이 부족하였기 때문이라는 설명과 마찬가지이다. 청동기를 만드는 데에 결정적인 도구인 거푸집을 넣는다는 것은 청동기 주조 과정을 신성시하는 것을 의미하지, 청동기가 부족했기 때문에 대신 넣었다는 것을 의미하지는 않는다.

4) 이와 관련하여 기원전 6~5세기경 오월지역에서는 [越絕書], [吳越春秋] 등에 기록된 다양한 명검의 장인과 보검에 대한 기록이 참고가 된다. 명인 歐冶子는 검 5개만을 남겼으며, 간장과 막야는 죽음의 위협에도 불구하고 자신의 이름을 딴 검 이외에는 더 이상 생산하지 않았다. 두 사서는 신화적으로 채색된 부분도 적지 않으나, 동검주조와 관련된 장인들의 특성을 파악하는 실마리를 제공한다.

5) 『吳越春秋』 제4권 闔閭內傳 및 夫差內傳에 등장하는 여러 장인들의 일화에 잘 나타나 있다.

된 동검은 검격이 一자형이며 병단은 안테나식으로 초원고고학에서는 '사브로
마트식 동검'으로 불린다. 남부 시베리아와 중국 북방 장성지대에서는 대체로
기원전 5~4세기부터 사용되는 동검이다. 이 동검의 거푸집이 일본 시가현에서
발견되었다는 점은 그 청동기 장인이 이동한 것으로 밖에 볼 수 없다. 보고자에
따르면 거푸집에 새겨진 동검은 지나치게 얇게 되어 있어 실용의 의미가 적다
고 판단되는 바, 역시 제사 및 매납용으로 동검을 제작하던 증거로 볼 수 있다.

　내몽골 하가점상층문화로 유입된 발달된 청동기문화는 기원전 9세기대에
거의 동시에 요동, 길림, 한반도 지역으로 발달된 요서지역의 청동검의 확산으
로 이어졌다. 이때에 한반도의 비파형동검은 요동지역보다는 요서지역과 더 유
사하다는 점을 감안할 때 요서지방으로부터의 직접적인 청동기의 수입이 상정
된다. 동검의 길이로 보는 동검의 분포도(도면 2)를 볼 때 30㎝ 이상의 동검은
요서지방과 한반도 남서부에 집중적으로 분포하며 요동반도 지역에 일부 분포
한다. 이 문제는 더 이상 상론하기에 자료가 부족하나, 요동지역의 미송리형토
기를 공반하는 석관묘 문화가 고립적으로 발달했다는 요서지방에서 요동반도

도면 6. 요양 탑만촌 출토 장인의 얼굴이 새겨진 거푸집

를 거쳐 한반도로 유입되었을 가능성도 상정해 볼 수 있다.

이와 같이 비파형 및 세형동검이 유행하는 기원전 1천년기에 동아시아에서 장인들은 자신만의 제작기법에 대한 노하우를 유지하며 제사와 매납행위를 통하여 자신들의 청동기 주조를 신성시하고 사회적인 위치를 유지했다. 또한, 청동기의 주조에는 필연적으로 그들이 생산하는 청동기를 소비하는 수요가 뒤따라야하기 때문에, 자신들의 동검이 필요한 지역으로 원거리로 이동했음을 알 수 있다. 따라서 상림리 유적 동검 매납유구로서 자신만의 청동검 제조기술을 가지고 원거리 이동한 청동기 장인들이 청동기 주조와 관련된 제사행위를 하고, 그 결과로 동검을 매납한 것으로 해석할 수 있다.

2) 세형동검 시기 중원의 청동장인 유입

상림리 유적을 중심으로 본다면 한반도 출토 동주식검의 중심연대는 기원전 3세기로 전국시대~진한대로 큰 사회적인 변혁이 있었던 시기임을 감안할 수 있다. 일제강점기 시절 한반도 청동기의 유래를 진한교체기의 변동에서 찾은 이래 한국에서 발견되는 많은 중국유물의 원인으로 생각했으며, 동주식검의 도입에 대해서도 같은 의견이 제출된 바 있다. 한반도 내의 동주식동검은 모두 서해안 일대이며 비슷한 크기와 형식이기 때문에 기원전 3세기를 중심으로 단기간에 동주식검이 수입된 것으로 추정할 수 있다. 그런데 한반도에서 동주식검이 본격적으로 등장하는 시기에 중국 내에서도 동주식검의 사용은 거의 중단된 시점이다. 이 시기 중국은 지역별로 전국시대 말기부터 철검이 널리 보급되며 청동검의 수요가 급감했다. 중국 전역은 진나라의 강력한 통일정책으로 무기가 규격화되고 중앙에서 통제하게 되었다. 진시황릉의 병마용에서 출토된 실물 동검으로 볼 때 진나라는 80~90㎝가 되는 장검이 사용되기 시작했다. 이러한 사정은 수백 년간 명검으로 자신의 지위를 이어온 동주식 검을 제작하던 장인들에게는 치명적인 요소가 아닐 수 없다. 한나라가 성립된 이후에 다시 개인 호신용 단검의 수요는 있었지만, 滿城漢墓, 산동 임치 金雀山 등의 예와 같이 그 길이는 1m 가까이로 늘어나서 장검화가 극도로 진행되었다. 더욱이 개인 무기에 대한 통제가 강화되기 때문에 청동기 장인들의 생활이 위축되었을 것이다. 이러한 상황에서 동주식검은 변방지역으로 축소되기 시작했다. 위에서 언급한 산동과 오월지역 이외에도 광동-광서지역에서 한대에 동주식검의 거푸집이 발견된 예가 그 좋은 예다.

이러한 중국 내부의 상황은 중국의 동검 제작집단이 한반도로 이동하는 또 다른 요인이 되었을 것으로 추정할 수 있다. 동아시아 전체로 본다면 당시 한반도는 중국 서남부 운남성 일대의 石寨山文化와 함께 거의 유일하게 청동단검(길이 50㎝ 이하)을 사용하는 세형동검문화 시기였기 때문이다. 이에 따라 한반도 비파형~세형동검문화 사회에서 청동기 주조 장인들의 신분은 높았던 것으로 추정된다. 요양 이도하자, 완주 갈동 등 유력한 청동기 무덤에서는 거푸집이 출토되는 것이 이를 증명한다. 이러한 점에서 중국의 동주식 동검 장인들의 한반도 서해안지역(특히 금강유역의 세형동검권)은 이상적인 이주지로 선택되었을 가능성이 높다.

한반도 출토 동주식검은 매납유적인 상림리를 제외하면 실제 무덤유적에서 동주식검은 다수의 세형동검 사이에서 1~2점 사용되는 예에 불과하다. 또한 동주식검 이외에 다른 중원계의 유물들은 전혀 출토되지 않았다. 한반도 출토 동주식검에는 중원에서 동주식검을 착용하기 위하여 사용되는 검집, 검걸이 등 공반되는 검부속구(璏.箍)들의 출토가 전혀 없다. 또한 한반도 세형동검문화 권에서 출토되는 동주식검은 출토지역과 관계없이 규격화되어서 특정한 형식(유절병식)과 일정한 길이(45㎝ 내외)의 검만이 출토된다. 이 길이는 세형동검의 길이와 거의 비슷하며, 유절상식의 병부는 절상의 병부를 사용하는 세형동검과 비슷한 방식으로 사용하기 위한 것으로 생각할 수 있다.[6] 이러한 현상은 세형동검을 소유한 재지집단이 자신들의 세형동검 문화를 강력하게 유지하면서 동주식 동검을 도입하였기 때문에 세형동검과 비슷한 제원의 동주식검만 선택적으로 수용한 결과라고 볼 수 있다. 최근 白雲翔(2015)은 산동반도에서 해로를 통한 점진적인 장인집단의 이동으로 상정하고, 그 시기를 B.C 334년 월나라가 초나라에 의해 멸망한 때로 보았다. 오월지역 기원에 대해서는 위에서 언급한 바, 상림리와 같은 비실용적인 동검은 오월지역에서 사용하지 않았다. 또한, 이 장인들의 이동을 월과 초의 멸망으로만 그 장인들이 바다를 건너 한반도로 가게 된 결정적인 근거로는 미흡하다. 소수의 장인들이 이동할 때는 자신들의 선택으로 이동한다기보다 그들의 기술과 주조품이 높게 평가받을 수 있는 지역으로 이동한다. 한편, 장인들이 전통적으로 중국-한반도 서해안 사이의 교류경로인 해안선을 따라서 이동했으리라고 보는 것은 합리적인 추정이다. 하지만 장인의 이동은 각지에 정착하여 생계기반을 만들며 정착, 확산되는 이주민과 동일시 할 수 없다. 장인들은 수요가 있는 지역을 따라가는 거점적인 이동이다. 이와 같이 소수의 장인 이동을 주민의 교류 내지는 교역루트와 동일시할 필요는 없으며 중국의 동주식검을 받아들이기 위하여 중국의 장인을 초빙하고 제작하게 했던 한반도 세형동검문화의 맥락에서 동주식검의 해석이 더 필요하다.

또한, 상림리 동주식검의 도입과 같이 한반도 세형동검 사회에서 중국식 유물의 수요와 기호가 증가하는 데에는 한반도 세형동검문화 사회와 중국과의 교류가 증가한다는 데에서도 또 다른 원인을 찾을 수 있다. 세형동검 단계에 거울, 인수, 의책 등 다양한 중국계 유물이 널리 도입되었는데, 선호하는 중국제 위신재는 한반도 남부 지역에서도 서로 지역성을 달리한다. 한반도의 동주식검의 분포는 서해안 일대에 한정되며, 영남과 호서지역 일대에서는 동물형 대구,

---

6) 이와 같이 재지문화에 동주식검이 결합되는 양상은 유라시아의 서편인 러시아 돈강유역 사브로마트 문화에서도 찾아볼 수 있다. 이 지역의 고분들에서는 동주식검의 부속들이 다수 확인되었는데, 동검을 허리에 거는 부분인 璲와 검격 부분이 주로 발견된다. 이 지역 토착의 철제장검문화와 동주식검이 결합된 것이다.

동복, 동물형장식 등 북방계 유물이 세형동검 단계에서 발견되는 반면, 서해안 일대에서는 북방계 유물은 보이지 않는다. 경주 탑동 출토된 동물형 대구와 함께 공반된 전형적인 오르도스식 동물형 절약과 동물 장식은 이러한 북방계 유물이 체계적으로 한반도 동남지역으로 유입되었음을 증명한다. 따라서, 세형동검 전기에 남한지역의 서남지역과 동남지역의 문화교류권은 각각 환황해지역과 북방지역권으로 세분 될 수 있으며, 상림리 유적은 환황해지역의 문화교류을 대표하는 표지유적이라고 할 수 있다.

다음으로 전주 일대의 세형동검문화권에서 상림리가 차지하는 비중을 살펴보자. 최근 10여 년간 전주와 완주 일대에 세형동검 시기 분묘군이 대규모로 발굴되었다(국립전주박물관 2016). 그 결과 수장급의 무덤을 포함한 다양한 무덤에서 세형동검, 다뉴경 등 풍부한 청동기가 출토되었다. 그런데 정작 동주식검은 출토된 바가 없다. 상림리뿐 아니라 다른 동주식검의 출토 예도 극히 적고 수도 적어서 전체 세형동검 유적의 수와 비교한다면 극소수에 불과하다. 이러한 현상은 상림리와 같이 장인집단이 이주하여 대량으로 제작할 수 있었던 여건에도 불구하고 동주식동검의 출토지는 극히 한정되어 한반도에 널리 유행하지 못했음을 의미한다.

이렇게 널리 유행하지 못한 데에는 위만조선 및 낙랑군의 성립으로 남한지역과의 교류 중심이 황해를 가운데에 두고 중국과 직접 교류하는 교역루트에서 서북한 지역으로 이동했던 것과 관련이 있는 것으로 보인다. 낙랑군의 성립으로 중국계 유물의 유입루트가 낙랑으로 일원화됨에 따라 아울러 낙랑군을 통해 한대에 널리 쓰이는 장검류, 의복, 동과, 인수 등 다양한 위신재가 실시간으로 유입되게 되었다. 이에 따라 세형동검 1~2점과 의기로 위신재를 대표하던 시대가 사라지면서 '단검세계의 종언'이 한국에서도 급격히 진행되었고, 그와 연동하여 동주식검의 인기도 급격히 소멸할 수 밖에 없었을 것이다. 이와 같은 교류 중심의 이동과 함께 철검, 차마구, 戈 등 다양한 위신재가 보급됨에 따라 동검위주의 위신재 사회가 약화되면서 동주식검에 대한 수요도 함께 사라졌을 것이다.

4. 결론

본 고에서는 비파형동검과 세형동검 시기의 매납유구를 살펴보고, 동아시아 동검문화와 청동기 장인이라는 관점에서 조망해보았다. 그 결과 비파형동검 시기부터 세형동검 단계에 이르기까지 한반도의 동검문화는 고립되어 발달된 것이 아님이 밝혀졌다. 청동기의 사용과 발달에는 재지 세력의 수요와 함께 그 기술을 소유한 장인들의 이동이 필연적이다. 청동 장인들은 자신들이 노하우를 유지하면서 청동기가 필요한 지역으로 이동하면서 각 사회에서 우월적인 지위를 차지하고 청동기를 생산했다. 청도 예전동과 상림리 매납유적의 동검은 실용적인 의미는 거의 없는 의례용으로 중국에서 이주한 동검 장인이 주조와 관련된 제의를 지내고 그 결과로 남겨진 매납유구이다. 이러한 청동기 장인들의 원거리 이주는 동북아시아는 물론 유라시아 전역에서 널리 보이는 현상이라는 점에서 상림리 동검유적을 거시적으로 동북아시아의 청동기 주조와 장인의 이동이라는 맥락에서 해석할 수 있는 여지를 주었다. 최근 일본 간사이 지역에서도 초원식 동검 거푸집이 출토되는 것과 같이 유라시아 초원일대에서만 확인되었던 장인집단의 이동이 동아시아 동검문화에서도 존재했을 가능성이 높아진다. 특히 완주 상림리 매납 유적은 중국 동검의 우연한 매납의 결과가 아니라 동아시아 여러 지역의 청동기 제작과 교류에서 차지한 장인들의 이동과 매납에 따른 결과라고 할 수 있다. 이러한 과정에서 청동장인들은 자신들만의 제사와 매납을 통해 그들만의 기술을 보존하고 노하우를 유지할 수 있었다. 특히 상림리에서 발견된 동주식 동검이 경우 오월 지역이 가장 유명한데, [오월춘추],

[월절서] 등에는 이러한 장인들의 자신들의 주조와 제사 과정이 상세히 나와 있어 추후 이 시대 장인들의 매납을 연구하는 데에 많은 도움이 될 것이다. 이와 같이 중국 고대의 사서, 유라시아 청동주조 기술, 거푸집 및 성분분석 등 다양한 방법으로 거시적인 틀에서 이 자료를 분석하고 동아시아 동검문화의 전개라는 차원에서 접근한다면 조금 더 실체적인 접근이 가능할 것이다.

---

* 본 고는 필자가 기존에 발표한 다음의 두 논문에 수록된 내용을 중심으로 새롭게 엮은 것이다.

강인욱, 「한반도출토 비파형동검의 지역성과 계통에 대하여」, 『한국상고사학보』 49호, 한국상고사학회, 2005.

강인욱, 「완주 상림리 유적으로 본 동아시아 동검문화의 교류와 전개-동주식검의 매납과 청동기 장인의 이주를 중심으로」, 『호남고고학보』 54호, 호남고고학회, 2016.

참고문헌

강인욱, 「한반도출토 비파형동검의 지역성과 계통에 대하여」, 『한국상고사학보』 49호, 한국상고사학회, 2005.

강인욱, 「기원전 13~9세기 카라숙 청동기의 동진(東進)과 요동, 한반도의 초기 청동기문화」, 『호서고고학』 21호, pp.18~67, 2009.

강인욱, 「초원의 보검과 한반도의 세형동검」, 『유라시아 역사 기행』, 민음사, 2015.

강인욱, 「완주 상림리 유적으로 본 동아시아 동검문화의 교류와 전개-동주식 검 의 매납과 청동기 장인의 이주를 중심으로」, 『호남고고학보』 54호, 호남고고학회, 2016.

미야자토 오사무, 「제8장 부장과 매납」, 『한반도 청동기의 기원과 전개』 한빛문화재연구총서 4, 사회평론사, 2010.

이상길, 「청동기매납의 성격과 의미」, 『한국고고학보』 제42집, 한국고고학회, 2000.

白云翔, 「从韩国上林里铜剑和日本平原村铜镜论中国古代青铜工匠的两次东渡」, 『文物』 3期, 2015.

Молодин В.И, погребение литейщика из могильника Сопка-2//Древние горняки и металлургии Сибири, -Барнаул, 1984.

Kang, In Uk Newly found mold of Ordos style dagger from Kamigoden, Chiga Prefecture, Japan and its significance on interaction between steppe culture of Northern China and East Asia, Ancient cultures or the Northern Area of China, Mongolia and Baikalian Siberia, Inner Mongolia Museum, pp.196~199, 2015.

북방 유라시아 제사 고고학의 현황과 과제

편　저 | 국립전주박물관
펴낸이 | 최병식
펴낸날 | 2018년 5월 28일
펴낸곳 | 주류성출판사 www.juluesung.co.kr
　　　　 서울특별시 서초구 강남대로 435 주류성빌딩 15층
　　　　 TEL | 02-3481-1024(대표전화)·FAX | 02-3482-0656
　　　　 e-mail | juluesung@daum.net

값 20,000원

잘못된 책은 교환해 드립니다.

ISBN 978-89-6246-351-4 93910